陕西正处在追赶超越阶段，希望陕西的同志全面贯彻党的十八大和十八届三中、四中全会精神，以邓小平理论、“三个代表”重要思想、科学发展观为指导，深刻领会和认真落实党的十八大以来党中央各项决策部署，抓住难得历史机遇，锐意改革创新，拓展发展思路，把陕西改革发展稳定各项工作做得更好。

——习近平：2015年2月15日在陕西考察工作时的讲话

陕西出版资金资助项目

陕西“追赶超越”
理论与实践

SHAANXI ZHUIGAN CHAOYUE LILUN YU SHIJIAN

中共陕西省委党校课题组　著

陕西师範大學出版总社

图书代号：ZZ18N1771

图书在版编目(CIP)数据

陕西“追赶超越”理论与实践 / 中共陕西省委党校课题组著. —西安：陕西师范大学出版总社有限公司，2018.12

ISBN 978-7-5695-0413-2

Ⅰ. ①陕… Ⅱ. ①中… Ⅲ. ①区域经济发展—研究—陕西 ②社会发展—研究—陕西 Ⅳ. ①F127.41

中国版本图书馆CIP数据核字（2018）第269817号

陕西“追赶超越”理论与实践

SHAANXI ZHUIGAN CHAOYUE LILUN YU SHIJIAN

中共陕西省委党校课题组 著

选题策划 屈瑞新
责任编辑 刘 定 陈君明
责任校对 王 翰
封面设计 张潇伊
出版发行 陕西师范大学出版总社
（西安市长安南路199号 邮编：710062）
网 址 http://www.snupg.com
印 刷 北京虎彩文化传播有限公司
开 本 787mm×1092mm 1/16
印 张 18.5
字 数 210千
版 次 2018年12月第1版
印 次 2018年12月第1次印刷
书 号 ISBN 978-7-5695-0413-2
定 价 68.00元

目　录

CONTENTS

系统推进“追赶超越”（代序）

中共陕西省委党校常务副校长　蔡钊利

习近平总书记来陕视察时指出：“陕西是西北地区的重要省份，是实施‘一带一路’战略的重要节点。陕西发展得怎么样，不仅关乎三秦大地父老乡亲福祉，而且对西部大开发战略、对‘一带一路’战略、对西北地区稳定都具有重要意义。陕西正处在追赶超越阶段。”这是习近平总书记放眼世界、立足全国做出的科学判断，明确了陕西发展所处的历史方位。“五个扎实”新要求，是习近平总书记聚焦陕西、结合现实做出的科学论断，指明了陕西“追赶超越”的现实路径。“追赶超越”是陕西当前和今后一个时期工作的主基调、主旋律。娄勤俭书记多次强调要常学常思总书记的重要讲话，以系统思维推动“追赶超越”。我们要深刻理解、准确把握“追赶超越”的深刻内涵、现实路径、具体保障。

一、全面理解、准确把握“追赶超越”的深刻内涵

“追赶超越”的总方向就是“向前看、往前赶”，总目标就是“全面建成小康社会”，总要求就是“全面系统的发展进步”。

（一）"追赶超越"就要坚持发展不停步，要科学判断陕西省情

总体来看，陕西是典型的资源大省，但同时也是经济小省、收入穷省。这种发展的不平衡和较大反差，被经济学界称为"陕西现象"。实施西部大开发以来，虽然陕西的经济总量从2000年全国排名的27位，上升到2016年全国排名15位，但陕西欠发达省份的省情没有根本改变，人均收入、贫困人口、基础设施建设水平与沿海发达省份相比仍有较大差距，特别是农民人均收入仅位列第26位，不足全国平均水平的80%。我们不能盲目乐观、故步自封，要坚持发展不停步，不断自我超越，始终把发展作为解决一切问题的金钥匙。要准确把握"追赶超越"的内涵。"追赶超越"首先是和自己比、和以往比，在发展方式上自我革新，在发展速度上自我超越，在发展质量上自我提升，不断自我超越，实现更有质量、更高水平的发展。"追赶超越"的核心是坚持发展不停步。始终坚持发展第一要务，不动摇、不折腾、不懈怠，以推动经济结构和产业结构优化升级为着力点，向质量要效益，下大力气解决经济总量不大、结构不优、质量不高、生态不优的问题，确保量增质更优。"追赶超越"的关键是思想上追赶、观念上超越。要跳出"城墙思维"，实现思想上的改革开放。比如"放管服"改革，要做到"放就放彻底、管就管到位、服就服务好"。比如民营企业发展，要破解"玻璃门""旋转门""弹簧门"问题。要破除"定势思维"，打破一些地方"把园区当作一个筐，什么都往里装"的"园区思维"，建设好特色"主题园区"，更好发挥产业集聚效应。比如在"特色旅游小镇"建设上，要克服简单模仿复制以及同质化的问题，真正在解放思想、转变观念、创新驱动上下功夫，用好两种资源、两个市

场，借船出海、借梯上楼、借势发展，向开放要项目、要速度，向创新要质量、要效益。

（二）“追赶超越”是全面系统的发展进步，要紧盯全面建成小康社会总体目标

全面系统的发展进步是“追赶超越”的本质要义。习近平总书记提出的“追赶超越”是陕西的目标和任务，“五个扎实”是工作的着力点和着重点。“五个扎实”要求本身就包括经济、政治、文化、社会、生态、党建各个方面，可以说是“五位一体”的总体布局和“四个全面”战略布局的“陕西版本”，全面系统的发展进步是总书记讲话的精髓要义，也是“追赶超越”的本质要义。因此，我们要树立“追赶超越”就是全面发展的思想，紧紧扭住发展不放松，既注重经济总量的增长，更注重发展的质量和水平，避免套上“GDP枷锁”。以“经济繁荣、生态优美、社会和谐、开放包容、人民幸福”为目标，打造历史与现代交相辉映、传统与时尚完美融合的“宜业宜居宜游”的新陕西。全面建成小康社会是“追赶超越”的总体目标。“追赶超越”必须有目标，到2020年全面建成小康社会是我国的第一个“百年目标”，同步够格全面建成小康社会是陕西的目标。因此，系统谋划“追赶超越”首先要立足全面建成小康社会，把“追赶超越”与全面建成小康社会的重大战略任务统一起来。目前，陕西小康社会综合监测指数仍不足90%，经济发展、文化建设、人民生活指数仍低于全国平均水平。我们要全面分析追赶什么、超越什么，进一步扩大与领先什么，系统地对实现“追赶超越”提出明确的目标任务。

（三）“追赶超越”需要清醒认识后发优势

在发展经济学中，“后发优势”是指后发展地区在推动发展方面的特殊有利条件，主要是经验优势和制度优势。目前我们对"后发优势"的认识还不够清晰，有一些观点认为应该把资源、要素、禀赋当作后发优势。对于后发优势，我们更多地要从体制机制的角度来思考，对标发达地区和先进省份，思想上学习模仿，政策上借鉴整合，用体制机制的创新，激发陕西各种发展要素的活力和优势。比如西安自贸区复制上海自贸区试点经验；全面实行准入前国民待遇加负面清单管理制度；构建"众创空间"孵化体系，打造"企业培育壮大"加速链条等。

二、"追赶超越"需要系统谋划、统筹推进

娄勤俭书记多次强调要用系统思维推动"追赶超越"。用系统思维推动"追赶超越"就是要把"追赶超越"作为一个整体系统，充分考虑系统、要素、环境的相互联系、相互作用，突出整体性、体现结构性、注重协同性，系统谋划、统筹推进"追赶超越"。

（一）突出整体性，优化系统环境

"追赶超越"要实现，优化环境是关键。当前，全省上下对优化环境越来越重视，全省大环境总体上越来越好，但对标"追赶超越"、对比发达地区，陕西的系统环境亟须进一步优化。

1. 要优化市场环境

落实好"让市场在资源配置中起决定性作用"的要求。尽可能给市场松绑、给企业减压。健全市场竞争机制，确保所有市场主体依法平等使用生产要素、公平参与市场竞争，发挥企业的市场主体作用，打破"潜规则"、清除"关系网"，引导企业走"正门"、走"正道"，引导企业把心思和精力主要用在改进生产技术、提升产品质量上。构建好"亲""清"新型政商关系。"亲"就要坦荡真诚地同民

营企业接触交往，“清”就是与民营企业家的关系要清白、纯洁，不能有贪心私心，不能以权谋私，不能搞权钱交易。真正解决一些企业存在的历史遗留问题，杜绝“新官不理旧事”的情况出现；切实解决一些项目政府审批程序烦琐、时间过长的问题；严厉整饬一些地方违规执法执纪问题突出，投诉难、立案难、执行难的问题，以更高效的政务服务，当好服务发展的五星级“服务员”。

2. 要优化生态环境

“绿水青山就是金山银山。”生态环境好了是“公益”，坏了就是“公害”。营造好的生态环境既是民生工程，民心工程，也是“追赶超越”的“头号工程”。要认真落实《开展领导干部自然资源资产离任审计试点方案》和《党政领导干部生态环境损害责任追究办法（试行）》，切实做好“减煤、控车、抑尘、治源、禁燃、增绿”六项工作，坚持山水林田湖一体化治理，下大力气做好“柔性治水”工作，坚持生产生态两手抓，真正实现经济效益、社会效益、生态效益、集约效益、“三产融合”效益和“四化同步”效益，实现“追赶超越”与生态环境良性互动、共促双赢。

3. 要优化社会环境

抓平安、保稳定、促和谐，是“追赶超越”的基础工程。要有风险意识，坚持政府兜底保底，稳步推进脱贫攻坚，扎扎实实地做好产业就业扶贫、易地搬迁扶贫、生态补偿扶贫、发展教育扶贫、健康扶贫、社会兜底扶贫等工作。加强组织领导，坚持点对点联系群众、面对面服务群众、心连心帮扶群众，充分发挥基层党组织战斗堡垒作用，及时了解、研判、解决一些接近“燃点”的社会矛盾，不能让社会矛盾激化，更不能让社会矛盾演变为社会冲突，力争把矛盾化解在萌芽状态，把问题解决在初始阶段。

（二）体现结构性，发挥显性优势

"追赶超越"要善于把这些显性优势转换为竞争优势、发展优势。

1. 发挥好自然资源优势

陕西自然资源丰富，已查明矿产资源储量潜在总价值42万亿元，居全国第1位。能源工业大发展是近年来我省跨越发展、实现弯道超车、迈入中等发达省份的主要增长极。"追赶超越"必须继续发挥好自然资源优势，围绕构建"中国—中亚能源大走廊"，建设好国家级陕北高端能源化工基地，瞄准延伸石化、煤化"下游"产业链和价值链，鼓励骨干企业"走出去"，构筑产业竞争新优势。

2. 转化好科教资源优势

陕西是科教大省和国防科技工业基地，有上百所高校、上千个科研院所、数以百万计的各类专业技术人员，蕴藏着巨大潜能。要抓住创新型省份建设的战略机遇，发挥好西安、咸阳、宝鸡、杨凌4个地区的国家级开发区的创新驱动作用。推动分子医学、无人机、集成电路等基础较好的高新产业快速发展。搭建"军工+"平台，畅通"民参军"渠道，解决军工产业准入门槛高的问题，推动军民深度融合发展，推动陕西从"科教大省"向"创新强省"转变。

3. 挖掘好文化资源优势

陕西是"天然历史博物馆"，守护着中华文明、中国革命、中华地理的精神标识和自然标识。"追赶超越"必须发掘用好丰富的文化资源，启动"陕西文化综合开发建设工程"，围绕关中的历史文化、陕北的红色文化、陕南的山水文化，打造历史陕西、文化陕西、山水陕西。建设全域旅游试点省份，积极创建精品旅游路线、景区、文化旅游项目，突出系统性，统筹解决好文化旅游复制性、同质性的问题，打造国际一流的旅游目的地。

4.利用好“一带一路”优势

陕西是重要的对外开放门户，是“一带一路”建设的重要节点和向西开放的前沿，具有承东启西、连接南北的独特区位。目前，陕西已全域纳入国家发展战略，已有17个国家发展战略涉及陕西。要抓住政策叠加优势明显的历史机遇，找准定位、主动融入“一带一路”大格局，打造丝绸之路经济带新起点。

（三）注重协同性，统筹补齐短板

陕西要“追赶超越”，就必须统筹补齐“结构不优、发展不均衡、民营经济不强、百姓不富、生态不优”的主要短板。

1.统筹解决结构不优、发展不均衡的问题

受区位、资源禀赋、功能区划分、地理环境等影响，我省区域和产业发展不平衡，全面建成小康社会进程差异明显。第二产业占比高于全国平均水平，第三产业占比低于全国平均水平。陕北能源资源产业独大，关中的环境瓶颈制约加大，陕南工业化进程明显滞后。要用好国家支持西部加强基础设施建设和承接产业转移的政策，按照“强关中、稳陕北、兴陕南”的总体思路，统筹解决好“一产链条短、二产质量低、三产比重小”的产业结构问题。以“大西安”“关中城市群”建设为带动，加快关中协同创新发展，推动陕北转型持续发展，引领陕南绿色循环发展，推动“四化同步”。

2.统筹破解创新能力不强的问题

陕西创新驱动发展明显滞后，2015年，我省高技术产业增加值占工业增加值的比重为10%，低于全国14.7%的平均水平，排名全国第21位；知识密集型服务业占生产总值的比重为11.4%，低于全国15.2%的平均水平，排名全国第20位；陕西科技贡献率为56%左右，与发达省份的70%以上和发达国家80%左右的科技贡献率有较大差距。实施"企业创新能力提升工程"，充分发挥企业作为市场创新主体的作用，解决好企业自主研发能力不强的问题；组建产业技术创新联盟，充分发挥科研院所作为创新骨干的作用，深化产学研合作；加快启动"企业培育壮大工程"，借鉴北京"太库"和"优客工厂"先进经验，建立企业发展"加速器"，为高新企业提供足够的政策、资金、人才等"营养剂"，加快培育一批"瞪羚企业"。

3. 统筹破解民营经济不强的问题

陕西民营经济总量仅为河南的1/3，占比比四川低7.3个百分点，在"中国民营企业500强"中，我省仅有4家入围，比浙江少134家，比江苏少89家，比内蒙古还少8家。"追赶超越"的一个重要任务就是鼓励民营企业加快发展，要着力培养民营企业家队伍，解决企业家数量少、质量不高的问题；要积极扶持龙头企业，发挥龙头企业的带动作用；营造良好的制度环境，为民营企业松绑减负，解决好民营企业在融资、土地、水电等生产要素供给方面政策支持不足的问题，让民营企业与国有企业享有同等待遇；进一步加大金融的支撑力度，解决好民营企业融资难的问题。

4. 统筹破解金融和信息经济不强的问题

现代金融和信息经济是引领掌控未来发展的关键引擎，也是实现"追赶超越"的重点突破方向。要超前谋划西安金融领域建设"三中心两基地"：丝绸之路经济带区域金融中心、国家要素交易中心、国家金融研创后台服务中心、民间金融改革示范基地、国际金融人才基地。要系统推进信息经济发展，支持国家互联网数据分析中心和"一带一路"大数据中心运营，不断完善大数据和云计算基础设施，深入实施"互联网+"，推动交通出行、房屋住宿、金融、生活服务、知识技能等领域重塑。

5.统筹破解农民不富的问题

我省是传统农业省份，农业人口占比高，扶贫攻坚任务重，150万贫困人口大都与“三农”相关，农民人均收入仅位列第26位，不足全国平均水平的80%。要着力培养新型农民，壮大农业经营主体。要“抓龙头、铸链条、促带动”，加快实施“互联网+农业”行动计划，推动融合发展试点项目。要优化升级产业格局，抓好35个省级重点示范镇和31个文化旅游名镇建设，依托历史文化资源和山水风光，打造一批生态优美、风光宜人、特色鲜明的小镇、乡村。

6.统筹破解对外开放不够的问题

陕西外贸进出口增速居全国前列，但经济外向度依然是短板。“追赶超越”的一个重要手段是提高对外开放水平、发展外向型经济。加快“大西安”建设，打造丝绸之路经济带“六大中心”：先进制造业中心，交通通信中心，经贸合作中心，能源金融中心，科技教育中心，文化旅游中心。建设中韩、中俄、中哈、中吉等一批特色鲜明的国际合作产业园区，打造生产要素价格洼地，促进人流、物流、资金流、信息流向陕西交汇聚集。

三、“追赶超越”需要坚强有力的政策和组织保障

“追赶超越”需要政策红利的持续释放，需要“三项机制”的制度保障，需要“关键少数”的示范引领。

（一）靠政策红利

研究出台强化创新驱动、推动军民融合、改善生态环境、发展现代农业方面的政策措施。主动融入“一带一路”战略，围绕航空航天、装备制造、能源化工等产业体系，金融、军工、信息、文

化等服务平台，"大西安""自贸区"建设，出台具体的落地政策，充分释放国家给予陕西的各项优惠政策的"红利"。要用好市场"无形的手"，管好政府"有形的手"，聚焦政策公开透明、法治公正有序、生活宜居宜业，在政策谋划上少设"禁飞区"、多设"开放区"，围绕行政审批、资源配置、平台搭建等，以改革精神、法治理念，为企业成长提供"适宜的气候""肥沃的土壤"，推进政府简政放权、产业优化升级、生态系统治理、民生事业进步，实现优化环境与经济社会发展有机融合、互促互进。打好整顿市场秩序攻坚战，重拳出击清理人为设置的各类障碍，减税降费，降低准入门槛，放宽投资限制，清除各类"玻璃门""弹簧门"，多开展"送外卖"式服务，让优惠政策滴灌到户。

（二）靠"三项机制"

深入贯彻落实"三项机制"，把干事的干部选上来，把敢闯的干部用起来，把无为的干部调下去，以干部队伍的担当作为释放"追赶超越"的动能。发挥"指挥棒"作用，以服务部门和窗口单位为重点，把服务是否优质、效能是否提升、保障是否到位等，细化为可感知、可考核的量化指标，让重环境、重服务、重实效的党员干部受褒奖、获重用。发挥"过滤器"作用，甄别过滤为公与为私、失职与失误，立起敢为与乱为、负责与懈怠的标尺，对整治环境动真碰硬、主动作为、敢于担当的领导干部，要撑腰、要鼓劲、要打气，真正把担当干事的干部思想顾虑打消掉、保护好。发挥"增压机"作用，为追赶超越"添动能"，给吃拿卡要、乱收费、乱摊派的单位"亮红牌"，对胡乱作为的党员干部"亮红灯"，让无所事事、无所作为的下课，让袖手旁观、不愿作为的让位。

（三）靠"关键少数"

路线确定之后，领导干部就是关键因素。"追赶超越"领导干部要带头示范引领。一是要带头增强"四个意识"，落实全面从严治党要求，做到"信念坚定、为民服务、勤政务实、敢于担当、清正廉洁"。二是要带头做到"四清"，个人要清清净净，对权力有敬畏之心，对名利有平常之心，做到一身正气、一尘不染；与民关系清清白白，始终代表人民、服务人民、依靠人民，做人民的公仆、事业的骨干；上下关系清清楚楚，突出团结和谐、纯洁健康、弘扬正气，决不搞团团伙伙、拉帮结派；政商关系清清爽爽，既紧密合作，又洁身守正。三是带头强化改革思维，提升法治理念意识、滋养人文情怀、培育自强精神，为勇担当者担当，为敢负责者负责，大力营造公平公正、诚信友善、清新和谐、共建共享的整体环境，以主旋律引领开拓者，用正能量激励实干家，真正让"追赶超越"成为新时期陕西干部的鲜明标识。

“追赶超越”的战略目标和基本任务

2015年2月，习近平总书记来陕视察期间发表了重要讲话，作出了“陕西正处在追赶超越阶段”的重要论断。这既是对陕西近年来发展成就的充分肯定，也是对陕西未来发展提出的新任务，更是对陕西干部群众提出的新要求，为新常态下陕西实现科学发展提供了重要遵循，为三秦儿女吹响了谱写“中国梦”陕西华章的奋进号角，成为三秦大地上的最强音。

一、陕西追赶超越的SWOT分析

SWOT分析法最初被用于微观企业的战略分析，具有清晰、系统、全面的特点，本文将之用于地区发展战略分析，以便了解和把握我省追赶超越的机遇与挑战，从而制定出相应的战略目标、基本任务以及实施路径等。

（一）优势(Strengths)分析

1. 区位优势

陕西处于我国大陆的几何中心，承东启西、连接南北是陕西最大的区位特点，虽然不沿边不沿海，但是两点之间直线最短，以陕西为中心辐射四周，到哪里都很方便。陕西的区位优势意味着到全国各地的物流半径短、物流成本低，是我国重要的综合交通枢纽。随着对外开放的扩大和融入世界经济的深入，我国区域经济增长极、增长带和增长点，呈现出从南到北、由东至西不断拓展的新局面。特别是“一带一路”战略的实施，陕西省陆上丝绸之路起点的区位优势极为突出，已经成为内陆开放新高地。习近平总书记来陕视察时指出：“陕西是西北地区的重要省份，是实施‘一带一路’战略的重要节点。陕西发展得怎么样，不仅关乎三秦大地父老乡亲的福祉，而且对西部大开发战略、对‘一带一路’战略、对西北地区稳定都具有重要意义。”近年来，正是利用区位优势，陕西累计与中亚国家在基础设施、地勘、能源、农业等领域的合作项目超过百个。

2. 资源优势

陕西是全国名副其实的能源资源大省，全省列入矿产资源储量表的矿产保有资源储量潜在总值约占全国的1/3，居全国之首。陕西是重要的煤炭生产基地，煤炭资源主要集中在陕北和渭北地区，煤炭产能居全国第三位。有着丰富煤炭资源的陕西，也是全国首屈一指的电力大省，是全国“西电东送”的主力省份。除了丰富的煤炭资源外，陕西还有着丰富的石油、天然气资源。中国第一大油气田的长庆油田总部就设在陕西省省会西安，中国另一大型石油生产企业延长石油的总部和生产基地也在陕西，其开采和炼油的规模均超过了千万吨级。拥有中国两大产油巨头的陕西，同样也是西气东输三条线路的过境省份。陕西每年要承担对外输送天然气的任务。除此之外，陕西还是西气东输工程重要的枢纽。西气东输重要的支线，负责向华北和北京输气的陕京线，起点就位于陕西北部。黄土高原的漫漫风沙也为陕西带来了巨大的风能资源。从区域来看，陕北的煤、油、气、盐等自然资源丰富，畜牧业、能源化工产业较为发达；而陕南水、林、生物、矿产资源较为丰富。总之，富集的煤、油、气、盐等资源为陕西追赶超越提供了可靠保障。

3. 科教优势

陕西综合科技实力位居全国第三，目前全省拥有高校108所，高等教育在校人数152万人，专任教师近7万人；各类科研机构1176家，科研院所116个，拥有两院院士60余人、科技活动人员近23万人。在国家重大成果奖励、重点学科、人才培养等教育质量的核心指标方面长期位居全国第3—5位。高新技术企业1609家，中小科技企业2万余家，省属企业研发机构475个，形成了门类齐全的学科体系、人才体系、科研基础设施体系和能源化工、先进制造、电子信息、航空航天、生物医药等产业技术创新体系。特别是在清洁能源汽车、金属多孔、石墨烯、超导材料研制水平处于国际领先地位，3D打印专利数占全国50%以上。陕西科技一直是陕西省实力的重要标志，是陕西省发展的重要引擎。近年来，陕西省通过鼓励研发投入、强化中试环节、促进科技和金融结合等一系列措施，强化了企业技术创新主体地位，企业创新能力不断提升。可以说，高等院校、科研院所规模和层次在全国名列前茅的陕西，发达的科教实力蕴含着巨大的创新潜力。

4. 文化优势

作为全国文化资源大省，陕西是中华民族和华夏文化重要发祥地之一，拥有革命圣地延安。陕西历史文化资源丰富，红色文化资源璀璨，大秦岭绵延千里，文化积淀十分深厚。黄帝陵、兵马俑、延安宝塔、红色照金、秦岭、华山等，是中华文明、中国革命、中华地理的精神标志和自然标识。古长安引领了丝绸之路沿线世界文明的交融，推动了丝绸之路上东西方物产的直接交换，长安是宗教文化通过丝绸之路的首传之地和本土化的策源地，是我国文化的源头和世界文明的交流中心。以革命圣地延安为中心，陕西聚集了极具革命性和先进性的丰富红色文化资源，孕育了光照千秋的延安精神，是中国共产党以及中华民族的宝贵精神财富，在中国的革命和建设中发挥了巨大的精神动力作用，对中国历史发展进程产生着巨大和深远的影响。除了丰富厚重的历史文化和红色文化外，还有独特的黄土文化和民俗文化。可以说，陕西文化资源的丰富程度及其独特价值举世无双。

（二）劣势(Weaknesses)分析

1. 观念保守

有学者从自然地理上分析陕西人的特点，虽有偏颇，但值得警醒。陕西的地理环境是封闭的，北面是高原，西面和南面是山地，东面是咆哮的黄河。在旧时落后的交通条件下，这种闭塞的地理环境几乎断绝了陕西同外部的联系。闭塞的地理环境带来的一个直接后果是信息闭塞。信息闭塞又导致人们观念的陈旧、落后。长期落后、陈旧的观念使人的思想趋向保守、僵化。还有学者从对待法律的角度分析陕西人，也值得深思。在经济发达的沿海地区，在北京、天津、上海、广州、深圳这些城市，在重庆、四川的这些思想解放的内陆地区，人们做事情的指导思想是“法无所禁皆可为”；在经济欠发达的中西部地区，特别是观念保守的西部地区，人们做事情的指导思想是“法有所允尚观察”。要抛弃“法有所允尚观察”的保守思想，勇于“法无所禁皆可为”，敢于担当，大胆创新，加速追赶，快速超越，才能把陕西经济、社会等各项事业搞上去。

2. 市场环境优化不够

陕西省委书记娄勤俭指出："我省经济的活跃程度还不够，是因为没有站到产业发展的特征上去创造良好的环境。我们为市场主体服务的环境还需要更优化一些。懒政怠政、服务意识差、执政理念保守落后、拖沓懒散、行政效能低下，严重制约着市场环境的优化。对经济发展来说，环境是软实力，也是竞争力，只有把环境搞好了才有竞争力。正确处理政府与市场的关系，应从制度层面上对政府行为予以规范，把该放的权放到位，让市场决定资源配置，把该营造的软环境营造好，给市场主体一个宽松的经营环境；把该制定的规则制定好，保证公开、公平、公正的社会环境。要用好简政放权、减税降费、降低准入门槛、放宽投资限制等服务企业的手段方法，营造公平透明的政策环境。要坚持法无授权不可为、法定职责必须为，杜绝吃拿卡要等不良市场现象；要采取有效措施，明确政府部门的权力、责任和奖惩制度，从法律和制度层面提升投资环境。"

3. 区域发展不均衡

促进区域协调发展，是促进可持续发展的现实需要，是陕西实现追赶超越的战略举措。我省目前三大区域经济存在明显的不均衡性，从经济增速来看，陕南增长速度最快，关中次之。但从绝对值来看，陕南人均GDP在全省最低。从城乡居民收入来看，陕南三市农村居民可支配收入绝对值大大低于关中、陕北地区。总体来看，关中经济依然占据主导地位，陕南经济发展未有明显突破，陕北经济下行压力进一步加大。新形势下，全省经济增速总体回落，陕西三大区域的经济发展呈现分化态势：陕北应加快转型发展，陕南应力求突破发展，关中地区特别是西安要引领发展。可以说，追赶超越看关中，引领发展看西安。西安的发展不仅关系关中地区的发展，还关系着陕西在全国的地位，关系着陕西追赶超越的步伐。

4. 产业结构不合理

习近平总书记强调：“经济发展中存在的不平衡、不协调、不可持续的矛盾，症结在结构、难点在结构、突破点也在结构。”作为西部能源大省，陕西经济发展很大程度依赖于能源工业，能源化工产业产值一度占工业总产值的“半壁江山”。而近年来煤炭、石油等能源价格走低，给陕西省经济增长带来了很大的不确定性。为此陕西省致力于改变“油主沉浮”“煤唱主角”的产业结构，推动能源产业高端化取得新突破。面对发展的新常态，陕西将进一步加快结构调整步伐，全力打造陕西经济升级版，促进信息、新能源汽车、航空航天、新材料、文化旅游、现代物流产业加速成长，形成经济发展更多新支柱和国家相关领域新亮点。

（三）机遇(Opportunities)分析

1. 深化改革的机遇

近年来，中央和省上出台了一系列改革方案，开展了一系列改革试点。2017年，改革力度还会更大，涉及的面还会更广、更长远。比如，在国企改革上，要组建国有资本投资运营平台，推进混合所有制改革试点，构建灵活高效的市场化经营机制；在农村集体产权制度改革上，用5年左右时间完成集体经营性资产股份合作制改革，逐步明确集体资产所有权；在保障和改善民生上，全面放开建制镇和小城市落户限制，推动居住证制度全覆盖，完善进城农民平等享受民生服务的体制机制等。省委书记娄勤俭指出，改革是发展的动力源泉，开放是繁荣的必由之路。要在抓好既定改革事项落实的同时，蹄疾步稳推进国资国企、市场体系、社会治理等牵一发而动全身的重点领域改革，尽快形成改革的"四梁八柱"，为陕西追赶超越增添新的活力。

2. 国家战略的机遇

我省在国家发展全局中的地位日益凸显，全域纳入国家发展战略是陕西追赶超越的重大机遇。当前，已经有17个国家战略涉及陕西，"一带一路"把陕西由内陆腹地推到了向西开放的前沿阵地；自贸区成功获批，让陕西可以面向全球配置资源；陕西肩负建设内陆改革开放新高地的重要使命，利用西部大开发战略支撑的有利地位，在基础设施互联互通、开放平台构建等方面可以大有作为。陕西具有国家创新驱动发展战略的科教优势。随着国家创新驱动发展战略实施力度不断加大，陕西又迎来了发挥领先全国的科教优势、走在创新驱动发展前列的空前机遇。陕西肩负建设中国特色新型城镇化范例的重要任务，也极大拓展了陕西的发展空间。总体来看，陕西在国家发展大局中的地位和作用日益突出，日前，中共中央办公厅对陕西又进行了第二次回访，回访报告对陕西的"追赶超越"更加肯定，政策建议更加具体，特别是中央有关领导同志的重要批示，要求中央19个相关部门、单位完善政策措施，加大帮扶力度，支持陕西强化创新驱动、推动军民融合、改善生态环境、发展现代农业，推动陕西"追赶超越"奔小康步伐。习近平总书记视察陕西时指出，实施"一带一路"战略将改变西部特别是西北地区对外开放格局，使陕西进入向西开放的前沿位置，伴随着西部大开发战略的深入实施，陕西迎来了前所未有的发展机遇。

3. 产业调整升级机遇

当前，我国经济发展进入新常态，以中高速增长实现中高端发展。过去经济高速增长时期，大家都在快速往前跑，陕西只能跟在后面跑，实现追赶超越比较难。越是经济低潮的时候，就越是有机遇的时候，现在全国经济处于转型发展时期，经济从高速增长开始降速，这是实施追赶超越的好机会。当然，实施追赶超越，要保持这么一股劲，在困难中寻找和把握机遇，在困难中求得发展，如果陕西发展顶上去了，就能迈出一大步，这是实现追赶超越的重要契机。宏观经济学中的追赶效应告诉我们，在其他条件相同的情况下，如果一个国家、一个地区的经济状况在开始时较差，它的增长空间会很大，增长速度也会很快。在贫穷国家或地区中，生产者甚至缺乏最原始的工具，因此生产率低。少量的资本投资就会大大提高社会的生产率。因此，发展滞后地区要利用自身禀赋，充分发挥比较优势实现追赶超越，能快则快、宜快则快、又好又快。

（四）威胁(Threats)分析

1.激烈的地区竞争

过去30多年来，基于资源禀赋和产业政策的不同，各省市区的发展并不平衡，基本上呈现东部对外开放，中部承接产业转移，东北发展重工业，西部提供能源矿产的格局。但是，随着中国经济进入“新常态”，这一格局已经出现变化，并在2016年持续裂变。2016年，从各地经济实际增速和名义增速来看，中国经济呈现西部最快、中部次之、东部放慢，其中东北最弱的特征。2016年实际经济增速最快的是重庆，达到10.7%，陕西2016年实际经济增速7.6%，排在第16位。全国有9个省的GDP已达到3万亿，5个省（市）达到2万亿，有11个省（市）在1万亿，其中包括陕西省。总体来看，陕西与前面省份相比，差距不小，与后面省份相比，差距在不断缩小。在追赶超越的过程中，别的省市区都在跑步前进，陕西如果还懒懒散散，就会逆水行舟、不进则退，而且慢跑也是退。

2. 国家经济下行的压力

总的来看，当前我国经济运行总体平稳，稳中有进、亮点纷呈，这是改革发力、创新增力、转型给力、政策助力、预期蓄力综合作用的结果。同时应当看到，当前世界经济复苏疲软，国际经济金融市场动荡、国际贸易低迷的外部环境短期内难以改变，国内正处在结构调整的关键阶段，传统产业调整的阵痛在陆续释放，以新经济为代表的新生动力虽然加快孕育，但短期还难以对冲传统动力的衰减，我国经济下行压力仍然较大。面对经济下行压力和超出预期的困难，陕西经济势必会受到冲击和影响。新形势下，陕西党员干部要坚定信心、沉着应对、系统谋划、精准施策，"跳起来摘桃子"，埋头苦干，奋力赶超，才能实现追赶超越。

（五）战略选择

综上分析，陕西追赶超越既存在优势和机遇，也面临劣势和挑战。在 SWOT 分析框架之下，通过采用 SO、ST、WO、WT，可以得到追赶超越的策略选项。

1. SO战略：抢抓外部机遇，放大自身优势

审视外部环境，面对千载难逢的历史机遇，陕西追赶超越机不可失！如何抓住抢滩登陆的战略机遇？省委书记娄勤俭多次提出"跳出城墙"思维，并提出"大西安"的治陕思路，更在对"追赶超越"谋篇布局时指出：要向开放要活力，坚持东西并重、内外并举，深度融入"一带一路"大格局，加快"引进来""走出去"步伐，促进国际国内资源有序流动和产业集聚。习近平总书记指出："生活从不眷顾因循守旧、满足现状者，从

不等待不思进取、坐享其成者。”机会更多是留给那些善于和勇于进取的人们。习近平总书记提出追赶超越的重要判断后，陕西党员干部在制定追赶方向、超越目标的过程中，开阔眼界，正视差距，势必会强化开放意识，加强对外交流，勇于进取。

2. WO战略：强化行政改革，营造发展环境

以追赶超越为目标引领，利用扩大开放及自贸试验区建设的机会，倒逼陕西行政改革。加强商事制度的改革，也就是政府的服务环境的营造，特别是法制化、便利化、国际化的营商环境的营造，这是目前遇到的挑战，也是重点改革突破的方向。特别是利用自贸试验区建设，打造陕西市场环境。自贸试验区将积极探索内陆与“一带一路”沿线国家经济合作和人文交流新模式，形成与国际通行规则相衔接的制度规则体系，政府监管体系和管理体制机制。这势必会有助于陕西营造公平透明的政策环境、公正有序的法治环境、重商亲商的社会环境、宜居宜业的生活环境。

3. ST战略：发挥后发优势，克服内部劣势

在发展经济学中，“后发优势”是指后发展地区在推动发展方面的特殊有利条件，主要是经验优势和制度优势。“十一五”以来，陕西经济进入了加速发展的快车道，经济增速稳居全国第一方阵，2016年增速有所放缓，仍高于全国增速近1个百分点。由此可见，陕西目前仍处在继续“追赶超越”阶段，也具备追赶超越的基础和条件。当前要充分发挥后发优势，积极主动借鉴发达国家、发达地区实现追赶超越的成功经验和制度优势，以解决追赶超越过程中的突出问题为突破口，学习先进，加快发展。坚持以追赶超越的目标为方向，党员干部带领群众，人人以追赶为己任，个个以超越为目标，必然会焕发出追赶超的精气神。当前，陕西党员干部在追赶超越目标的引领下，正在进一步提振干事创业的精气神，全省干部群众人心思进、人心思齐、人心思干的氛围已经形成。

4. WT战略：参与区域合作，补齐发展短板

唯有主动融入国家战略，参与抓住机遇，以解决问题为突破口和主抓手，革除旧弊，补齐短板，陕西才能赢得先机，决胜未来。省委书记娄勤俭指出："不用扬鞭自奋蹄，始终把自己置身于追赶超越之中，明确目标，找到路径和方法，确保追赶超越取得明显进展。切记不要把一种目标简单的看成就是追随，应该看追谁、追哪方面，以补短板进行追赶，把我们的短板提上去就能超越。"陕西追赶超越主要靠干，关键在人，特别是陕西的党员干部，要解放思想，主动作为，拿出敢闯的勇气来，敢为人先，不断突破不合时宜的条条框框、不断打破体制机制的瓶颈制约，冲破阻力、释放活力、激发动力；要拿出实干的劲头来，坚持低调务实不张扬，撸起袖子加油干，挽起裤腿加快干，扑下身子埋头干，甩开膀子拼命干，不断把陕西追赶超越推向前进；要拿出担当的境界来，直奔问题、迎难而上，以舍我其谁的气概，以时不我待的使命，为陕西追赶超越助力加油。

二、"追赶超越"的战略目标

（一）"追赶超越"的总体目标

以全省人民过上幸福美好生活的价值目标为引领，2020年同步够格全面建成小康社会、进入发达省份行列，谱写伟大中国梦的陕西华章，是追赶超越的总体目标。

习近平总书记指出："人民对美好生活的向往，就是我们的奋斗目标。"对于3800万三秦父老来说，最大的愿望就是求富裕、求安康、求尊严、求幸福，这是陕西党员干部肩头上不可推卸的历史责任，更是党员干部给人民群众必须兑现的郑重承诺，也应是落实追赶超越的最高价值目标。

同步够格全面建成小康社会、进入发达省份行列，谱写实现伟大中国梦的陕西华章是陕西经济社会发展的总体目标，也应是落实追赶超越的总体目标。按照习近平总书记来陕视察提出的“五个扎实”要求，既要推动经济持续健康发展、推进特色现代化农业建设，又要加强文化建设、做好保障和改善民生工作，还要落实全面从严治党。可以说，追赶超越的目标是全面的、系统的，而不是单一的、片面的，要以创新、协调、绿色、开放、共享的新发展理念为指导，坚持系统思维、科学谋划，实现经济效益、社会效益、生态效益相统一，坚持速度、质量和效益相统一。追赶超越既要体现在发展总量的扩张上，又要体现在发展质量的提升上，更要体现在发展模式的创新上，而不是盲目铺摊子、上项目，不是随意地拍脑袋、做决策。追赶超越是有质量、有效益、没水分、可持续的实实在在的快速发展，是老百姓满意的快速发展。

（二）“追赶超越”的具体目标

经济增长速度持续高于全国增速，能快则快、宜快则快、又好又快；经济总量要从目前的第四集团排头兵的位置不断进位，力争在“十三五”时期进入第三集团，到2050年进入第一集团行列；人均GDP要从第三集团居中的位置不断超越，力争在“十三五”时期进入第二集团，到2030年进入第一集团；通过提升经济增长效率，改善经济增长结构，降低经济增长资源消耗和生态环境代价，使经济增长质量大幅提升，陕西经济从资源依赖型走向创新驱动型，从经济社会欠发达地区走向经济社会发达地区，实现真正的追赶超越。

当然，这些目标的实现，需要各地区各单位制定出更为具体的追赶超越目标，通过一个个具体目标的实现，最终实现全省追赶超越。各地区各单位在制订具体目标时，首先，要准确定位、明确方向。只有搞清楚追赶的对象是谁、超越的标尺在哪里，瞄准一流对标，学习好经验好做法，保持追赶超越的精气神，一步一个脚印向前迈进，在不断追赶中提升工作的质量和水平。其次，要着眼补足短板。在巩固和厚植原有优势的基础上，着力破解难题、补齐短板，在补足短板中拓宽发展空间，在加强薄弱领域中增强发展后劲。再次，要坚持问题导向。从最紧迫的问题入手，拿最要害的症结"开刀"，逐项研究解决问题的路线图和时间表，使追赶超越的步伐走得更快、更稳健。最后，要把握利用机遇。机遇是发展的"助推器"，只有善于发现和运用好机遇，才能制订出既切实可行又鼓舞人心的赶超目标。在制订具体目标时，要跳出"城墙思维"、破解思维定势，主动融入国家战略和发展大局，找出同频共振的契合点，抓住追赶超越的机遇与契机，制订出科学合理又催人奋进的具体目标。

（三）"追赶超越"的战略步骤

1.近期目标（2017—2020）

围绕上述总体目标，《陕西省国民经济和社会发展第十三个五年规划纲要》已经对经济社会发展指标进行了明确，提出经济、人民生活水平和质量、民主法治社会和生态环境等方面的具体目标。这些具体指标是保底指标，我们要加快追赶超越步伐，就要力争提前完成、超额完成，同步够格全面建成小康社会。国民生产总值的增速、人均GDP、科技贡献率以及战略性新兴产业占比均要超过全国平均水平，经济总量位次在现有基础上力争前移1—2位。

2. 中期目标（2021—2030）

经济持续保持中高速增长，平均增速持续高于全国平均水平，经济总量位次进入全国前十。产业发展深度融入全球分工体系，公共服务均等化基本实现，人民生活更加富裕，制度更加健全，社会和谐，生态环境优美。

3. 远期愿景（2031—2050）

经济增速持续高于全国平均水平，经济总量稳居全国前十，进入发达省份行列，实现社会主义现代化，谱写伟大中国梦的陕西华章。

三、“追赶超越”的基本任务

实现追赶超越，要坚持习近平总书记“五个扎实”的论断，坚持系统思维、科学谋划，在量的扩张、质的提升、发展模式创新上下功夫，实现工业、农业、文化、民生、党建五位一体全面发展。

（一）扎实推动经济持续健康发展

1. 力促工业稳定增长

全力促进能源稳定生产，扩大榆林煤、兰炭、延长石油品牌效应，增加市场份额，加强国Ⅴ汽柴油封闭运行。鼓励煤电企业抱团取暖，大力发展坑口电厂、矿区资源综合利用发电、城市热电联产。重点建设神府、榆横、延安、彬长“西电东送”煤电基地，全年净外送电量100亿度以上。同时，积极稳妥推进“三去”工作，力争完成煤炭退出产能5100万吨、整合和技术改造矿井产能1000万吨、停产矿井产能900万吨、钢铁退出产能178万吨的既定目标。探索创新棚改货币化安置方式，加强配套设施建设，大幅度提高已建成保障房入住率。

2. 加快产业转型升级

产业转型升级既是着眼长远经济发展上水平的重大战略选择，更是立足当前渡过难关的现实需要。要巩固和发展非能产业的良好发展态势，加快培育壮大战略性新兴产业。按照《〈中国制造2025〉陕西实施意见》抓紧制定具体实施方案，继续抓好新一代信息技术、3D打印、有色电子光伏新材料、新能源、生物医药等产业。积极顺应市场倒逼能源工业行业洗牌、产业升级的要求，危中寻机、难中奋起，持续推进能源化工产业高端化发展。对去年建成的煤制烯烃、精细化工等项目加强跟踪服务，力争达产达效。加快推进神华榆林循环经济煤炭综合利用、华电百万吨煤制芳烃等重大项目，尽快谋划实施一批深度转化项目，推动煤化工向合成纤维、树脂、橡胶等下游产品延伸。认真落实支持企业技改的各项政策，引导企业重点围绕智能制造、扩大先进产能等领域实施新一轮技改升级工程。发挥产业引导基金作用，进一步完善财税优惠、风险补偿和创业家激励等政策，加快形成强大的产业新动能。利用国家产业发展导向，依托区域优势资源和发展基础，形成新的战略方阵，是加快区域经济追赶超越的基本原理。在新的发展阶段，我省在产业的空间布局上，重点形成具有陕西本色的高端能源化工基地、新材料研发制造基地、现代装备制造基地、文化旅游集散地、生物医药基地、现代特色农业基地等六大特色产业阵容，力争用2—3年时间，分别在关中、陕南、陕北三大区域，打造三大特色产业"航母群"，形成产业特色鲜明、分工合作互补、错位发展明显的新经济。

3. 促进现代服务业提质增效

服务业资源消耗低、污染少、附加值高，是吸纳就业的主渠道、拉动增长的新途径。在扩大规模的同时要提质增效，引领生产性服务业向专业化和价值链高端延伸，生活性服务业向精细和高品质转变。大力发展现代物流、电子商务、研发设计、人力资源服务等十大服务业新业态。我省旅游业呈现出强劲发展势头，要以建设旅游强省为目标，抓好旅游业“十三五”发展规划的贯彻落实。以30个重大文化产业项目为引领，积极创建精品旅游线路和景区，同步加强旅游软硬件建设，推动文化旅游产业融合发展。继续办好中国西安丝绸之路国际旅游博览会，扩大区域合作，积极开拓国际市场，不断扩大陕西旅游美誉度和影响力。

4.实施创新驱动战略

以科技资源有效利用为切入点，着力打造追赶超越新动能，全面推进创新型省份建设。总结复制推广“延长模式”“光机所模式”和“交大创新港”模式，加快催生若干创新中心(基地)。出台激励政策，扩大高校和科研院所自主权，提升省科技资源统筹中心服务功能，深入实施“四工程一计划”，推动创新型市县建设。探索设立创业基金，改财政拨款为基金投入，撬动更多社会资金投入研发活动。争取更多重大科技专项在我省实施，促进中央与地方、军工与民用、科研院所与骨干企业深度融合，加快建设西部创新高地。统筹推进西安全面创新改革试验区建设。以西安高新区建设国家自主创新示范区为契机，支持西安高新区在省内高校设立“飞地”科技园，大力支持全面创新改革试验区和自主创新示范区的各项政策试点，结合自身优势和特点，先行先试，努力打造“一带一路”创新之都和战略性新兴产业发展高地。围绕支柱产业链部署创新链。围绕支柱产业和先导产业链条，实施一批重大创新项目，努力在航空航天、3D打印、无人机、大数据等领域形成创新优势。进一步加快20个中试基地建设，建立校（院、所）企合作研发、孵化中心和金融支持等创新平台，加快企业技术创新团队建设，着力提升企业自主创新能力。加快形成知识创新—技术创新—产品创新—商业模式创新等全链条创新体系。大力提升科技成果转化率。出台科技成果转化引导基金管理办法，建立与贡献相匹配的收益制度，支持央属科研事业单位就地处置科技成果、分配处置收益。围绕煤油气、装备制造、电子信息和大数据、云计算等产业，实施核心技术攻关突破，推进科技成果转化和产业化。推广光机所、204所、210所等军民融合创新模式，把我省六家工研院打造成为科技成果转化的重要平台。以"双创"激发潜力活力创造力。加大财政支持力度，建好创业创新"后台服务器"。着力推进众创、众包、众扶、众筹等新模式，加强"创业苗圃—孵化器—加速器"载体建设。办好创新创业大赛、创业基金、创业学院。推动理工科大学实现众创空间全覆盖，鼓励企业内创、校园众创、院所自创等创业孵化方式，形成新的创业苗圃。支持设立天使、种子基金，探索并推动科技金融结合试点。

5. 采取更加有力的措施发展民营经济

民营经济是拉动我省经济增长的关键支撑力量，当前我省正处于工业化、信息化、城镇化和农业现代化同步推进的关键阶段，要扎实推进民营经济转型升级、创新发展。一是要一视同仁，公平对待。加快行政管理体制、财税体制、投融资体制、科技创新体制、资源性产品价格等方面的改革，构建"亲""清"新型政商关系，为民营企业发展创造出与国有企业和外资企业同样的平等竞争环境。二是要放宽市场准入，促进一批PPP项目落地。制定非国有资本参与重大投资项目的办法，鼓励有实力的民营企业参与金融、石油、电力、铁路、电信、资源开发、公用事业等领域项目投资，实现政府、民营资本的双赢。三是要着力解决民营企业融资难、融资贵的问题。当前投融资改革步伐加快，要紧跟国家政策，积极作为、靠前服务，进一步发挥政府资金的撬动和增信作用，扩大民间资本的投融资领域，特别是要及时跟进、协调解决有发展前景的民营企业融资担保问题，帮助企业渡过资金难关。四是加快转型升级，释放民营经济的创新活力。要加快制定出台我省《民营经济千企示范万企转型行动计划》，支持中小企业采用新工艺、新技术、新装备，创新发展，加快推动民营经济转型升级。利用互联网+技术，抓好“信息技术入企”，深入推动两化融合。

（二）扎实推进特色现代农业建设

坚持强基础、提产能、促规模、增效益，稳定提升粮食综合生产能力，推动特色农业提质增效，优化现代农业产业体系，构建新型农业经营体系。以脱贫攻坚为助推器，推进传统农业向现代特色农业转型。

1. 加快构建现代特色农业基地

围绕全面脱贫的总目标，从增强农民致富的内生动力入手，重点推进现代农业产业园区建设。在提升100个省级园区的基础上，再发展20个新园区，集中打造20个集产业、品牌、信息、物流于一体的综合示范园区，释放规模化效应。构建现代农业综合体，推进特色农业向中亚、西亚和东南亚国家开放，提高特色农业的省内示范效益，拓展国际合作空间。推进农村一、二、三产业融合发展，尽快出台落实国务院推进农村一、二、三产业融合发展的实施意见，培育一批在全国、全球叫得响的知名品牌。鼓励和支持各地开展农业保险创新，让农业保险普惠农户。

2. 加快培育新兴农业经营主体

重点扶持10家明星企业，提升200个省级示范合作社，认定1000家省级示范家庭农场，培育一批农机服务、统防统治、全程托管、烘干储藏等社会化服务组织，带动土地规模化流转。推进传统农业向现代农业转型，个体经营向规模化经营转变，家庭经营向新型综合体经营升级。

3. 大力发展特色农业

在全省分别形成关中优质小麦、陕南优质水稻、陕北高产马铃薯基地，建设1000万亩吨粮田，确保粮食安全。做优苹果、猕猴桃、茶叶、核桃、红枣等五大特色农产品地方标识，提高地标性农产品核心竞争力。拉长生猪、奶山羊、肉牛等产业链，提升附加值。逐步形成具有陕西地理标识的特色农产品核心板块。

4. 建立科技扶贫专项

把科技强农作为产业脱贫的先手棋。省财政设立专项科技扶贫基金，每年购买100个左右农业科技专项，无偿提供给农民开展众创众投，中高端化增强脱贫内生动力。组织开展重大技术联合攻关，提升8个商业化育种联合体研发能力，强化科技创新驱动。支持大专院校、科研机构和科技型企业，跟踪研发科技扶贫开发项目需求，重点在农产品标准化加工、高效农业开发、畜牧业良种培育、农业装备技术和水资源保护等领域，研发一批应用型科技项目，促进农业、工业、现代服务业同频共振。

5. 加大对农业投入力度

加强对农村产业路、通村路、面源污染防治、改厕、农村危房改造和水环境保护等方面的投资力度，从生产生活环境上，促进农村与城镇对接。在推进有条件农民市民化的同时，加快美丽乡村建设步伐，在全省建设一批具有地域特色、民族特色和历史文化特色集镇和行政村，形成一批“博物馆”民居群落和美丽村庄，促进新农村与“四化建设”同步跟进。

（三）扎实加强文化建设

1. 加快建立现代公共文化服务体系

加强文化基础设施建设，进一步拓宽公共文化服务领域，加强公共文化产品供给，建设覆盖城乡、便捷高效、保基本、促公平的现代公共文化服务体系，弘扬社会主义核心价值观，让群众广泛享有优惠或免费的基本公共文化服务。不断优化文化产业发展环境，培育壮大文化市场主体，做大做强名牌优势文化企业和企业集团，发展壮大民营文化企业。健全文化产权交易市场和物流平台，稳步推进文化投资、产权交易、艺术品交易等文化市场发展。完善文化产品激励机制和评价体系，建立文化产品科学评价体系，促进文化价值与经济价值平衡增长。

2. 进一步提升陕西文化影响力

推动传统文化现代化、文化资源产品化，建设国家级华夏文明历史文化基地，讲好中国故事，提升文化自信，彰显民族文化魅力。积极探寻历史与现实的契合点，深入挖掘历史文化中的价值理念、道德规范、治国智慧，努力推出一批体现时代精神、具有陕西特色、在全国有影响的标志性文化作品，推出一批社会效益和经济效益俱佳的精品力作。

3. 积极推动重大文化项目建设

加快实施30个重大文化项目，创建一批带动力强的文化产业园区和基地。依托大雁塔和彬县大佛寺石窟等世界文化遗产，构建以西安为起点的丝绸之路风情体验旅游走廊。继续推进国风秦韵重点项目，深入挖掘整合历史、自然、山水、红色、民俗等特色资源，打造富有陕西意蕴和时代特色的精品力作，大力开发乡村、森林、温泉等旅游产品，全方位展现“山水人文·大美陕西”新形象。

（四）扎实做好保障和改善民生工作

1. 大力发展教育事业

陕西教育资源丰富，要促进各类教育协调发展，统筹城乡义务教育均衡发展，推动普通高中多样化、特色化发展，加快发展现代职业教育，推动高等教育内涵式发展。抓教育发展，有一条必须始终把握好，就是要坚持正确政治方向，把立德树人放在首要位置，培养德智体美全面发展的社会主义事业建设者和接班人。深化考试招生制度、管办评分离改革，深入推进校长教师交流轮岗工作。

2. 实施更加积极的就业政策

把高校毕业生等青年群体就业放在首位，引导他们到基层就业，支持灵活就业、新型就业，继续增加公益性岗位，完善就业创业政策体系。加快构建劳动者终身职业培训体系，逐步建立经济发展与扩大就业联动机制。适度放宽创业促就业个人小额贷款额度和贴息年限。

3. 不断完善城乡社会保障制度

实施机关事业单位养老保险制度改革，调整企业退休人员养老金和相关群体社会保险待遇。健全覆盖城乡的社会保障经办管理体制和便民服务体系，加快社保规范化、信息化、专业化进程。加强城乡低保和农村五保工作，健全社会救助体系，提高救助标准，保障残疾人权益，强化民生托底政策。推进医养结合，促进社区医疗、养老机构融合发展，拓展养老服务范围。

4. 继续加大社会治理力度

加强互联网管理，确保网络和信息安全。推行阳光信访，突出化解重点群体信访积案，完善多元化纠纷调解机制，加大司法救助和法律援助力度。强化公共安全管理，加强食品药品、安全生产、危化煤矿、道路交通等重点治理，坚决遏制重大事故发生。依法打击暴力恐怖、涉黑涉恶犯罪，完善立体化社会治安防控体系，扎实推进平安陕西建设。

（五）扎实落实全面从严治党

适应经济发展新常态和从严治党新要求，要把勤勉为民、依法办事、务实尽责、廉洁自律作为自身建设的重要内容，全面从严治党要继续从延安精神中汲取力量。

1. 坚定正确政治方向

政治方向对一个党、一个党组织、一个党员干部来说都极端重要。站在决胜全面小康的新起点上，党中央要求广大党员干部增强政治意识、大局意识、核心意识、看齐意识，正是为了使党更加团结统一、坚强有力，始终成为中国特色社会主义事业的坚强领导核心。坚定正确政治方向，必须有坚定理想信念做支撑。抓党的建设，要把抓理想信念贯穿始终，对新党员要抓，对老党员也要抓；对普通党员要抓，对党员领导干部更要抓。要探索新形势下对党员、干部理想信念进行检验的具体途径、具体标准。

2. 坚持解放思想、实事求是思想路线

革命战争年代，面对各种复杂局面，我们党能够制定和实行正确的大政方针、战略策略，靠的就是实事求是。今天，面对日新月异的国内外形势，面对我们肩负的繁重任务，一切形式主义、教条主义、经验主义都是行不通的。领导干部对党和人民事业肩负着光

荣而重大的领导责任，始终贯彻执行党的实事求是的思想路线，对于推动科学发展、促进社会和谐至关重要。各级领导干部要把实事求是贯彻到领导工作全过程，自觉做坚持实事求是的表率。

3. 坚持全心全意为人民服务的根本宗旨

延安时期，毛泽东同志发表《为人民服务》的演讲，深刻揭示了党群关系、干群关系、军民关系的真谛。今天，在党长期执政的条件下，保持同人民群众的血肉联系是党的建设必须解决好的重大课题。各级党组织要教育引导党员、干部自觉以民为师、以民为镜、以民为称，勤恳为群众办事，自觉接受群众监督。陕西的党员干部要坚持以人民为中心的发展理念，在追赶超越的过程中努力让老百姓感受到更多的获得感、感受到生活在陕西的自豪感、感受到生活在陕西的幸福感。

4. 坚持自力更生、艰苦奋斗的优良作风

今天，虽然我们各方面实力大大增强，生活条件大大改善，但我们决不能丢掉自力更生、艰苦奋斗的传家宝。自力更生、艰苦奋斗是我们共产党人的品质，是我们立党立国的根基，也是党员、干部立身立业的根基。坚决纠正"为官不易""为官不为""廉而不为"等庸懒散现象，持之以恒纠正"四风"，彻底消除审批"灰色地带"，清理整顿"红顶中介"，为大众创业、万众创新创造公平竞争的市场环境。

四、"追赶超越"的实施路径

蓝图已绘就，奋发正当时。我们应在深刻领会追赶超越精神要义的基础上，系统谋划实现追赶超越的科学路径，全面落实追赶超越的基本任务和各项要求，实现陕西的腾飞和发展。

（一）凝聚思想共识，汇聚发展合力

广泛的社会认同与思想共识是一切事业顺利推进的前提。在目标方向确定下来之后，思想认识就显得尤为关键。只有统一思想才能行动一致，只有达成思想共识，才能凝心聚力于追赶超越的总体任务和要求，全方位发力，朝着追赶超越的目标不断迈进。

1. 深入学习领会，强化追赶超越的使命意识

习近平总书记做出的追赶超越的重要论断，既是对陕西发展成就的充分肯定，也是对陕西未来发展寄予的深切厚望，更是对陕西广大干部群众提出的新任务新要求。我们要通过深入学习，深化对追赶超越科学内涵的理解，深刻领会追赶超越的精神实质，把奋力实现追赶超越作为学习贯彻党的十八届六中全会精神的具体体现，作为做好改革发展稳定各项工作的行动指南，体现到经济社会发展各方面、贯穿于党建工作全过程，切实增强落实追赶超越要求的使命意识和责任担当。

2. 立足陕西实际，把握追赶超越的目标定位

明确的目标是前进的动力和方向。伴随着迈入中等发达省份行列，陕西的综合实力已进入全国第一方阵，经济社会步入加速阶段，积蓄了追赶超越的强大动能。但是我们也要看到，陕西属于西部后发地区，与发达地区相比仍有不小的差距，经济总量偏小，体制机制创新不足，扶贫开发的任务艰巨，追赶超越还有很大的空间。因而，我们要正视陕西发展的现状，以辩证审视的眼光看待陕西的发展前景，既要看到追赶超越的现实必要，也要看到追赶超越的现实可能，既要树立追赶超越的决心，也要树立追赶超越的信心，加速陕西的发展。

3. 坚定发展自信，提升追赶超越的内在动力

马克思曾说，理论一经掌握群众，也会变成物质力量。习近平

总书记的重要论断给陕西经济社会发展指明了方向，为新常态下把陕西建设得更加美好提供了旗帜引领。我们要牢记总书记的嘱托和期望，把追赶超越作为全省干部群众最大的思想共识，围绕追赶超越合理设置各领域的目标任务，充分利用我省先天有利资源，紧抓当前发展的大好机遇，克服各方面的困难，大胆探索、大胆实践、大胆创新，以坚定的信念和不懈的努力不断提振精神，聚焦追赶、聚力超越，真抓实干、奋勇向前，使追赶超越成为当代陕西发展的最强音。

（二）加大改革开放，增强发展活力

经过30多年的改革发展，陕西实现了由欠发达省份向中等发达省份的历史性跨越，这一有力的事实证明了改革发展的成效，也为陕西实现追赶超越奠定了坚实基础。当前，改革进入攻坚时期，发展进入关键阶段，我们要拿出敢闯的勇气来，不断解放思想，按照习近平总书记在陕西视察时提出的“五个扎实”推进的要求，加大陕西的改革开放力度，推动各项工作向纵深发展，努力实现追赶超越。

1. 找准定位，做好顶层设计，谋划好陕西改革开放的总体布局

有科学的顶层设计，才有合理的改革路径；有明确的系统谋划，才有扎实的改革举措。我们要围绕追赶超越的总体目标，准确把握可以大有作为的战略机遇期，顺应陕西经济、自然和社会发展的现状和特征，着眼于经济结构的调整、产业的转型升级、资源的节约利用、环境的保护发展、科技的创新转化等各个领域的改革创新，形成以经济体制改革为牵引的全面深化改革的总布局。这既是新常态下相关领域改革的顶层设计，也是“五个扎实”推进的重要内容，坚持这些基本遵循，就能够在复杂局面下把控发展的方向，

更好地实现追赶超越。

2. 聚焦问题，坚持系统推进和重点突破相结合，全力推进改革

在当前经济下行的现实状况下，要按照习近平总书记的要求，全面布局，在推动经济持续健康发展、加快特色现代农业发展、加强文化建设、保障改善民生、全面从严治党等方面系统推进，坚持经济效益、社会效益、生态效益相统一，坚持速度、质量和效益相统一。另一方面，必须认识到只有供给侧结构性改革才能引领新常态，要把更多精力放在产品生产供应方面、放在实体经济方面，创新理念、创新科技，把目光聚焦在产品、资本、劳动力和技术等市场要素的有效供给上，加快生产环节的新陈代谢和全面创新，以新的发展方式来推进陕西跨越发展。

3. 拓展视域，坚持内外并举，全面提升对外开放水平

陕西是中华文明的发祥地，自古以来就是我国重要的对外开放门户，现在实施的“一带一路”战略更是把陕西推向了向西开放的前沿位置。同时，陕西的产业结构和优势产能与丝绸之路经济带沿线国家特别是中亚国家高度契合，也为“走出去”奠定了坚实基础。我们一定要抓住难得的历史机遇，加快跟进，主动融入“一带一路”大格局，促进国际国内资源有序流动和产业聚集。通过构建国际化合作新平台和丝路经济带大通道建设，与丝路沿线国家和地区广泛开展多领域交流合作，在全面开放中实现追赶超越，重振汉唐雄风。

（三）注重创新驱动，强化内生动力

创新是一个民族进步的灵魂，是引领发展的第一动力。在浩瀚的历史长河中，创新决定着文明的走向，关系着国家的盛衰。陕西虽已进入快速发展省份行列，但多元支撑的产业结构尚未形成、科

教优势尚未转化为发展优势、地域发展不均衡等深层次矛盾突出，实现速度换挡、结构调整、动力转换面临着新的巨大挑战，这也成为陕西正处在追赶超越阶段的阻碍。如何克服这些问题，在新常态下实现陕西经济社会的更快更好发展？必须依靠创新驱动。

1. 解放思想，树立推动创新驱动发展的理念

理念是行动的先导，理念决定着行动。近些年，陕西在科学发展、创新发展的总体思路下，创新主体日趋壮大，创新基础条件得到了很大程度的完善，创新资源要素加速聚集，创新驱动发展具备了加速发力的基础。并且，随着国家创新驱动发展战略实施力度不断加大，陕西也迎来了发挥领先全国的科教优势、走在创新驱动发展前列的空前机遇。习近平总书记来陕西视察工作时就指出："传统产业改造也好，发展新兴产业也好，离开创新寸步难行。要把创新抓得紧而又紧，让创新成为驱动发展新引擎"，陕西要"努力在创新驱动发展方面走在全国前列"。这既是对陕西创新驱动发展的殷切期望，也是对陕西创新驱动发展的明确要求。我们应牢记嘱托，立足机遇，切实树立和强化创新驱动发展理念，铆足创新驱动发展的劲头。要勇于担当，敢于作为，不断突破不合时宜的条条框框、不断打破体制机制的瓶颈制约，大胆进行体制机制创新，努力打造西部创新高地，以创新驱动发展促进追赶超越。

2. 统筹规划，形成具有陕西特色和优势的创新驱动发展体系

陕西具有丰富的创新资源要素，创新综合实力雄厚。我们应充分发挥这一优势，全面落实习近平总书记来陕西视察时强调创新驱动发展要走在全国前列的指示要求，以创新型省份建设为契机，统筹科技资源改革，围绕国家战略、新支柱产业培育和领军人才培养开展创新。要进一步解放思想、率先突破，善于聚集陕西创新资源优势，在打造西安国家创新改革试验区和自主创新示范区建设中，开展创新政策先行先试，激发各类创新主体活力，着力研发和转化国际领先的科技成果，打造一批具有全球影响力的创新型企业。以打造“一带一路”的创新之都为依托，把西安高新区建设成为创新驱动发展引领区、大众创新创业生态区、军民融合创新示范区、对外开放合作先行区，以形成创新驱动辐射效应。发挥以西安、咸阳、宝鸡、杨凌4个地区的国家开发区为骨干的关中高新技术产业带对创新驱动发展的引领作用，发挥西安阎良区国家航空高技术产业基地的带动作用，发挥西咸新区作为国家创新城市发展方式试验区的综合功能，多区域全方位共同发展，带动陕西创新驱动发展走在全国前列。

3.抓住重点，将科技创新作为实施创新驱动发展战略的核心

首先，陕西是科教大省，是重要的国防科技工业基地，科教资源富集。要充分挖掘和利用这些资源，加强科技创新的顶层设计，重点实施产业转型升级工程、企业创新能力提升工程、园区基地创新发展工程、创新型市县建设工程和优化创新环境计划，着力促进科技与经济紧密结合、创新成果和产业发展紧密对接。其次，要构建完善以国家级开发区为骨干引领的高新技术产业带、以大学科技园为骨干引领的产学研紧密结合体系，以大企业引导技术研究，带动提升整体竞争力。大力推进产学研融合发展，加大研发经费投入强度，不断提升科技进步贡献率，让越来越多的“陕西创造”走向全国、走向世界。再次，要围绕产业链部署创新链，结合陕西重点产业和地市特色产业布局，聚焦新一代信息技术、高端及智能装备制造、生物医药、卫星技术等领域，加大创新力度，把创新成果变成实实在在的产业活动，促进产业结构优化升级和战略性新兴产业的快速发展。同时，还要抓住"一带一路"发展契机，积极开展与丝路沿线重点国家的科技合作与交流，解决陕西经济社会发展过程中的重大技术瓶颈问题。充分利用陕西国际科技合作基地的资源优势，带动和拓展对外科技合作渠道，提高合作能力，影响和带动更多单位积极开展国际科技合作。在对外交流合作中进一步加快实施以科技创新为核心的创新驱动发展战略，着力推进陕西的创新驱动发展，更好地实现追赶超越。

（四）坚持协调发展，拓展发展空间

协调发展是我们党在认识把握协调发展规律、总结汲取中外发展经验教训的基础上，针对当前经济社会发展中存在的不平衡、不协调问题而提出的重要发展理念。所谓协调发展，就是妥善处理发展中的重要关系，着力形成平衡发展结构。陕西受其地理环境的制约以及资源、产业分布的影响，在区域、产业、结构等很多方面发展不平衡、不协调的问题比较突出。要更快更好实现陕西的追赶超越，必须要把协调作为发展的内在要求，走协调发展的道路。坚持陕西的协调发展，对于我们理顺发展中各方面关系、拓展发展空间、提升发展效能都具有十分重大的意义。

1. 着眼于陕西整体，从整体和全局上把握，推进区域协调平衡发展

陕西按照地理特征分为关中、陕北、陕南三大区域，经济发展的重心集中在关中地区，陕北、陕南发展不足，区域发展差距较大。要实现关中、陕北、陕南三大区域的有机衔接和协同前进，必须进行统筹规划，实施关中协同创新、陕北转型持续、陕南绿色循环区域发展总体战略。把关中打造成全国知识创新、技术创新和成果转化的重要策源地，增强关中辐射带动能力；加快陕北发展，把陕北打造成全球一流高端能源化工基地和全国革命老区城乡发展一

体化先行区；加快陕南发展，把陕南打造成环境保护、产业发展和新型城镇化同步推进的国家生态文明综合改革示范区，推动区域协调平衡发展。

2. 着眼于区域产业优势，搞好要素配置，在协调发展中拓宽发展空间

陕西的区域发展格局分为陕北、关中和陕南三大板块，陕北煤、油、气、盐等自然资源丰富，畜牧业、能源化工产业较为发达。但近些年能源经济的不景气给陕北的发展带来了极大的挑战。面对挑战，陕北应当走“转型持续发展”道路，坚持能源和非能源产业并重，加快构建多元化产业结构，发挥好能源化工优势带动作用，积极培育红色旅游、现代农业、装备制造等产业。关中城市分布相对均衡，工业基础较好，高新技术产业密集。但相对而言，关中除了西安、宝鸡和杨凌之外，其他城市经济实力、产业水平及研发能力都比较弱，面对这种现实，必须要走协同创新发展道路。要发挥西安、咸阳、宝鸡、渭南、杨凌地区的国家级高新区的引领带动作用，促进各类创新要素集聚共享、协同互动，重点发展先进制造、现代农业、现代服务业、战略性新兴产业，打造关中区域创新示范带。陕南水、林、生物、矿产资源丰富，但作为南水北调水源地发展受到一定限制，应坚持以绿色发展为主，走绿色循环发展道路，坚持大绿色、大生态、大循环发展理念，培育壮大生态旅游、医药食品、新型材料、装备制造等主导产业，建设国家生态文明综合改革示范区。总之，要因地制宜，充分发挥各地域的优势，搞好要素配置，塑造要素有序自由流动的区域协调发展新格局，让区域优势转化为以产业为支撑的市场和经济优势。

3. 着眼于薄弱环节，针对问题补“短板”，更好地实现协调发展

协调发展是发展整体效能的提升，因而，在发展不平衡的状况下，补好短板、拉长短边十分必要。一要立足于陕西发展现状和存在问题，加大统筹区域发展力度，加大对陕北、陕南发展支持力度，坚持区域协调、城乡一体的发展思路，引导生产要素合理有序流动，在协调发展中拓宽发展空间，在薄弱领域中增强发展后劲。充分释放科教优势等已有优势的潜力，使其成为加快结构转型升级的新动力。二要在提高居民收入、改善资源环境、农村贫困人口脱贫等短板上多下功夫，围绕产业转型、统筹发展、改善生态等难点下力气攻难关。把注意力和精力放在培育引进更多符合发展方向、具备竞争优势的企业上，加快构建多点支撑、多元带动的现代产业结构；深化板块开发、强化区域联动，提升新型城镇化水平，着力培育区域新增长点；以基础设施互联互通、产业分工协作、城镇化综合体系为抓手和载体，促进区域经济协调发展。三要注重经济社会的协调发展，努力推动物质文明和精神文明的协调发展，通过群众文化创建活动，通过文化体制机制创新，不断推动精神文明发展，不断提高国民素质和社会文明程度；自觉把生态文明作为发展的重要目标，实现经济效益和生态效益的统一，促进陕西各区域、各方面的协调发展，不断把陕西的追赶超越推向新高度。

（五）落实三项机制，激发人才活力

"功以才成，业由才广"，人才资源是最宝贵的资源。习近平总书记指出："党和人民事业要不断发展，就要把各方面人才更好使用起来，聚天下英才而用之。"实现追赶超越，要有充满智慧、素质优良、敢闯善干的人才队伍。围绕落实习近平总书记对陕西提出的"追赶超越"定位和"五个扎实"要求，陕西省委建立的干部鼓励激励、容错纠错、能上能下"三项机制"，能够充分激发各级

各类干部谋发展促发展的新动能新活力，为陕西经济社会的发展蓄力。“三项机制”相互衔接、相互配套，是一套比较系统科学、较为成熟完备的制度体系，落实好“三项机制”是实现陕西追赶超越的重要保障。

1. 落实好干部鼓励激励机制，以鼓励激励为根砥，激发干部内生动力，为追赶超越蓄力加劲

习近平总书记指出：“要支持和保护那些作风正派又敢作敢为、锐意进取的干部，最大限度调动广大干部的积极性、主动性、创造性，激励他们更好带领群众干事创业。”落实好干部鼓励激励机制，有利于进一步调动干部工作积极性，全面激发干部活力，切实把广大干部的积极性和创造力引向推进陕西经济社会发展的主战场，最大程度地凝聚起实现追赶超越的正能量。陕西作为后发展省份，要想在新一轮竞争中走在前列，所要付出的努力和需要克服的困难都是多倍的。发挥好鼓励激励的基础性作用，使广大的干部群众始终保持高昂的工作精神和饱满的工作态度就显得尤为重要。落实好干部鼓励激励机制，一要建立党员干部的鼓励激励长效工作机制，把鼓励激励机制贯穿在追赶超越实践各个领域、各个方面、各条战线，让党员干部的付出和贡献及时得到组织的尊重和认可，尽最大可能调动和激发各级党政干部干事创业的积极性。二要针对不同层级干部的不同特点，综合运用评优评先、考核奖励、选拔重用等多种激励手段，将物质激励和精神激励结合起来，引导党员干部积极投身于追赶超越的实践之中。三要科学运用鼓励激励的方法，既要以事业发展激励人才，也要以荣誉待遇激励人才，以鼓励激励作为干部干事创业的内生动力，激发党员干部的追赶超越热情，形成追赶超越合力。

2. 落实好干部容错纠错机制，以容错纠错为保障，引导干部主动作为，敢于追赶超越

习近平总书记多次强调，要把干部在推进改革中因缺乏经验、先行先试出现的失误和错误，同明知故犯的违纪违法行为区分开来；把上级尚无明确限制的探索性试验中的失误和错误，同上级明令禁止后依然我行我素的违纪违法行为区分开来；把为推动发展的无意过失，同为谋取私利的违纪违法行为区分开来。容错纠错就是对"三个区分"的贯彻落实。当前改革进入了深水区和攻坚阶段，在探索实践中出现失误或者差错的可能性也随之增加，容错纠错机制让敢闯、敢干者吃了一颗"定心丸"，解决了"为官有为"的后顾之忧，为广大干部干事创业、勇于担当提供了保障。落实好干部容错纠错机制，一是要立足实际，制定完善各地区干部容错纠错的实施细则，引导广大干部树立"敢于负责、敢于担当"的理念，立足本职岗位，积极履职、主动作为，在干和创中放下包袱，轻装前进。二是要严格区分，建立完善导向鲜明、奖惩分明的考核评价体系，厘清失职与失误、敢为与乱为、负责与懈怠、为公与为私的界限，把严格执纪与保护干部干事创业积极性统一起来，确保追赶超越一步一个脚印向前迈进。三是要营造干事创业、容错纠错的工作氛围，鼓励干部敢闯、敢冒、敢想、敢试，增强落实追赶超越要求的责任担当。

3. 落实好干部能上能下机制，以能上能下为导向，变压力为动力，走好追赶超越之路

能上能下机制的根本目的是要通过优胜劣汰、奖优罚劣以"上"的动力和"下"的压力共同激发"干"的活力。能上能下机制让干部的使用管理形成了良好的循环和系统，克服了长期形成的领导干部“干多干少一个样、干好干坏一个样”的顽疾，解决了个别干部“为官不为”的庸政懒政问题，为实现追赶超越奠定了良好的政治生态基础。落实好干部能上能下机制，一是全方位推进干部能上能下制度，围绕发挥政策导向指挥棒作用，把能者上、庸者下、劣者汰融入追赶超越实践的全过程，引导党员干部积极投身追赶超越伟大实践。二是要明确干部能上能下的标准，对这些标准最大限度地量化，划出底线，让有能力的干部“上”得“硬气”，让不作为的干部“下”得“服气”，引导干部在实干、实绩上竞争，在能力、水平上角逐，蹄疾步稳走好追赶超越之路。三是挖掘一批正反典型，通过正面引导、反面警示，进一步营造干事创业、追赶超越的良好风气。

风起扬帆正当时，凝心聚力开新篇。在超越发展的征程上，我们已经出发。我们要认真学习贯彻习近平总书记重要讲话精神，以发展为核心，锐意改革、不断创新，谱写陕西追赶超越的新篇章。

新常态下扎实推进陕西经济持续健康发展

《中华人民共和国国民经济和社会发展第十三个五年规划纲要》指出：我国“经济长期向好的基本面没有改变，发展前景依然广阔，但提质增效、转型升级的要求更加紧迫。经济发展进入新常态，向形态更高级、分工更优化、结构更合理阶段演化的趋势更加明显”。由于新常态下陕西经济发展的内外条件都发生了巨大的变化，因此，扎实推进陕西经济实现持续健康发展应明确以下战略：一是一定要立足现实，这就是经济新常态、中高速增长；二是要有总目标，“十三五”同步够格、长期实现持续健康；三是要有定位，首先是扎实补齐短板，实现自身超越，其次是促进经济转型升级。本课题围绕扎实推进陕西经济持续健康发展这个中心，从促进经济发展的需求端和供给端动力入手进行全面系统地分析，并以此为基础提出了相应的对策思路。

一、新常态下扎实推进陕西经济持续健康发展的需求端动力分析

宏观经济学从社会总需求出发，认为一国国民财富增加、经济

增长取决于本国的社会总需求，而社会总需求由消费需求、投资需求和净出口需求构成，因此，经济增长的动力来源于这3个方面，它们通常被称为拉动经济增长的“三驾马车”，理想的国民经济增长动力需求端布局应是消费、投资、净出口协调拉动。从陕西经济增长的需求端动力来看，“三驾马车”中消费动力虽稳步提升但总体偏弱，投资动力大幅衰减，净出口动力态势良好但马力不足。因此，必须在提消费、稳投资、强出口竞争力上下功夫。

（一）扎实推进陕西经济持续健康发展的总体判断：陕西经济已跟随全国逐步进入“新常态”

从市场经济下经济增长的周期性来看，既有9—10年的朱格拉中周期，也有50—60年的康德拉季耶夫长周期。改革开放以来，中国经济增长所呈现出的周期性，基本上符合朱格拉周期。其间，从2003年开始，中国经济进入了新一轮两位数高速增长的周期，但这种两位数增长仅仅维持了5年就伴随2008年的全球金融危机戛然而止！在中国经济的这一轮朱格拉周期中，陕西经济凭借以自然资源为主的比较优势，实现了长达12年的两位数经济增长（特别是2008年全球金融危机后中国政府以大规模投资为主、以基础设施建设为抓手的强刺激极大地拉动了陕西资源型经济的高速增长），比全国同期经济增速高1.2—6.7个百分点，使陕西的人均GDP到2014年基本追上了全国平均水平。其间，陕西两个以资源开发利用为主的企业延长石油集团和陕煤集团也跻身世界500强企业之列，使陕西成为我国西部地区唯一有企业跻身世界500强的省份。

表1：陕西经济持续健康发展的历史数据分析（1978—2016）

年份	按不变价格计算的GDP增长（%，上年=100）			按当年价格计算的GDP总额（亿元）			按当年价格计算的人均GDP（元）		
	全国	陕西	陕西比全国高百分点	全国	陕西	陕西占全国比重（%）	全国	陕西	陕西占全国比重（%）
1978	111.7	111.0	−0.7	3678.7	81.07	2.20	385	291	75.58
1979	107.6	107.5	−0.1	4100.5	94.52	2.31	423	336	79.43
1980	107.8	107.3	−0.5	4587.6	94.91	2.07	468	334	71.37
1981	105.1	104.5	−0.6	4935.8	102.09	2.07	497	356	71.63
1982	109.0	109.1	0.1	5373.4	111.95	2.08	533	385	72.23
1983	110.8	107.3	−3.5	6020.9	123.39	2.05	588	420	71.43
1984	115.2	117.8	2.6	7278.5	149.35	2.05	702	504	71.80
1985	113.4	116.5	3.1	9098.9	180.87	1.99	866	604	69.75
1986	108.9	108.7	−0.2	10376.2	208.31	2.01	973	688	70.71
1987	111.7	110.0	−1.7	12174.6	244.96	2.01	1123	794	70.70
1988	111.2	121.0	9.8	15180.4	314.48	2.07	1378	1004	72.86
1989	104.2	103.3	−0.9	17179.7	358.37	2.09	1536	1124	73.18
1990	103.9	103.4	−0.5	18872.9	404.30	2.14	1663	1241	74.62
1991	109.3	107.2	−2.1	22005.6	468.37	2.13	1921	1402	72.98
1992	114.2	108.3	−5.9	27194.5	531.63	1.96	2334	1571	67.31
1993	113.9	112.1	−1.8	35673.2	678.20	1.90	3027	1981	65.44
1994	113.0	108.6	−4.4	48637.5	839.03	1.73	4081	2424	59.40
1995	111.0	110.4	−0.6	61339.9	1036.85	1.69	5091	2965	58.24
1996	109.9	110.9	1.0	71813.6	1215.84	1.69	5898	3446	58.43
1997	109.2	110.7	1.5	79715.0	1363.60	1.71	6481	3834	59.16
1998	107.8	111.6	3.8	85195.5	1458.40	1.71	6860	4070	59.33
1999	107,7	110.3	2.6	90564.4	1592.64	1.76	7229	4415	61.07
2000	108.5	110.4	1.9	100280.1	1804.00	1.80	7942	4968	62.55
2001	108.3	109.8	1.5	110863.1	2010.62	1.81	8717	5511	63.22
2002	109.1	111.1	2.0	121717.4	2253.39	1.85	9506	6161	64.81

续表

年份	按不变价格计算的GDP增长（%，上年=100）			按当年价格计算的GDP总额（亿元）			按当年价格计算的人均GDP（元）		
	全国	陕西	陕西比全国高百分点	全国	陕西	陕西占全国比重（%）	全国	陕西	陕西占全国比重（%）
2003	110.0	111.8	1.8	137422.0	2587.72	1.88	10666	7057	66.16
2004	110.1	112.9	2.8	161840.2	3175.58	1.96	12487	8638	69.18
2005	111,4	113.7	2.3	187318.9	3933.72	2.10	14368	10674	74.29
2006	112.7	113.9	1.2	219438.5	4743.61	2.16	16378	12840	78.40
2007	114.2	115.8	1.6	270232.3	5757.29	2.13	20505	15546	75.82
2008	109.7	116.4	6.7	319515.5	7314.58	2.29	24121	19700	81.67
2009	109.4	113.6	4.2	349081.4	8169.80	2.34	26222	21947	83.70
2010	110.6	114.6	4.0	413030.3	10123.48	2.45	30876	27133	87.88
2011	109.5	113.9	4.4	489300.6	12512.30	2.56	36403	33464	91.93
2012	107.9	112.9	5.0	540367.4	14453.68	2.68	40007	38564	96.39
2013	107.8	111.0	3.2	595244.4	16205.45	2.72	43852	43117	98.32
2014	107.3	109.7	2.4	643974.0	17689.94	2.75	47203	46929	99.42
2015	106.9	107.9	1.0	689052	18021.86	2.62	49992	47626	95.27
2016	106.7	107.6	0.9	744127	19165.39	2.575	53817	50268	93.41

注：根据《中国统计年鉴2016》、《陕西统计年鉴2016》、国家统计局《2016年国民经济和社会发展统计公报》、陕西省统计局《2016年陕西省国民经济和社会发展统计公报》、中华人民共和国国家统计局网站、陕西省统计局网站相关数据综合分析计算所得。本文作者对此表承担责任并享有此表的综合知识产权。

在和全国经济增长的对比中，通过对表1的分析可以看出陕西经济增长呈现出以下特征：一是实现高速增长的年份高于全国水平。从改革开放以来中国经济1978—2016年39年的发展历程来看，有16年实现了两位数的经济增长，占全部年份的42%。在此期间，陕西经济则实现了24年的两位数增长，占全部年份的63%，其中经济增速高于全国平均水平的有25年，占全部年份的63%，最高比全国增速高9.8个百分点；低于全国平均增速的有14年，占比37%，最低比全国增速低5.9个百分点。二是经济增长的波幅高于全国水平。从经济增长的波动幅度来看，全国经济增长最低速度在1990年，增速为3.9%，最高在1984年，增速为15.2%，波幅为11.3个百分点。陕西经济增长最低速度在1989年，增速为3.3%，最高在1988年，增速为21%，波幅为17.7个百分点，陕西经济增长的波动幅度明显高于全国平均水平。三是在经济周期中高速增长的周期往往比全国晚启动1—2年，晚结束3—5年，高速增长的周期相对较长。在20世纪90年代，中国经济高速增长的周期中，全国经济从1996年就进入个位数增长，而陕西经济一直到2001年才进入个位数增长。在21世纪初的新高速增长周期中，全国经济从"十二五"的第一年即2011年就进入了实质性的个位数增长，陕西经济则在2014年才进入个位数增长。四是2008年全球金融危机以来陕西高于全国经济增速的幅度在不断降低，从2008年比全国经济增速高6.7个百分点，下降到2015年仅仅高1个百分点，2016年仅高0.9个百分点。由此可以判断，陕西经济和全国一样已经进入到中高速增长的新常态。本课题组认为，基于陕西经济新常态的战略判断对扎实推进陕西经济持续健康发展的战略定位与对策探讨具有根本性的影响。

表2：陕西经济持续健康发展的主要指标差距分析（2015）

项　目	全　国	陕　西	陕西比重（%）	陕西差距（%）
人均GDP（元）	49992	47626	95.27	−4.73
城镇居民人均可支配收入（元）	31195	26420	84.69	−15.31
农村居民人均可支配收入（元）	11422	8689	76.07	−23.93
居民家庭人均可支配收入（元）	21966.2	17395	79.19	−20.81
城镇非私营单位就业人员年平均工资　（元）	62029	54994	88.66	−11.34

续表

项　目	全　国	陕　西	陕西比重（%）	陕西差距（%）
城镇私营单位就业人员年平均工资　（元）	39589	33220	83.91	－16.09
人均社会消费品零售额（元）	21891.94	17343.36	79.22	－20.78
居民家庭人均消费支出（元）	15712.4	13087.2	83.29	－16.71
城镇居民人均消费支出（元）	21392.4	18463.9	86.31	－13.69
农村居民人均消费支出（元）	9222.6	7900.7	85.67	－14.33
人均地方一般公共预算收入（元）	6038.18	5431.11	89.95	－10.05
按人平均的规模以上工业企业主营业务收入（元）	80738.89	51914.94	64.30	－35.70
按人平均的规模以上工业企业利润（元）	4814.94	3009.07	62.50	－37.50
规模以上工业企业主营业务收入（括弧内为利润总额）（亿元）	1109852.97（66187.07）	19690.66（1441.3）	1.77（2.18）	全国19位（全国16位）
金融机构各项存款人均余额（元）	101683	86176	84.75	－15.25
城乡居民各项存款人均余额（元）	40151	40635	101.21	1.21

注：根据《中国统计年鉴2016》、《陕西统计年鉴2016》、国家统计局《2016年国民经济和社会发展统计公报》、陕西省统计局《2016年陕西省国民经济和社会发展统计公报》、中华人民共和国国家统计局网站、陕西省统计局网站相关数据综合分析计算所得。本文作者对此表承担责任并享有此表的综合知识产权。

在中高速增长的新常态下，如何扎实推进陕西经济持续健康发展？本课题组综合相关资料，通过16项代表经济持续健康发展的核心指标，把陕西经济与全国经济发展进行了对比分析，认为陕西经济要实现持续健康发展还存在以下差距：一是主要经济指标大大落后于全国平均水平，在16项指标中，除了城乡居民各项存款人均余额比全国平均水平略高1.21个百分点以外，其他指标分别比全国平均水平低4.73—37.5个百分点。陕西居民家庭人均可支配收入为全国水平的

79.19%，陕西居民家庭人均消费支出为全国平均水平的83.29%，均大幅低于全国平均水平，但陕西居民家庭人均消费支出的比重比陕西居民家庭人均可支配收入高4.1个百分点，证明陕西居民的消费愿望相对偏高而投资愿望偏低。二是从能够支撑经济长期持续健康发展的核心产业工业来看，差距也开始显现。陕西不仅规模以上工业企业主营业务收入偏低，仅占全国的1.77%，和GDP总额占全国的2.63%相比较，差距达32.7%，而且在全国仅排第19位，比陕西GDP总额排全国第15位落后4位。工业是市场经济条件下创造财富的主要产业，是支撑经济持续健康发展的供给端主要因素，工业不强，陕西经济无法做强，工业不富，陕西经济很难富裕。工业本来是陕西经济发展的强项，现在有了明显的差距。因此，在推进陕西经济持续健康发展中，扎扎实实的以核心产业工业为抓手，有针对性的逐步补齐陕西经济发展的短板意义重大。

（二）扎实推进陕西经济持续健康发展的需求端分析：消费需求

在需求端动力构成中，消费需求是最终需求，是市场商品旺销和经济活跃的根本力量。消费需求增长及其结构变化，会引发经济结构和产业结构调整，从而形成新的消费热点和经济增长点，实现消费需求与经济增长之间的良性循环，其在三大需求中对经济增长的拉动作用最为平稳、持久，是国民经济保持持续健康发展的内在因素，因此被称为经济增长的内生动力。目前衡量消费需求的主要经济指标包括社会消费品零售总额及人均额、居民家庭人均消费支出等。从全国来看，社会消费品零售额占国民经济的比重一直偏低，说明我国经济增长的内生动力欠缺。当然，和全国相比较，陕西则更逊色。

表3：陕西经济持续健康发展的需求端动力综合分析（2005—2015）

项目＼年份		2005	2006	2007	2008	2009	2010	2011	2012	2013	2014	2015
按支出法统计的陕西GDP（亿元）		3933.72	4743.61	5757.29	7314.58	8169.80	10123.48	12512.30	14453.68	16205.45	17689.94	18021.86
按支出法统计的陕西GDP（上年=100）增速（%）		112.9	113.9	115.8	116.4	113.6	114.6	113.9	112.9	111.0	109.7	107.9
按支出法统计的陕西最终消费支出GDP及贡献率	总额（亿元）	2112.91	2389.24	2842.40	3461.00	3897.41	4640.10	5573.25	6387.07	7122.28	7816.10	8200.0
	贡献率（%）	53.71	50.37	49.37	47.32	47.71	45.84	44.54	44.19	43.95	44.18	45.50
	其中居民消费支出（亿元）	1552.81	1752.01	2029.68	2407.29	2663.20	3161.47	3758.99	4442.20	5012.44	5584.31	5813.5
	居民消费支出贡献率（%）	39.47	36.93	35.25	32.91	32.60	31.23	30.04	30.73	30.93	31.57	32.26
按支出法统计的全国最终消费支出GDP贡献率（%）		54.4	42.0	45.3	44.2	56.1	44.9	61.9	54.9	47.0	48.8	59.9

续表

项目	年份	2005	2006	2007	2008	2009	2010	2011	2012	2013	2014	2015
按支出法统计的陕西资本形成GDP贡献率	总额（亿元）	2026.38	2569.52	3466.61	4598.06	5447.19	6834.25	8487.32	9915.23	11156.19	11982.13	11888.3
	贡献率（%）	51.51	54.17	60.21	62.86	66.68	67.51	67.83	68.60	68.84	67.73	65.97
按支出法统计的全国资本形成GDP贡献率（%）		33.1	42.9	44.1	53.2	86.5	66.3	46.2	43.4	55.3	46.9	42.6
按支出法统计的陕西货物和服务净出口GDP贡献率	总额（亿元）	−205.57	−215.15	−551.72	−744.48	−1174.80	−1350.87	−1548.27	−1848.62	−2073.02	−2108.29	−2066.4
	贡献率（%）	−5.23	−4.54	−9.58	−10.18	−14.38	−13.34	−12.37	−12.79	−12.79	−11.92	−11.47
按支出法统计的全国货物和服务净出口GDP贡献率		12.5	15.1	10.6	2.6	−42.6	−11.2	−8.1	1.7	−2.3	4.3	−2.5

注：根据《中国统计年鉴2016》、《陕西统计年鉴2016》、国家统计局《2016年国民经济和社会发展统计公报》、陕西省统计局《2016年陕西省国民经济和社会发展统计公报》、中华人民共和国国家统计局网站、陕西省统计局网站相关数据综合分析计算所得。本文作者对此表承担责任并享有此表的综合知识产权。

陕西社会消费品零售额占GDP的比重极低，一直比全国平均水平低2—8个百分点，未能取得实质性的进步。从2006年至2016年10年中，陕西社会消费品零售总额在全国社会消费品零售总额中的比重分别为从1.992%提升到2.2%、平均每年仅提升0.021个百分点。同期人均社会消费品零售额从全国平均水平的70.79%，提升到79.70%，平均每年提升0.891个百分点。依此速度，假定人口比重维持在2016年末占全国2.76%的水平不变，陕西要达到和其人口比重相适应的社会消费品零售总额和人均，即达到全国平均水平，还需要22.8年的努力奋斗，这和GDP及其人均数值已经接近全国平均水平形成了巨大的反差。从城镇居民人均生活消费支出来看，从2002年陕西经济开始长达12年的两位数高速增长，与此同时，城镇居民的消费意愿也大幅提升，城镇居民人均生活消费支出从2006年相当于全国平均水平的86.85%，至2012年提升到91.96%，6年年均提升0.852个百分点，按此速度，陕西城镇居民人均生活消费支出从2013年开始，用9年左右的时间就可追上全国水平。但2013年以来，随着陕西经济增速的不断下降，城镇居民人均生活消费支出与全国的差距又急剧拉大，短短4年就降到83.92%，已经低于2007年的水平了。这从同期按支出法统计的最终消费支出GDP贡献率从2005年的53.71%逐步下降到2015年的45.5%基本上趋于一致。而按支出法统计的陕西最终消费支出GDP贡献率中居民消费支出贡献率也从2005年的39.47%下降到最低的2011年仅有30.04%，随后贡献率虽有提升，但到2015年也只有32.26%。同样，从陕西农村居民人均生活消费支出来看，2006年相当于全国平均水平的77.09%，到2016年提升到84.58%，年均提升0.75个百分点，按此速度，陕西农村居民人均生活消费支出从2017年开始尚需20年左右才可追上全国水平。

表4：陕西经济持续健康发展的消费需求指标分析（2006—2016）

项目 \ 年份		2006	2007	2008	2009	2010	2011	2012	2013	2014	2015	2016
全国历年社会消费品零售额（亿元）		76410	89210	114830	132678	156998	183919	210307	237810	271896	300931	332316
全国历年GDP（亿元）		219439	270232	319516	349081	413030	489301	540367	595244	643974	685506	744127
全国社会消费品零售总额占GDP比重（%）		34.82	33.01	35.94	38.01	38.01	37.59	38.92	39.95	42.22	43.90	44.66
陕西历年社会消费品零售额（亿元）		1522	1801	2317	2670	3196	3790	4384	4999.5	5919	6578	7302.57
陕西历年GDP（亿元）		4744	5757	7315	8170	10124	12512	14454	16206	17690	18022	19165.39
陕西社会消费品零售总额占GDP比重（%）		32.08	31.28	31.68	32.68	31.57	30.29	30.33	30.85	33.46	36.50	38.10
人均社会消费品零售额（元）	全国	5813	6752	8647	9942	11708	13650	15532	17477	19878	21892	24034
	陕西	4115	4857	6232	7164	8550	10126	11681	13282	15680	17343	19154
	陕西占比（%）	70.79	71.93	72.07	72.06	73.03	74.18	75.21	76.00	78.88	79.22	79.70
城镇居民人均生活消费支出（元）	全国	8697	9998	11243	12265	13472	15161	16674	18488	19968	21392	23079
	陕西	7553	8427	9772	10706	11822	13783	15333	16399	17546	18464	19369
	陕西占比（%）	86.85	84.29	86.92	87.29	87.75	90.91	91.96	88.70	87.87	86.31	83.92
农村居民人均生活消费支出（元）	全国	2829	3224	3661	3994	4382	5221	5908	7485	8383	9223	10130
	陕西	2181	2560	2979	3349	3794	4492	5115	6488	7252	7901	8568
	陕西占比（%）	77.09	79.41	81.37	83.85	86.58	86.04	86.58	86.68	86.51	85.67	84.58

注：1. 城镇居民人均生活消费支出2011和2012年为现金消费支出。

2. 资料来源：根据《中国统计年鉴2016》、《陕西统计年鉴2016》、国家统计局《2016年国民经济和社会发展统计公报》、陕西省统计局《2016年陕西省国民经济和社会发展统计公报》、中华人民共和国国家统计局网站、陕西省统计局网站相关数据综合分析计算所得。本文作者对此表承担责任并享有此表的综合知识产权。

以上分析说明，不仅陕西的整体消费水平偏低，而且陕西城乡居民的生活消费支出也很低，陕西老百姓未能充分享受经济高速增长带来的福祉，更说明陕西经济增长的内生动力极为不足。因此，要推进陕西经济持续健康发展就必须逐步解决经济增长与人民生活水平提升不协调的问题，通过不断提升陕西老百姓生活水平增强促进陕西经济持续健康发展的内生动力。

（三）扎实推进陕西经济持续健康发展的需求端分析：投资需求

在陕西经济增长中，投资的贡献起到了主导作用。从2006—2016年的陕西经济增速与同期陕西全社会固定资产投资增速对比来看，呈现出强烈的正相关关系并且形成了很高的经济增长投资依赖度。本课题在分析中将全社会固定资产投资额与GDP之比确定为经济增长的投资依赖度，把全社会固定资产投资增速与GDP增速之比确定为经济增长的投资边际贡献率。从这两项分析中发现：陕西经济增长的投资依赖度从2006年的55.03%上升到2016年的108.66%，投资依赖度大幅提升；同时，陕西经济增长的投资边际贡献率则从2006年的228.06%下降到2016年的159.21%。由于投资依赖度的上升，从2016年1—9月份的经济增长来看，一季度，固定资产投资增速11.8%，GDP增速7.6%；二季度1—5月固定资产投资增速降到4.5%，虽然6月加大了投资力度（6月单月不含农户的固定资产投资高达2896.29亿元，比5月环比增长64.51%，比2015年6月同比增长13.9%。），但二季度GDP仅完成4358.63亿元，比2015年按现价计算的二季度GDP同比下降到1.53%，最终使我省2016年上半年经济增速降到7.2%。进入三季度后，我省加大了固定资产投资的力度，仅2016年第三季度不含农户的固定资产投资就高达6394.51亿元，比二季度环比增长6.35%，比2015年三季度同比增长10.35%，保证了2016年三季度GDP实现4723.38亿元，比二季度环比增长8.37%，比2015年三季度同比增长6.47%，也拉动陕西经济2016年前三季度经济增速达到了7.3%，比全国同期6.7%的增速高0.6个百分点。经济增长投资依赖度的强化虽然在短期内提升经济增速效果明显，但不利于经济的长期持续健康发展，也形成了对支撑经济长期持续健康发展的消费需求这个需求侧内生动力的挤出效应。而经济新常态下传统产业产能的严重过剩以及由此形成的大量无效供给，已经使固定资产投资的高速增长成为过去。由此，新常态下推进陕西经济持续健康发展的主要抓手是以稳投资来稳增长。

在依靠稳投资来促进陕西经济持续健康发展的努力中，我们面临的最严峻的现实问题是固定资产投资中制造业投资比重偏低、工业投资增速下滑严重、民间投资低迷。从制造业投资来看，在表5的数据分析中，2015年我省制造业投资仅占全部固定资产投资的17.83%，不仅是2006年以来的第二低年且呈现出逐年下降趋势，大幅低于2015年全国平均水平的32.09%。从工业固定资产投资和民间固定资产投资来看，2016年已经呈现出了负增长（1—11月工业固定资产投资增速为－0.1%，全年仅增长1.1%。全年民间固定资产投资增速为－3.6%）。工业、制造业、民间固定资产投资三大投资是稳投资的核心和促进经济持续健康发展的可持续投资动力，也是陕西以稳定固定资产投资来稳增长的短板，因此陕西稳投资的当务之急是一定要千方百计地补这三大投资短板。

表5：陕西经济持续健康发展的投资需求指标分析（2006—2016）

项目＼年份		2006	2007	2008	2009	2010	2011	2012	2013	2014	2015	2016
全国全社会固定资产投资（亿元）		109998.2	137323.9	172828.4	224598.8	278121.9	311485.1	374694.7	446294.1	512020.7	561999.8	606466
全国全社会固定资产投资增速（%）		23.9	24.8	25.9	30.0	23.8	23.8	20.3	19.1	15.2	9.8	7.9
全国按不变价格（上年=100）计算的经济增速（%）		112.7	114.2	109.7	109.4	110.6	109.5	107.9	107.8	107.3	106.9	106.7
陕西全社会固定资产投资（亿元）		2610.22	3642.13	4851.41	6553.39	8561.24	10023.53	12840.15	15934.21	18709.49	20177.98	20825.25
陕西全社会固定资产投资增速（%）		31.7	39.5	33.2	35.1	30.6	30.1	28.1	24.1	17.4	7.8	12.1
陕西按不变价格（上年=100）计算的经济增速（%）		113.9	115.8	116.4	113.6	114.6	113.9	112.9	111.0	109.7	107.9	107.6
全社会固定资产投资与GDP之比（%）	全国	50.13	50.82	54.09	64.34	67.34	63.66	69.37	74.98	79.51	81.98	81.50
	陕西	55.03	63.26	67.25	80.22	84.57	80.11	88.84	98.33	105.76	111.96	108.66

续表

项目	年份	2006	2007	2008	2009	2010	2011	2012	2013	2014	2015	2016
全社会固定资产投资增速与GDP增速之比（%）	全国	188.19	174.65	267.01	319.15	224.53	250.53	256.96	244.88	208.22	142.03	117.91
	陕西	228.06	250.00	202.44	258.09	209.59	216.55	217.83	219.09	179.38	98.73	159.21
全社会固定资产投资中制造业投资额及比重	全国投资（亿元）	34089.5	44505.1	56702.4	70612.9	88619.2	102712.9	124550.0	147705.0	167025.3	180370.4	
	全国占比（%）	30.99	32.41	32.81	31.44	31.86	32.98	33.24	33.10	32.62	32.09	
	陕西投资（亿元）	437.0	619.3	968.9	1317.2	1543.2	1877.0	2338.6	2882.8	3379.6	3596.9	
	陕西占比（%）	16.74	17.00	19.97	20.10	18.03	18.73	18.21	18.09	18.06	17.83	

注：根据《中国统计年鉴2016》、《陕西统计年鉴2015》、国家统计局《2015年国民经济和社会发展统计公报》、陕西省统计局《2015年陕西省国民经济和社会发展统计公报》、中华人民共和国国家统计局网站、陕西省统计局网站相关数据综合分析计算所得。本文作者对此表承担责任并享有此表的综合知识产权。

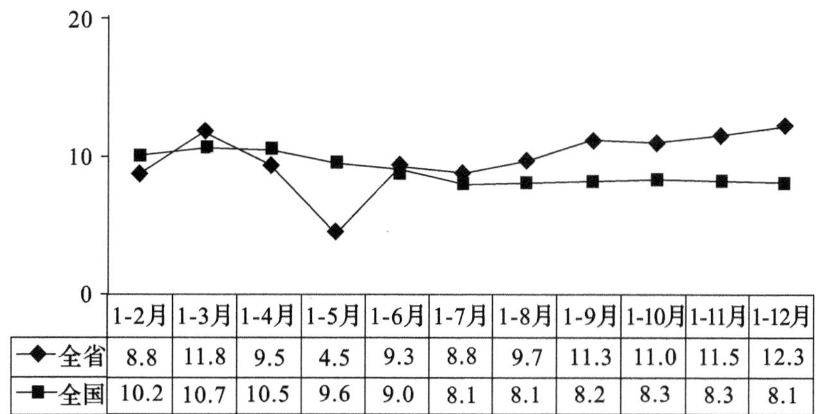

	1-2月	1-3月	1-4月	1-5月	1-6月	1-7月	1-8月	1-9月	1-10月	1-11月	1-12月
◆全省	8.8	11.8	9.5	4.5	9.3	8.8	9.7	11.3	11.0	11.5	12.3
■全国	10.2	10.7	10.5	9.6	9.0	8.1	8.1	8.2	8.3	8.3	8.1

图1：陕西固定资产投资（不含农户）增速与全国对比（2016）

注：资料来源于陕西省统计局网站。

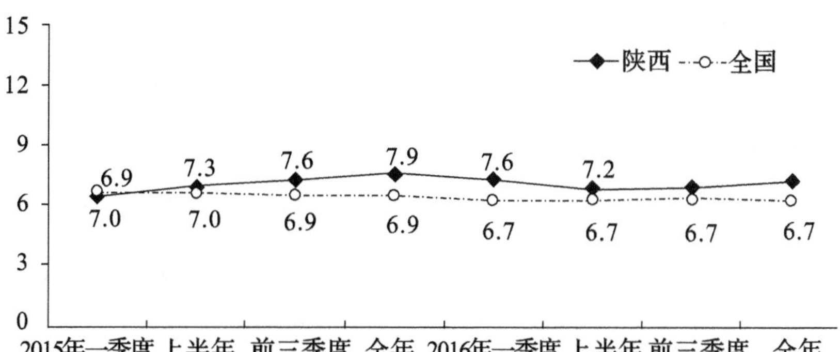

图2：陕西与全国GDP季度增速对比（2016）

注：资料来源于陕西省统计局网站。

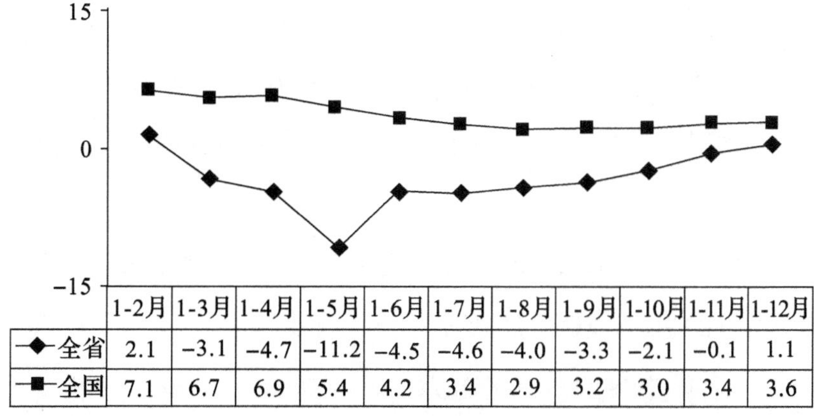

	1-2月	1-3月	1-4月	1-5月	1-6月	1-7月	1-8月	1-9月	1-10月	1-11月	1-12月
◆全省	2.1	−3.1	−4.7	−11.2	−4.5	−4.6	−4.0	−3.3	−2.1	−0.1	1.1
■全国	7.1	6.7	6.9	5.4	4.2	3.4	2.9	3.2	3.0	3.4	3.6

图3：陕西工业固定资产投资增速与全国对比（2015—2016）

注：资料来源于陕西省统计局网站。

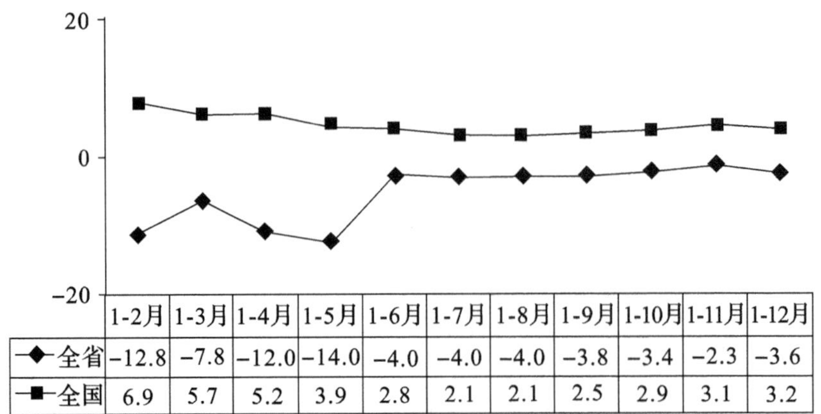

	1-2月	1-3月	1-4月	1-5月	1-6月	1-7月	1-8月	1-9月	1-10月	1-11月	1-12月
全省	−12.8	−7.8	−12.0	−14.0	−4.0	−4.0	−4.0	−3.8	−3.4	−2.3	−3.6
全国	6.9	5.7	5.2	3.9	2.8	2.1	2.1	2.5	2.9	3.1	3.2

图4：陕西民间固定资产投资增速与全国对比（2015—2016）

注：资料来源于陕西省统计局网站。

（四）扎实推进陕西经济持续健康发展的需求端分析：净出口需求

在推进陕西经济持续健康发展的需求端三大动力中，净出口对陕西经济增长的贡献很低。表3的分析表明，从2005—2015年按支出法统计的陕西货物和服务净出口的GDP贡献率一直表现为负值，2015年为－11.47%。考虑到陕西经济的外向型程度在未来因地处内陆并不能大幅度提高的前提下，因此，在未来支撑陕西经济持续健康发展的需求端动力打造上，应该把重点放在投资和消费两大动力，同时，要扎实提升净出口需求的经济增长贡献率，力争使其不拖陕西经济发展的后腿。目前陕西净出口需求面临的困局主要有以下四方面。

1. 由于区位、国家区域对外开放政策，经济发展阶段、市场发育程度等方面的制约，陕西经济的外向度一直偏低

尽管近年来陕西对外开放水平不断提高，但与东部沿海发达地区相比净出口需求对陕西经济的贡献依然较小。2016年陕西货

物进出口总值1974.8亿元人民币，在全国占比仅0.81%。其中出口1044.61亿元，在全国占比仅为0.76%。虽然近几年陕西货物进出口特别是出口的增速比全国高，但由于基数偏小，陕西的外贸依存度依然偏低。2016年陕西外贸依存度为10.3%，远低于全国32.71%；出口依存度5.45%，也远低于全国的18.61%。因此，外贸对全省经济增长的拉动作用有限。不仅如此，陕西对外贸易的市场集中度偏高，外资企业占比过大，2016年对中国台湾、韩国、美国、中国香港、日本五大贸易伙伴进出口总值合计1390.96亿元，占全省进出口总值的比重为70.4%。在2016年陕西货物进出口总值1974.8亿元中，外资企业进出口占比高达72.2%。

表6：2016年陕西省对外贸易前五大伙伴进出口情况　单位：亿元

增速 地区	进出口		出口		进口	
	1—12月	增速%	1—12月	增速%	1—12月	增速%
中国台湾	416.36	13.1	38.35	−21.7	378.01	18.4
韩国	347.12	42.2	198.96	65.6	148.16	19.6
美国	269.97	−25.5	182.47	5.3	87.5	−53.7
中国香港	233.16	25.7	232.08	26.2	1.08	−29.7
日本	124.35	6.1	44.05	28.3	80.3	−3.2

注：资料来源于陕西省统计局网站。

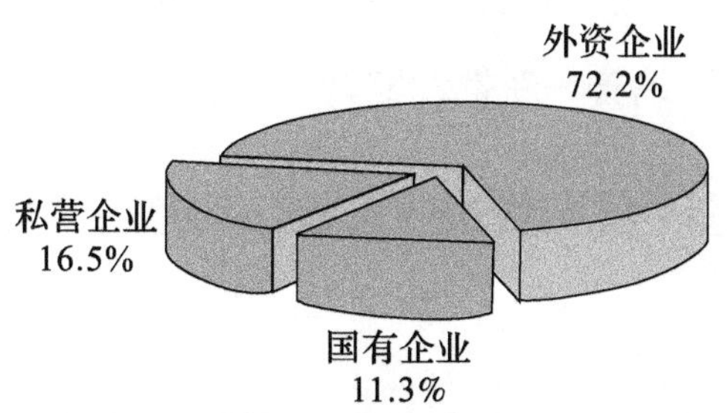

图5：陕西对外货物贸易中外资企业贸易额占比（2016）

注：资料来源于陕西省统计局网站。

2. 外商投资新批项目个数减少，造成全省实际利用外资增长后劲不足

全省新批外商投资项目112个，比2014年减少29个，下降20.6%。其中，第二产业利用外资项目大幅减少，累计新批项目比2014年减少近半，下降49.1%，导致利用外资增长动力不足、支撑减弱。

3. 产品竞争力较弱、出口商品结构优化进程迟缓

机电产品一枝独秀，拥有核心技术和自主知识产权，又具有较高附加值和技术含量的机电产品和高新技术产品（美光半导体、三星半导体）出口增长虽然继续上升，但美光公司增速回落，比去年同期回落56.3个百分点，三星增长2.1倍。带动全省出口增长的大部分商品仍是钢铁、汽车、农产品和纺织类等传统的资源型和劳动密集型商品。在经济新常态下，制造业向东南亚等周边国家转移，服装、纺织品等劳动密集型商品出口面临较大压力。

4. 外商投资企业普遍规模偏小和加工贸易发展水平较低

2015年，共有16个国家和地区的外商来陕西投资。其中排在前两位的国家和地区分别是韩国和中国香港。香港投资企业53家，同比下降15.9%；合同外资13.28亿美元，下降68%；实际外资4.9亿美元，下降79.1%。韩国投资企业25家，下降32.4%；合同外资34.15亿美元，增长3.5倍；实际外资30.94亿美元，增长1.3倍。制造业外商直接投资呈现下降趋势，新批22家，下降48.8%。

二、新常态下扎实推进陕西经济持续健康发展的供给端动力分析

对新常态下推进陕西经济持续健康发展的供给端动力的基本判断：总体上无效供给过多与有效供给不足并存。

（一）扎实推进陕西经济持续健康发展的供给端分析：无效供给分析

陕西从行业看，第一、二、三产业都存在大量的无效供给。

1. 工业无效供给在能源及相关行业中比较突出

在第二产业中，钢铁、煤炭、水泥、玻璃、石油、铁矿石、纺织、家用电器、光伏、蓄电池等多领域产能过剩，存在大量无效供给。

表7：2015年陕西主要工业产品产能利用情况

产品名称	产能利用率（%）	产品名称	产能利用率（%）
原煤	101.2	粗钢	70.3
初级形态塑料	100.6	平板玻璃	70.2
天然原油	93.6	钢材	69.7
烧碱(折100%)	83	金属切削机床	69.7
原铝（电解铝）	81.4	水泥	65.5
农用氮、磷、钾化学肥料总计（折纯）	78.3	卷烟	64.4
太阳能电池	75.6	铁合金	63.5
生铁	74.6	焦炭	62.7
碳化钙（电石，折300升／千克）	74.3	棉布织机／布	60.4
化学纤维	74.1	汽车	60.3
硅酸盐水泥熟料	70.9	其中：基本型乘用车(轿车)	80
原油加工能力／原油加工量	70.3	发电设备容量总计／发电量	41.6

注：资料来源于陕西省统计局网站。

表8：陕西省规模以上工业重点产品产量及增速（2016）

指标	产量	比上年增长（%）
原煤	5.12亿吨	−2.8
天然原油	3502.43万吨	−6.3
天然气	411.91亿立方米	−1.0

续表

指标	产量	比上年增长（%）
发电量	1734.79亿千瓦小时	8.2
原油加工量	1766.19万吨	−8.9
粗钢	924.67万吨	−10.0
钢材	1233.79万吨	−25.5
十种有色金属	229.38万吨	14.9
水泥	7555.86万吨	−11.8
平板玻璃	2053.57万重量箱	12.7
硫酸	145.89万吨	3.0
氢氧化钠（烧碱）	105.06万吨	12.6
化肥	153.10万吨	−3.9
化学药品原药	2.42万吨	54.7
金属切削机床	1.47万台	−16.6
汽车	42.04万辆	23.1
变压器	1.42亿千伏安	−0.7
纱	39.22万吨	1.8
布	8.04亿米	9.6
精制食用植物油	157.05万吨	−4.2
卷烟	861.22亿支	−5.4
白酒（折65度，商品量）	14.25万千升	3.4

注：资料来源于陕西省统计局网站。

2016年1—7月，采矿业延续下滑态势，实现利润112.8亿元，同比下降66.3%，降幅比上半年收窄2.6个百分点。电力、热力、燃气及水生产和供应业实现利润56亿元，同比下降23.4%，降幅比上半年扩大1.9个百分点。2016年10月，煤炭开采和洗选业增加值同比下降7.7%，比9月下降24.1个百分点，下拉全省规模以上工业增加值增速

1.4个百分点；石油和天然气开采业增加值同比下降3.9%，降幅比9月扩大0.9个百分点，下拉全省规模以上工业增加值增速0.6个百分点；电力、热力生产和供应增加值同比增长7.6%，比9月份回落1个百分点，拉动全省规模以上工业增加值增长0.4个百分点；石油加工、炼焦和核燃料加工业增加值同比下降6.6%，降幅较9月收窄3.4个百分点，下拉全省规模以上工业增加值增速0.4个百分点。

陕西近期的工业存货占到工业总产值的9.1%，一半行业占比超过该平均比例。2015年，规模以上工业企业存货1862.3亿元，同比增长1%，占工业总产值的9.1%；存货中产成品795亿元，同比增长2.8%，占存货的42.7%。40个工业行业中，有16个行业存货超过50亿元，合计达到1549.6亿元；20个行业存货占产值比重超过9%，合计达到1226.9亿元。

表9：2015年工业行业中存货占产值比重超过9%行业

行业	存货占产值比重（%）	存货		其中：产成品	
		2015年	增减（%）	2015年	增减（%）
总计	9.1	1862.3	1	795	2.8
金属制品、机械和设备修理业	29.9	0.6	−14.3	0.2	−33.3
烟草制品业	29.1	62.7	−1.9	3	−11.8
专用设备制造业	27.6	169.7	6	79.1	7.8
纺织服装、服饰业	20.9	12.6	10.5	2.8	−12.5
通用设备制造业	17.6	89.7	3.9	35	1.4
铁路、船舶、航空航天和其他运输设备制造业	15.7	49.4	0.8	14.5	−5.2
有色金属冶炼和压延加工业	15.4	241.8	6.3	83.5	11.8
化学纤维制造业	14.7	2.4	71.4	0.7	0
皮革、毛皮、羽毛及其制品和制鞋业	14.6	2.2	29.4	1.6	33.3
电气机械和器材制造业	13.7	113.1	1.4	54.1	6.9

续表

行业	存货占产值比重（%）	存货		其中：产成品	
		2015年	增减（%）	2015年	增减（%）
仪器仪表制造业	13.5	18.7	3.9	6.1	−10.3
计算机、通信和其他电子设备制造业	13.4	64.1	32.2	19.5	66.7
汽车制造业	12.1	127.3	11.9	78.5	23.4
其他制造业	11.1	2.9	20.8	0.6	0
纺织业	11	29.7	4.6	12.9	0
金属制品业	11	28	3.3	15.1	13.5
酒、饮料和精制茶制造业	10.2	58.8	0.5	33.5	−6.7
有色金属矿采选业	9.9	22.2	13.3	9	3.4
医药制造业	9.9	57.7	−1	30.5	4.1
印刷和记录媒介复制业	9.5	10.1	29.5	3.4	−5.6

注：资料来源于陕西省统计局网站。

2. 农业的无效供给主要集中在传统低端农产品

陕西省农产品销售困难比较突出。2015年以来，粮食、果类、蔬菜价格都出现了不同程度的下降，全省农产品价格由2013年和2014年四季度上涨11.9%和0.5%变为2015年每个季度分别下降2%、2.9%、1.5%和4.7%，2016年一季度继续下降1.5%。市场需求不旺、农副产品价格下降和产量增加，使得农副产品销售困难。而农产品销售困难，形成不了有效产出，农民见不到效益，必将影响来年的产出，进而影响我省农业的稳定增长。一些违规使用食品添加剂和假冒伪劣食品的生产加工严重破坏了农产品的信誉，影响了农产品的供给。

3. 房地产库存有增无减

2014年全省房地产开发投资2426.49亿元，比2013年增长8.3%；

商品房销售面积3093.64万平方米，增长1.6%；商品房待售面积539.44万平方米，增长51.7%，比上年提高14.3个百分点。2015年房地产开发投资2494.29亿元，比上年增长2.8%；商品房销售面积2978.94万平方米，下降3.7%。至2015年12月末，全省商品房待售面积687.92万平方米，同比增长27.5%，比全国增速高11.9个百分点，为近10年以来的最高水平。以现有的增速计算，全省待售房屋去库存周期约为21个月。

表10：2016年7月末陕西省各地市待售面积

地区	待售面积		比6月末增速升降百分点	占全省待售面积比重（%）
	总量（万平方米）	增速		
全省	768.80	44.9	0.7	
西安	284.96	57.7	−2.8	37.1
铜川	49.94	36.2	−1.5	6.5
宝鸡	28.20	−5.6	−10.3	3.7
咸阳	19.95	41.3	−4	2.6
渭南	108.77	24.8	6.6	14.1
延安	55.19	78.0	19.6	7.2
汉中	106.95	45.4	6.4	13.9
榆林	55.07	26.7	−2.4	7.2
安康	28.03	135.3	18.7	3.6
商洛	4.78	−11.7	−1.6	0.6
杨凌	26.97	61.7	−42.9	3.5

注：资料来源于陕西省统计局网站。

2016年1—10月，全省商品房销售面积2412.48万平方米，增长9.3%，加快1.4个百分点。截至10月末，全省商品房待售面积780.84万平方米，增长29.5%，较9月末回落4.2个百分点。两年来陕西商品房待售面积持续增加。陕西要贯彻落实中央经济工作会议“房子是用来住的，不是用来炒的”的定位，科学规划房地产供给，满足老百姓的居住需求。

4. 劳动力供给存在结构性矛盾

陕西农村富余劳动力仍然偏多，农民工就业形势不容乐观，农民工就业压力上升。近年来，房地产市场的不景气、能源产业下滑、制造业停滞，过去农民工聚集的行业吸纳农民工就业的能力减弱，农民工失业返乡的情况增多，农产品市场不旺又使农业生产无法安置更多的返乡农民工，农民工闲置情况时有发生。

高校毕业生供给和需求不匹配，大学毕业生就业难问题持续多年。陕西高等教育有一定规模，高校毕业生数量较多，2016年陕西省共有约36万应届高校毕业生，相比去年增加了9%，为全国增幅最大省份。就业问题一直困扰着学生、家长及各级领导。而传统的优质岗位如制造加工业、能源等大型国企需求减少，加剧了就业矛盾。产能过剩行业员工的再就业难。比如，陕煤化集团铜川矿业公司因去产能约8000多名职工需要安置转岗，截至2016年6月，累计分流安置职工2663人。随着经济下行压力的加大，就业压力将进一步凸显。

（二）扎实推进陕西经济持续健康发展的供给端分析：有效供给分析

2016年10月19日发布的《陕西省供给侧结构性改革补短板行动计划》提到的短板主要有：科技成果转化能力不强，经济外向度不高，民营经济发展不足，第三产业占比偏低，可持续发展能力不足，城乡居民可支配收入偏低，贫困人口量大面宽，城镇化质量不高，区域发展不平衡，金融业发展不足等。陕西增加有效供给的任务艰巨。

1. 现代农业产品有效供给存在优质缺口

随着生活质量的提高，人们更青睐高端、优质农产品，比如洛川苹果、清涧红枣、汉中仙毫、关中黑猪等品牌农产品。传统农产品的“质”难以满足人们的需求。要把增加优质绿色农产品供给放在突出的位置，狠抓农产品标准化生产、品牌创建、质量安全监管等关键环节。加大对农业绿色种植、循环种养、休耕轮作、生态修复的支持，盘活农村资源要素价值，挖掘农业的生态文明价值，延长产业链，发展休闲农业和乡村旅游，为城镇居民提供更舒适的休闲旅游场所，构建起保护绿色、生态、可持续发展的农业政策体系，为提升农业供给水平提供更好的支撑。

2. 具有国际竞争力的产品有效供给严重不足

由于陕西外贸依存度偏低，使陕西开出的丝路专列“长安号”不仅数量少，远低于河南郑州，关键是开不远，很难开行到欧洲，只能是中亚班列（西安—阿拉木图）从西安国际港务区开行的丝路专列“长安号”，2013年11月28日开行，到2015年11月28日开行两周年，累计开行132列、6714车，其中2015年开行86列、4318车，到2016年8月8日，“长安号”中亚班列（西安—阿拉木图）共开行225班、11052车，其中2016年开行84列，“长安号”成为连接中哈两国贸易的重要国际物流通道。两年多来，从首趟开行运载的货物均为“陕西制造”，到如今大量外地货源积极上列，中亚班列（西安—阿拉木图）将陕西西安的地缘优势发挥得淋漓尽致，凸显了陕西西安“一带一路”货源集散中心的地位，同时也显现出陕西制造业的国际竞争弱势，即我省缺少具有国际竞争力的产品。包括2016年8月18日开行的西安至华沙的中欧班列，实现了中国内陆货物由西安通过铁路直达欧洲，成为陕西和欧洲经贸往来合作的新桥梁，为陕西西安践行国家"一带一路"战略提供重要支撑，不仅为"中国制造"走出去创造了机会，更为陕西省本土企业与亚欧各国开展产能合作搭建了桥梁，首趟中欧班列共41车，装载41个集装箱，货物主要为机械设备、家居、服装、灯饰、饮水机、制冰机、铝型材、电子设备等8大类，共100多种货物品式。其中外地货源占80%，本地货源占20%，主要包括机械设备、铝型材、工艺品等。

2016年6月22日，世界品牌实验室在北京发布了"2016年（第十三届）中国500最具价值品牌"排行榜，这些品牌都是中国的"国民品牌"，标志着中国品牌也开始迈进了世界级品牌阵营。在这份基于财务、消费者行为和品牌强度的监测报告中，陕西仅有3个品牌跻身"中国500最具价值品牌"，分别是：陕西汽车集团有限责任公司的"陕汽"品牌，排名第186位；青岛啤酒西安汉斯集团有限公司的"汉斯啤酒"品牌，排名第291位；陕西西凤酒集团股份有限公司的"西凤"品牌，排名第343位。而四川则有17个品牌入围；北京有105个入选，比上年增加了11个品牌，位列第一；紧随其后的广东和山东，分别有79个和42个品牌入选。与这些地区和省份相比较，陕西差距太大。因此，提升陕西产品品质，塑造陕西产品品牌，增强陕西产品的市场竞争力，提升陕西经济的开放程度，把陕西的高品质产品推向国际市场是推进陕西经济持续健康发展的根本和持久之路。

3. 民营企业优势供给偏弱

陕西近几年进入民营企业500强的企业徘徊在四五家，而江苏、浙江等经济发达省份通常有100家左右的企业进入榜单，陕西民营企业供给的增长空间很大。

表11：陕西进入中国民营企业500强的民营企业（2011—2016）

2011年		2012年		2013年		2014年		2015年		2016年	
名次	企业	名次	企业	名次	企业	名次	企业	名次	企业	名次	企业
25	西安迈科金属国际集团有限公司	60	陕西东岭工贸集团股份有限公司	29	陕西东岭工贸集团股份有限公司	21	西安迈科金属国际集团有限公司	20	西安迈科金属国际集团有限公司	29	陕西东岭工贸集团股份有限公司
63	陕西东岭工贸集团股份有限公司	204	金花投资控股集团有限公司	188	金花投资控股集团有限公司	31	陕西东岭工贸集团股份有限公司	24	陕西东岭工贸集团股份有限公司	33	西安迈科金属国际集团有限公司
1086	金花企业集团	363	彬县煤炭有限责任公司	388	陕西黄河矿业（集团）有限公司	229	金花投资控股集团有限公司	242	金花投资控股集团有限公司	252	荣民控股集团
370	陕西黄河矿业（集团）有限公司	487	陕西黄河矿业（集团）有限责任公司	461	府谷县煤化工集团有限责任公司	427	陕西黄河矿业（集团）有限公司	260	彬县煤炭有限责任公司	269	金花投资控股集团有限公司
						456	陕西荣民集团				

注：资料来源于陕西省统计局网站。

“十三五”期间是陕西大力发展民营经济，鼓励民营企业发展壮大，提升民营企业竞争力的重要机会。

4. 公平的市场竞争环境供给滞后

营造公平竞争的市场环境，处理好政府和市场的关系，需要进一步简政放权，为市场主体松绑。政府在不该管的微观市场领域坚决退出，能交给市场调节要全部交给市场调节；切实把经营决策等自主权还给市场主体，让要素流动跟着市场规律走，增强发展的动力和活力。政府应该进一步取消一些行业或领域的进入门槛，促进各种所有制经济依法平等使用生产要素。2016年9月9日陕西省政府出台《陕西省供给侧结构性改革降成本行动计划》，从行政审批、税费、用工、融资、物流等关键环节入手，着力降低实体企业综合成本。实施涉企收费目录清单管理，重点取消减免一批涉企行政事业收费、经营服务性收费和政府性基金，适度降低铁路运输费、载货类车辆高速公路通行费；落实国家阶段性降低企业社保费率政策，允许困难企业缓缴社会保险费、住房公积金；支持企业建设自备电厂，进一步扩大直供电规模，2016年全省直供电量达到200亿度，2017年不低于300亿度。2016年11月16日省物价局出台《运用价格杠杆推进供给侧结构性改革的实施意见》，充分发挥价格杠杆作用，积极努力降低实体经济成本，实招实策助力供给侧结构性改革。陕西省物价局继续缩减政府定价项目，放开非居民用户数字电视基本收视维护费，对非营利性医疗、养老机构建设一律免征有关行政事业性收费，对营利性医疗、养老机构建设一律减半征收有关行政事业性收费。民办教育、医疗机构用电、用水、用气、用热，执行与公办教育、医疗机构相同的价格政策。降低物流成本，探索开展高速公路分时段差异化收费；落实2017年1月1日起3年内载货类车辆高速公路通行费现行标准下调9%的优惠政策。

5. 自然环境供给亟待优化

经济的粗放发展，使得环境保护、资源节约方面的约束加剧。自然资源与环境容量存在极大的供给刚性，因此，保护自然资源，减少环境污染和破坏的难度非常大。推广清洁生产，严格环境执法，增加清洁空气、洁净饮水等优质生态产品和生态质量的有效供给。增加绿色消费，鼓励节能节水器具、绿色家电的生产，给节约资源、改善环境的商品和服务提供支持和帮助。

三、新常态下扎实推进陕西经济持续健康发展的对策思路

习近平总书记在陕西视察期间针对扎实推进陕西经济持续健康发展提出了四方面要求：着力推进产业优化升级、着力推进创新驱动发展、着力推进区域协调发展、着力推进深化改革。结合总书记的要求与陕西实际，本课题组进行了进一步的拓展。

（一）以品牌创新为抓手，扎实推进陕西具有比较优势的产业发展，助推产业优化升级

古丝绸之路上的秦商素有“人硬”“话硬”“货硬”之称。“货硬”体现在品质过硬、品牌影响力过硬上。从品牌创新来看，陕西在2016年《中国500最具价值品牌》分析报告中仅有3个品牌跻身“中国500最具价值品牌”，占比太低，差距过大（北京105个、广东79个、山东42个、四川17个）。因此，陕西必须要从基础比较好的一些产品入手，开发具有自主知识产权的新技术、新产品，培育更多的国内、国际知名品牌。对此，必须大力实施《〈中国制造2025〉陕西方案》，着力打造能源化工、高端装备、航空航天、电子信息、新型材料、食品医药、现代物流和服务、绿色果业八大重点产业，推动优势特色产业高端化，培育一批全国知名品牌，引领这些领域以品牌为核心形成若干个千亿元产业集群。

农业中先从苹果做起，在鲜果生产中借助已经有一定影响力的“洛川苹果”“白水苹果”等，进一步巩固陕西苹果在国内的品牌影响力，进一步扩大在国际上的影响。在果汁生产中利用现有的国内知名果汁品牌如汇源、海升等，进一步深化陕西果汁的影响力。

在制造业中重点抓先进装备制造业的品牌塑造，比如陕汽的重型卡车、秦川的机床、法士特的齿轮等，在此基础上，加强生活消

费品的品牌塑造。陕西在高端生活消费品生产方面要进一步提升品质，逐步打出一些有影响力的品牌产品。

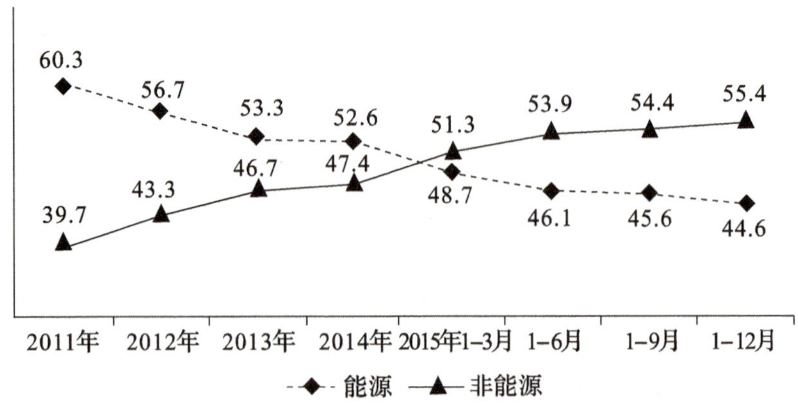

图6：陕西“十二五”以来能源与非能源工业增加值占比

注：资料来源于陕西省统计局网站。

在服务业中优先抓旅游品牌的塑造。陕西有丰富的旅游资源，有国际知名的历史遗迹和自然风光，要把这一资源优势转化成品牌优势，使人一提起陕西旅游就能感受到厚重、温馨、舒适、快乐等，使陕西成为令人愉悦的、想往的旅游目的地。通过品牌的塑造和品质创新，提升陕西经济的竞争力，提高陕西城乡居民的收入水平，从而也提高人民的消费能力，使陕西老百姓有能力消费“一带一路”沿线各国高端、优质的产品，也使得陕西能够更主动地、自如地与“一带一路”沿线各国进行交流与合作。因此，必须大力实施《中国制造2025》陕西方案，着力打造能源化工、高端装备、航空航天、电子信息、新型材料、食品医药、现代物流和服务、绿色果业八大重点产业，培育形成若干个千亿元产业集群，争取到2020年规模以上工业增加值超过1.2万亿元，服务业增加值占生产总值45%左右。推动优势特色产业高端化，重点推动新舟60、新舟600飞机实现系列化；加快新舟700飞机研制，2017年实现首飞。支持无人机研发中心、飞行试验测试中心、产业化示范基地、国家民机试飞基地建设。建立国防科技成果转化项目库，定期举办项目推介会和军地企业科技成果、产品项目对接会，为军工企业科技成果转化搭建平台，扩大军工外部协作。

（二）以企业创新为主体，促进产品创新

通过加大供给侧改革力度优化省内创业、就业政策及环境，促进省内企业成为产品与科技创新的主体，这是促进陕西经济追赶超越与持续健康发展的根本保证。从产品创新来看，陕西真正的制造业企业偏少（省国资委监管的43家国企中真正的制造企业只有7家，西安市国资委监管12家国企中真正的制造企业只有4家）。从2015年企业“一套表”调查单位数来看，全省21059个企业中，工业企业只有5497家，占比仅26.1%。从投资来看，陕西固定资产投资中制造业投资比重偏低、工业投资增速下滑严重、民间投资低迷。截至2015年年底，在深沪两地上市的陕西上市公司只有43家，仅比2014年增加了一家，上市公司代表着我省各个领域的最高水平，陕西的情况让人担忧，对此必须要有针对性的措施。

（三）把创新拓展发展新空间作为推进区域协调发展的着力点

1.促进要素的区域间流动

陕西的陕北、关中、陕南有不同的地域特征和经济发展特点。“十二五”期间，关中GDP年均增长11.7%，陕北GDP年均增长8.9%，陕南GDP年均增长13.1%。2015年关中、陕北、陕南经济总量比为65：21.3：13.7，与2010年相比，关中上升0.1个百分点、陕北下降4.8个百分点、陕南上升2.6个百分点。陕西经济要保持持续健康

发展，实现追赶超越，需要寻找新的发展动能。促进资源流动，优化经济的空间布局，激发新动能是实现追赶超越的有效路径。对劳动、资本、土地、企业家等进行更合理的配置是实现陕西追赶超越的基础性工作。

第一，促进劳动力流动奠定追赶超越的基础。劳动力流动起来有助于其释放更多的能力。在取消了城乡户籍分割的基础上进一步放松户籍的地区限制，促进劳动力在不同区域间自由择业，减少因户籍约束导致的劳动力就业受阻问题。促进陕北、关中、陕南之间的劳动力交流，实现不同区域劳动力的互补，让有不同特点的劳动力能够发挥其所长，为追赶超越贡献出更多的智慧和能力。

可以把关中的教育培训资源和陕北、陕南的劳动力资源结合，通过跨区域培训提高劳动者的技能和素质，提升就业市场上的竞争能力。比如，陕南农村劳动力向东南沿海制造业流动较多，关中的培训机构可以和陕南的就业指导部门联手，有针对性地进行相关制造业技能的培训，提高这些劳动力到东南沿海就业的质量。关中的高科技人才也可以和陕北、陕南的企业合作，以科技投入帮助企业提升技术水平，并从中分享利益。劳动力流动性越强，对经济的贡献就会越大，离追赶超越的目标就越会越近。

第二，优化资本配置为追赶超越注入足够的能量。优化资本配置就要把资本投到最能发挥作用的场所，要通过完善资本市场引导资本自由、合理流动。进一步推进浐灞生态区的西安金融商务区、西咸新区的陕西丝路经济带能源金融贸易区、西安高新科技金融服务示范园区和西安曲江文化金融示范园区建设，积极推进构建地方法人金融机构总部、财富管理中心、金融信息中心，强化金融后台服务，开展离岸金融业务。通过金融园区的发展汇集省内外、国内外的资金促进陕西经济健康稳定发展。

用好PPP融资模式，把沉淀的民间资本激活。受国际能源市场影响，陕北原来投向能源产业的资金，现在正在寻找更安全高效的投资领域，PPP融资模式可以引导这些资本配置到政府关注的、关系国计民生的关键性行业，这些行业的发展，对整个陕西经济的发展有带动作用，对追赶超越有示范作用。

第三，协调好自然资源保护和利用的关系，实现有内涵的持续发展。综合协调陕北、关中、陕南的资源特点，发掘不同区域间自然资源的互补性，对自然资源在更广的范围进行整合，焕发出更多的活力，开辟经济发展的新空间。自然资源配置的重点是打破行政区划对资源配置的约束。市、县、区之间不能因行政区划割裂经济发展的纽带，必要时可以适当调整行政区划，以使行政区划更加有利于经济活动的接续。

把自然资源保护放在突出位置，走可持续发展道路。追赶超越是要让人民得实惠，要让三秦百姓在天蓝、地绿、水清、气爽中获得经济发展的利益。要走绿色追赶超越之路，决不能为了上速度牺牲自然环境。陕北、关中、陕南要相互借鉴自然资源保护和利用的经验，提升自然资源配置的水平。

第四，拓宽企业家成长空间实现高品质的持续健康发展。为企业家成长营造一个宽松的、服务完善的环境，减少对企业发展及企业家成长的束缚。鼓励企业家通过新的创意促进陕北、关中、陕南的资源融合，比如，可以借鉴“早（枣）想和（核桃）你在一起”类似的创意把陕北的红枣和陕南的核桃组合成休闲小零食，把陕北的小杂粮和陕南的菌类联合加工成方便、营养的户外便携食品，把陕北的土豆和关中的蔬果混合成各类什锦保健食品，把关中的装备制造业产品和陕北、陕南的资源开采、加工、基础设施建设需要的机械、建材等链接实现供需对接，把陕北、关中、陕南的文化、服务及旅游资源整合形成若干条精品旅游线路等。借助陕西自贸区建设和“一带一路”建设的大好机遇，鼓励陕西的企业家在“一带一路”的建设中施展才华，把陕西的企业带到国际舞台，与世界经济接轨，通过国际合作提升陕西追赶超越的品质。只有劳动、资本、土地、企业家才能等资源的优化配置，才能为陕西经济持续健康发展奠定重要基础。为此，陕西“十三五”规划纲要提出了“关中协同创新、陕北转型持续、陕南绿色循环”的区域发展战略，包括：

关中：要充分发挥拥有多个国家级开发区的优势，促进各类创新要素集聚共享、协同互动，成为“一带一路”的创新节点，打造关中区域创新示范带，尽快建成内陆型改革开放新高地。要发挥好交通枢纽作用，不断向西开放，与更多的国家和地区相互促进、携手发展。

陕北：要拓宽能源转化的国际合作通道，坚持能源和非能源产业并重，积极培育非能源产业，在资源开发、环境保护和水源建设的统筹方面积极与有经验和技术的国家和地区合作，建设资源节约和环境友好两型示范区。

陕南：要坚持大绿色、大生态、大循环发展理念，借助张骞故里积极打造“丝绸之路经济带”的重要源头，通过汉江、丹江与“长江经济带”沟通，融入“21世纪海上丝绸之路”。把“一带一路”建设与生态环境保护、产业发展和新型城镇化建设相融合，建设国家生态文明综合改革示范区。

要提高陕南、陕北的重点中心城市的开放程度，促进这些城市与关中城市群增强联系，形成产业互补，鼓励这些城市与周边省份的特色城市加强沟通，融入周边经济发展圈子。陕北的城市可以融入晋陕蒙金三角经济圈，陕南的城市可以多与四川、湖北等省的城市交流，从邻近省份的发展中寻找更多的发展空间。陕北、陕南的城市更应增强国际视野，搭西安国际化大都市建设的顺车，提高对外开放的程度，把陕北、陕南的优质产品推向国际市场，同时也从国际市场上寻找满足本地生产、生活需要的产品和服务。

2. 加强关中平原城市群建设

《中共中央关于制定国民经济和社会发展第十三个五年规划的建议》提出，“十三五”期间，要发挥城市群辐射带动作用，优化发展京津冀、长三角、珠三角三大城市群，形成东北地区、中原地区、长江中游、成渝地区、关中平原等城市群。2017年国家拟启动珠三角湾区城市群、海峡西岸城市群、关中平原城市群、兰州—西宁城市群、呼包鄂榆城市群等跨省域城市群规划编制。陕西要把关中平原城市群的定位、发展特色、发展方向融入到国家的关中平原城市群规划中。

关中平原城市群建设要以西安为龙头。西安拓展发展空间的重点是抓住《推动共建丝绸之路经济带和21世纪海上丝绸之路的愿景与行动》中强调的西安要建设成改革开放新高地要求的机遇，进一步加大开放力度，建设国际大都市。西安加大开放力度，要从金融服务业和国际接轨做起，进一步推进浐灞生态区的西安金融商务区、西咸新区的陕西丝路经济带能源金融贸易区、西安高新科技金融服务示范园区和西安曲江文化金融示范园区建设，积极推进构建地方法人金融机构总部、财富管理中心、金融信息中心，强化金融后台服务，开展离岸金融业务。通过金融业的发展带动整个服务业向高端化迈进，推动服务业发展现代化。促进生产性服务业向专业化和价值链高端延伸，生活性服务业向精细和高品质转变，以西安和设区市主城区为依托，培育50个主体功能突出、辐射带动作用强的服务业集聚区。为实体经济发展提供更完善的服务。建设承古开新、开放包容、高端优质、和谐宜居的品质西安。

加快西咸一体化步伐。西咸新区成为国家级新区有利于西咸组团式的发展，加快丝路经济带能源金融贸易中心、中俄丝绸之路高科技产业园等重点项目的建设，打造承接新一轮产业转移的平台，推动关中城市群的产业升级。

要改变西安一城独大的局面，再培育一两个有增长潜力的城市，形成多个增长极。新增长极可以着眼于能源、能化、现代农业等，可以关注绿色发展，围绕生态旅游产业延长产业链，形成产业聚集。关中平原城市群周围有成渝城市群、长江中游城市群、兰西城市群、中原城市群等，如何避免产业同质化的情况，是发展中面临的难题。关中城市群建设，要在已有基础上，推动区域内城市实现发展战略相互对接、优势互补。在能源装备上做大文章，打“能源装备牌”。建设产业关联的中小城市，培育专业化的小城镇，提高企业的密度。要建立健全城市群发展协调机制，推动跨区域城市间产业分工、基础设施、生态保护、环境治理等协调联动，实现城市群一体化高效发展。加快修建和完善以西安为中心通向大关中各城市的高速公路、高速铁路和城际铁路，拉近大关中城市群各城市间的交通联系。

3. 融入“一带一路”战略，拓展发展空间

习近平总书记2015年来陕西视察时，把陕西放到国家“一带一路”整体发展大战略大格局中进行考量，指出“陕西是西北地区重要省份，是实施‘一带一路’战略的重要节点”。这就清楚指

明了我省在丝绸之路经济带建设中的位置。总书记说："陕西发展得怎么样，不仅关乎三秦大地父老乡亲的福祉，而且对西部大开发战略、对'一带一路'战略、对西北地区的稳定都有重要意义。""一带一路"战略重要节点的定位，为陕西找寻到了追赶超越的契合点。

陕西的"十三五"规划纲要中明确提出，要按照"内引外联、东进西拓、南下北上"的思路，完善对外开放格局。

第一，要强化东进，提高开放水平。东进面向国内，就是要积极承接东部沿海地区产业特别是外向型产业的转移，提升本地区的产业水平。提升与天津、青岛、日照、上海、连云港等沿海港口城市的连通水平，实现海路、陆路、空中通道的无缝衔接。通过铁海联运、公铁联运，推动陆海相通，实现铁路港、公路港、航空港联动发展，实现向东与"海上丝绸之路"的连接，融入长江经济带、京津冀经济圈。东进面向国际，就是要在与三星合作项目的基础上，深化和韩国的合作，借助中韩自贸区的建设加快推动中韩产业园的建设，推进陕韩中小企业园建设进程。依托日本、韩国等对古长安文化的兴趣，加强与日本、韩国的文化交流，通过文化交流，促进贸易往来和产业合作。积极建设西安至韩国、日本的海、陆、空运输快线，为这些国家入陕的企业提供便利、高效的服务。

第二，要积极西拓，加宽合作通道。西拓面向国内，就是要加强与西部兄弟省区的合作，积极参与到新疆核心区的建设中，把西部大开发战略、关天经济区建设与丝绸之路经济带建设结合在一起，发挥聚合作用。落实"一带一路"愿景与行动中建设商贸物流枢纽、重要产业和人文交流基地的要求，推进铁路、公路、光缆、石油天然气管道等基础设施互联互通。西拓面向国际，就是要积极构建向西开放平台，建设向西出口基地，与中亚西亚等国在能源资源、装备制造和现代农业以及人才教育等方面加强合作。在我省已建设的中吉石油炼化工业园、中哈纺织工业园、中哈农业合作园等境外产业园区的基础上，争取在这些地区继续建设一批海外产业基地、新技术推广示范基地，积极参与这些国家的资源勘探、开采、加工等，培育一批走出去的大型企业。定期邀请中亚陕西村的乡党及商人来陕省亲、考察，帮助东干协会援建陕西村医院，加强医疗技术、人才、设备等援助。深度挖掘东干文化，创作出具有高度影响力的丝路题材影视剧。向欧盟各国学习制造业方面的先进经验，在人才、技术、设备等方面展开合作。

第三，要主动南下，汲取发展经验。南下面向国内，就是要加强与东南沿海、西南沿海地区港口群的联系。积极构建西安、成都、重庆西三角。将关天经济区和成渝经济区联成一体，打通长江经济带中上游地区和丝绸之路经济带的联系，并与珠三角、长三角联通，加强与港澳台的合作。南下面向国际，就是要加强与东南亚各国的经贸往来和合作。充分利用东南亚华人华侨资源，共建经贸合作区。强化和东盟各国的合作，把东盟国家的煤炭、农产品等资源性产品和我省的加工能力相结合，提高资源的利用效率。辐射南亚，积极推进中巴、孟中印缅两大经济走廊建设，积极参与到中印、中国—斯里兰卡合作项目的建设中。

第四，要勇敢北上，拓展发展空间。北上面向国内，就是要与内蒙古共同建设草原之路，在晋陕蒙黄河金三角区的合作基础上，拓宽合作区域，结合《陕甘宁革命老区振兴规划》，与石嘴山、银川、乌海、巴彦淖尔等近邻加强沟通合作。发挥重要能源重化工基地的辐射带动作用，发掘红色旅游资源，推动文化旅游合作。北上面向国际，就是要挺进中俄蒙经济走廊，与蒙古、中东欧和俄罗斯等国进一步深化合作。利用西咸新区的中俄丝路创新园，将中俄两国的科研成果转化为产品，使两国的科研单位和企业在园区内进行科技创新和科技合作。加强与有关各国在石油、天然气等方面展开的多层次合作，建立和完善包括铁路运输、贸易、旅游等多层次的合作。在中蒙俄经济走廊建设中发挥主动性，多出主意、想办法，参与到中蒙俄国际运输通道、天然气管道等基础设施项目建设中。在蒙古国矿业兴国计划、俄罗斯的远东开发计划等规划中寻找合作空间，加强资源开采、装备制造业、基础设施配套、金融等领域的对接。

（四）创新发展农业现代化新思路

1. 率先破解城乡二元结构，把陕西建成我国西部特色现代农业示范教育培训基地，是扎实推进陕西经济持续健康发展的突破口

长期以来困扰我国的理论和实践问题是城乡二元结构。习近平指出，城乡发展不平衡、不协调，是我国经济社会发展存在的突出矛盾，是全面建成小康社会、加快推进社会主义现代化必须解决的重大问题。改革开放以来，我国农村面貌发生了翻天覆地的变化。但是，城乡二元结构没有根本改变，城乡发展差距不断拉大的局面没有根本扭转。要根本解决这些问题，必须推动城乡发展一体化。十八届三中全会从加快构建新型农业经营体系、赋予农民更多财产权利、推进城乡要素平等交换、公共资源均衡配置四个方面对推进城乡发展一体化进行了系统部署，其中的重头戏就是围绕处理好农民与土地的关系推进我国土地制度改革，解决农业供给侧面临的结构性矛盾和问题。因为我国温饱问题解决了以后，老百姓的消费正在快速升级和变化，但农业供给侧的产品结构和品质却没有及时改变，农产品面临着有效供给能力不足带来大量“需求外溢”的问题和国内培育起来的巨大消费能力的严重外流问题。解决这些结构性问题，必须要从供给侧改革发力。2017年是供给侧结构性改革全面深化之年，陕西需要对标习近平“扎实推进特色现代农业建设”的要求，率先在三权分置这一重大制度创新方面探索陕西的路径和办法，把陕西建设成为我国西部特色现代农业的示范教育培训基地，全面系统地在三权分置完善农村基本经营制度、充分发挥农民主体性培育新型农业经营主体和易操作易复制的经营权流转模式等重大制度改革方面发挥示范、引领、教育、培训作用，集中力量解决农业现代化的根本问题。这既是推进城乡发展一体化的突破口，也是陕西实现追赶超越发展的重要突破口。

2. 用特色现代农业支撑特色小城镇的发展，走新型城镇化道路，是扎实推进陕西经济持续健康发展的优势所在

从关天经济区规划中的关中城市群发展，到西咸新区上升为国家级新区以后所承担的创新任务，都说明陕西在我国新型城镇化道路上承担着非常重要的探索使命。统计数据表明，目前用城镇化人口占总人口的比重所衡量的城镇化率水平，全国平均值为56.1%，陕西为53.92%，陕西的城镇化率低于全国平均水平近3个百分点。我国的中等城市通常都是地级市，这些城市在大城市和农村之间发挥着连接作用，是促进地方经济发展并且引领农村发展的增长极，也是城乡要素转移和整合的桥梁和纽带，同时涉及的GDP总量至少在千亿级水平。这说明如果把陕西的城镇化率提高2个百分点，陕西的追赶超越就会全面系统地向前跨越一大步。现在的问题是提高城镇化率应该从何入手？根据住建部提供的信息，在编制本轮城镇化中长期规划的过程中，各方几乎同时都认识到小城镇是我国健康城镇化的一个命脉，国家将在今后城镇化进程中把相当一部分公共财政投资向小城镇集中投放。这意味着发展小城镇成为探索新型城镇化道路上的重大突破口。但由于小城镇量大面广，公共财政投资选择的重点将会是在四个方面能够率先做好前期准备的小城镇：一是要有一套从事城镇规划的管理机构；二是要有一套必要的基础设施，如供水、污水和垃圾处理等；三是要有一套地方化的绿色建筑建设和规范管理体系；四是要有一套基本的公共服务设施，比如学校、医院、没有假货的超市等，这“四个一套”是对小城镇人居环境最基本的要求。陕西需要以这“四个一套”为抓手提早谋划，把陕西小城镇作为吸引国家的公共财政投资的重点和示范来发展。

这样做的理由是：一方面，当全省的小城镇成为我国公共财政投资的重点和示范的时候，也就意味着陕西全省的小城镇开始变成了适合人居和产业发展的投资场所，陕西的追赶超越发展就有了坚实的基础。另一方面，从“十二五”开始，省委、省政府就高度重视小城镇建设，通过35个重点示范镇工程和31个文化旅游名镇工程的建设，把特色小城镇建设作为我省推进新型城镇化、促进城乡发展一体化的重要突破口，并且采取专项资金引导、土地指标支持、专业人才帮扶、目标责任考核等一系列措施，促进全省小城镇快速发展，成为住建部推广的经验。

在此基础上，要按照李克强总理的要求，把新型城镇化道路建立在现代农业支撑的基础上，也就是要把新型城镇化道路的探索与农业现代化道路的探索有机结合起来，系统性破解小城镇面临的体制机制障碍。首先，特色农业与特色小城镇的发展关系尤为密切。而特色农业是指具有独特的资源条件、明显的区域特征、特殊的产品品质和特定的消费市场的农业产业。陕西农业资源丰富，复杂多样的气候和地形地貌，孕育出万千物种和世间珍奇，堪称自然博物馆，有“小中国”之称。陕西具有发展特色农业得天独厚的自然条件。其次，越是欠发达地区，农业就越不能对工业提供市场支持，而农业越受到抑制，经济发展就越相对缓慢。所以，要集中力量解决特色农业发展面临的制约问题，使特色农业对特色小城镇发展的支撑作用得到充分的体现，这是陕西追赶超越的秘密武器。最后，用特色农业产业集群发展战略推进工业化、城镇化、信息化、农业现代化同步发展。根据经合组织(OECD)的定义，农业产业集群是指一组在地理上相互临近的以生产和加工农产品为对象的企业和互补机构，在农业生产基地周围，由于共性或互补性联系在一起形成的有机整体。特色农业产业集群有两个基本特征：地理邻近性和产业关联性。这两个特征有利于把特色农业的发展与当地工业化、城镇化、信息化有机结合起来，促进四化同步发展。发展农业产业集群是20世纪90年代一些发达国家提高农业产业竞争力的重要举措，这条经验值得陕西学习借鉴。

包括三方面：一、通过把陕西建成我国西部特色现代农业示范教育培训基地，率先破解城乡二元结构；二、通过特色现代农业支撑特色小城镇的发展，走新型城镇化道路；三、通过把新型城镇化道路的探索与农业现代化道路的探索有机结合起来，系统性破解小城镇面临的体制机制障碍。陕西农业资源丰富，复杂多样的气候和地形地貌，孕育出万千物种和世间珍奇，堪称自然博物馆，有“小中国”之称。陕西具有发展特色农业得天独厚的自然条件。因此，要集中力量解决特色农业发展面临的制约问题，使特色农业对特色小城镇发展的支撑作用得到充分的体现，这是陕西追赶超越的秘密武器。第四，用特色农业产业集群发展战略推进工业化、城镇化、信息化、农业现代化同步发展。

（五）创新开放发展新战略

新常态下陕西经济发展的内外条件都发生了巨大变化，建立开放型经济体制是实现陕西追赶超越的有效手段。不同于沿海地区的开放型经济建设，陕西应该对内开放和对外开放相结合，甚至更加重视对内开放，通过对内开放促使供给端质量提升，带动对外开放程度提高。

1. 构建陕西开放发展新体制

由于支撑中国过去三十多年高增长的外向型发展模式已经失去优势和动能，并且在当前国际经济格局下外向型发展已经给中国带来结构性矛盾，开放型经济体制的构建成为中国可持续发展的新动力。陕西应将目标着眼于开放型经济体制的布局，不应仅仅停留在外向度低、怎样加大外向型经济发展的旧有发展模式中。当然陕西相对落后的现实，又有了比全国其他发达地区更多一层的难度，一面要求发展同时还要谋转型。因此，既要谋求出口端的经济贡献度不断提升，又要把握新常态的大背景，摒弃急功近利的思想，避免盲目追求经济数量的增长。以平和的常态思维和长远而深邃的眼光，扎扎实实做好质量上的超越，从而带来数量的赶超，定能实现陕西的追赶超越和经济持续发展。陕西应该努力构建内陆开放型经济新体制。外向型经济和开放型经济是两个不同的经济范畴。实行外向型发展模式的国家和地区不一定是开放型经济，例如战后的日本、韩国、中国台湾等。同时，属于开放型经济的国家不一定实行外向型发展模式，例如美国。

外向型经济是与内向型经济相对应的一个概念，是一个国家或地区发展经济的模式，属于战术问题，即依靠谁来拉动经济增长。其实质就是出口导向型经济，是以国际市场的需求为导向，强调依赖于外部市场和资源，通过对外经济贸易活动来引导和带动国民经济发展。从这个角度来讲，陕西确实存在发展外向型经济的区位劣势。

开放型经济是与封闭型经济相对应的一个概念，它更多体现为一种制度安排，具有经济制度的性质。是指商品、服务和生产要素能够较自由地跨越边境流动，其核心是要建立与国际经济规则相适应的一般经济运行机制，减少以至最终消除对商品及各种要素流动的人为障碍。

开放型经济和外向型经济有一定的相关性，但是外向型经济不是开放型经济的初级阶段，不能认为外向型经济发展到一定程度就会自然升级为开放型经济。开放型经济强调生产要素的对内对外双向流动，陕西构建开放型经济体制正是应该建立在对此的理解和把握之上。尤其是陕西处在"一带一路"建设重要节点和向西开放的前沿，具有承东启西、连接南北的独特区位。因此，对内开放也应该成为陕西开放型经济体制的重要抓手。某种程度上，陕西通过对内开放会进一步扩大对外开放，通过对内对外的开放型经济体制地建立实现陕西的追赶超越和持续健康发展。

2. 打造便捷通达的基础设施，构建区位优势

通过加强基础设施建设构建开放经济通道，改变陕西地理位置上的区位劣势。重点构建"陆、空、数字"丝绸之路经济带通道，积极建设立体化多式联运物流枢纽，提升"长安号"营运能力。尽快建立新欧亚大陆桥快速交通干道。建设国家航空城实验区，打造丝绸之路航空枢纽。建设西安国际航空港，开通更多西安到中亚、西亚、欧洲旅游航线及货运班机，打造丝绸之路空中走廊。加快建设与中亚、西亚及欧洲连接的信息网络高速路，加快推进“网上丝绸之路”和“数字化丝绸之路”的建设，推进电子商务公司与已有配送系统的结合，健全物流配送体系。

3. 发挥自身优势，夯实陕西对内开放的基础

按照比较优势理论和传统国际贸易理论，在我国各省产业结构趋同的条件下，地理位置等运输成本成为发展开放型经济的决定因素。随着西部大开发的10年发展，西部地区的公路、铁路、机场、天然气管线、水利基础、电网、通信、广播电视等基础设施建设极大完善，使制约西部发展的地理区位劣势大为改观。陕西完备的制造业门类，老工业基地、军工企业、科研机构等，具有了区域内的产品竞争优势。陕西应该集中优势力量着力高端装备制造业和高新技术产业的发展，在一些聚集了国际国内领先的产业形成产业集群。大力实施《〈中国制造2025〉陕西方案》，在优势领域超前布局。并且在此发展的基础上，逐步确立“制造—研发”中心，“生产—结算”中心，完善内陆开放新机制。通过发挥自身优势，结合扎实的供给端质量的提升，形成吸引全国各地资源流动的目的地，努力在陕西建立先进制造业中心，促进内陆贸易、投资、技术创新在陕西协调发展。

4. 在“一带一路”战略中准确定位，创立对外开放新格局

“一带一路”是陕西开放型经济建立的根本依托。习近平总书记在来陕西视察的讲话中指出：“陕西自古以来就是我国重要的对外开放门户，……‘一带一路’战略使陕西进入向西开放的前沿位置。”陕西如何融入并且引领“一带一路”建设？首先，应该找准定位。结合上述“夯实对内开放的基础”的分析，陕西应该定位为综合性集散地，重点在“综合性”上。陕西在丝绸之路经济带中应该结合自身承东启西的地理位置、良好完备的工业基础、全国名列前茅的科研院所和高等人才以及文化科技和文化遗产资源等有利条件，不在单项上和某个地区形成竞争性的发展。例如，不和新疆去争当物流集散地，因为从地理位置来看，向西新疆更为有利，但是面向国内新疆就失去优势。而是通过建立先进制造业中心地位，使内陆贸易、技术、投资在陕西汇集，从而形成"综合性"向西开放前沿。其次，丝绸之路经济带本身就是一种开放型经济，它不仅是对外开放，也是对内开放。"经济带"上的各个相关省份不是竞争关系，而是共荣关系。只有这个区域的共同繁荣发展才能使丝绸之路经济带建立起来。因此，陕西应该开放和包容，更为重要的是不断强大自身，增加地区的吸引力和凝聚力。

同时，为了建成综合性集散地，陕西应结合自身地理、经济、文化、教育、科技资源的综合优势，应该更好地研究向内开放的政策措施。党的十八届三中全会提出构建开放型经济新体制，适应经济全球化新形势，必须推动对内对外开放相互促进。通过对内开放的大力推行，才能实现对外的开放。而且这种开放的思路应该是经济、文化、教育、科技等综合性的，而不是单一的物流、对外贸易。"罗马不是一天建成的"，陕西丝绸之路经济带的综合性集散地的建立和发展需要时间和过程，更需要的是前期的谋划。

5. 以全球化视野积极构建陕西自由贸易区

纵观全球经济格局的新变化，以WTO为代表的多边贸易体制发展坎坷，各类自由贸易协定大量涌现。其中以《跨太平洋伙伴关系协定》（TPP）、《跨大西洋贸易与投资伙伴关系协定》（TTIP）等为代表新自由贸易协定，成为当前国际经济格局的一个重要变量。虽然美国新任总统给这一发展趋势带来了某种不确定性，但是区域间的自由贸易协定所呈现的边界内更加开放的要素自由流动是当前国际经济的发展趋势。正是基于此，我国首先建立了国家（上海）自由贸易试验区，随后成立了多家自由贸易试验区。就是要在这些区域里大胆试、大胆改，形成一批可复制、可推广的开放经济新体制，以应对国际经济格局的变化。

在这个问题上陕西和全国站在同一起跑线上，我们应该发挥高校云集、科研院所众多的优势，各高校可以开设相关研究课程，就像当年我国对WTO规则的研究和学习一样，首先在理论上站到制高点上，在全国处于领先地位。否则，我们在进一步扩大对外开放、推动开放型经济发展上就会缺乏战略性眼光。这种认识上的偏差导致理论上的准备不足，使中国在新一轮国际贸易自由化的标准和规则制定方面被边缘化。其次，陕西在行动上要利用好物流中心、保税区、出口加工、高新综合保税区、“西安港”、海关特殊监管区等条件，大力发展陕西自由贸易区，使陕西成为向西开放的前沿位置。

6.顺应世界经济结构调整趋势大力发展服务贸易

世界经济史反复证明，每一次科技革命都会带来新兴产业的出现和产业结构的调整。以信息、生物技术为标志的第三次科技革命，促使全球产业结构的变化。以服务业外包为特征的新的产业转移使区位不再成为发展障碍。服务业转移的特点是对所转移地区的地理位置要求不高，而对所转移地区的科学技术水平、教育文化程度要求较高。这就克服了陕西在改革开放初期传统发展方式下地理位置的局限性，从而带给这些地区发展开放型经济新的机遇。从全球经济视角来看，继二十世纪八九十年代全球制造业转移之后，全球经济呈现服务业转移的趋势。服务贸易日益成为影响各国经济发展的重要力量，尤其以高新技术为核心、以技术进步为动力的，以知识、技术和数据处理的新兴服务贸易迅速发展。陕西拥有普通高校80所、在校学生超过100万，有各类科研机构1000多家、专业技术人员110多万人。人力资源丰富且劳动力成本偏低，信息通信基础设施已具领先地位，一批服务外包企业初步形成生产型服务集群态势。陕西有条件大力发展服务业，形成更多的经济增长点，吸纳更多的就业，尤其是大学生的就业，促进产业结构升级，实现陕西开放型经济发展，也在西部地区起到辐射作用，带动西部地区第三产业的发展。

7. 以旅游业发展促进陕西开放型经济建设

陕西是历史文化大省，旅游资源丰富，素有"天然历史博物馆"之称。同时以秦岭为代表的自然山水也是陕西大力发展旅游业的资源优势。2015年，陕西接待入境游客293.03万人次，增长10%，比2014年增速提高4.9个百分点，增幅比全国平均水平高6.1个百分点；旅游外汇收入16亿美元，增长13%，比2014年增速提高7.5个百分点，增幅比全国平均水平高6.3个百分点。旅游业的发展不但可以带来经济效益，对发展陕西开放型经济特别是吸引海内外的投资也有重要的意义。

8. 培育开放型经济的思维方式

陕西的追赶超越，首先必须统一认识，转变旧有思维方式。对于陕西来讲，开放经济是对内对外开放，甚至必须通过积极布局对内开放，通过发挥内部优势，从供给端质量提升入手进一步带动对外开放。新中国从1949年成立开始和改革开放政策实施之时，不断被贫穷落后的现实所鞭策，落后追赶的非常规发展始终占据着整个国家和民族发展的统治地位。从而造成一味追求数量增长、忽视质量提高的短期发展模式和思维。党的十八届三中全会对我国基本国情的概括是“三个没有变”，决定了我们还需要一个漫长的发展过程。但是变化了的国际、国内环境又不允许我们采用已经取得较好发展成绩的旧有的发展方式，使得我们在谋划今后的发展时，首先应该摆脱过去一直浸透于中国经济社会发展的最深层的发展心态，即落后——追赶——不顾一切发展的非常规思维。中国进入新的历史阶段，改革进入攻坚期和深水区，经济进入新常态，要实现经济社会的可持续发展，就必须进入常态化的思维模式，遵循发展规律，不急不躁，以质量的提升作为发展的目标。陕西虽然在全国处于相对落后的地位，但是在全国发展方式转型的大背景下，也必须放弃只追求数量的发展，扎扎实实地抓质量的提高。发展的时间可能较长，短期的经济数据不好看，但是一定要转变过去的发展思维，陕西才能真正实现追赶超越和持续健康发展。

（六）创新改革发展好氛围

目前陕西已经制定了针对领导干部的三项机制来助推追赶超越，成效明显，但还需要进一步创新发展的氛围。特别是通过学习西安市提出的“店小二”精神，在全省形成围绕追赶超越“撸起袖子加油干”的舆论氛围，促使各级政府把“跟我干”思维转变到放手让市场主体干的思维上，通过制订公平、透明、有序的竞争规则，让所有市场主体都能充分发挥自己的积极性和创造性，让大众创业、万众创新成为推动追赶超越的潮流。

1. 要把中央全面深化改革的部署落到实处

一定要处理好政府和市场的关系，使市场在资源配置中起决定性作用和更好发挥政府作用。具体到陕西追赶超越中来说，使市场在资源配置中起决定性作用就是要明确追赶的主体和超越的目标何在，而更好发挥政府作用则是要求政府全面正确地履行自己的职责，其中“全面”就是该政府做的事必须要做，而且要做好，“正确”就是不该政府做的事坚决不做，以此增强政府公信力和执行力，建立法治政府和服务型政府。陕西的优势很多，机遇也越来越多，抓紧机遇发展的关键是要具有足够的利用优势和机遇的强有力市场主体。而陕西的国有企业改革任务重，民营企业数量少竞争力相对较弱，尤其是每千人拥有的企业数量少，这与陕西经济发展的优势和条件不相适应。所以，明确追赶的对象和超越的标尺固然重要，但更重要的是要明确谁是追赶超越的主体，它们遇到的障碍是什么，从而实施竞争性主体的培育和竞争力提升战略。这一战略要求政府把“跟我干”思维转变到放手让市场主体干事的思维上，通过制定公平、透明、有序的竞争规则，让所有市场主体都能充分发挥自己的积极性和创造性，让大众创业、万众创新成为推动追赶超越的潮流。

2. 强化行政审批职能改革

紧跟和落实国务院审批权的改革步伐和其他释放更多市场活力的改革事项，从市场主体的角度为追赶超越排除障碍。

3. 创新陕西追赶超越理念，助推创新驱动发展

在世界经济发展史上这方面的例子很多，比如日本以引进、综合、创新理念提高制造业的精细化水平，创造了20世纪奇迹。芬兰在20世纪90年代面对经济不景气、GDP迅速下滑和失业率上升时，利用核心竞争力理念对传统造纸、金融和机械产业进行重组，集中力量创建信息产业竞争优势，提高其产业创新和升级能力，成了世界经济强国和最具竞争力国家。韩国的现代企业集团统帅郑周永以独具风格的“现场主义”理念，适当配合韩国政府的产业政策，将一个汉城小街上的汽车修理店面打造成了世界五百强企业。

它们的案例说明落后地区在追赶超越发展中的鲜明特色是突变性和“不连续性”，而实现这种突变性和“不连续性”发展的关键是直接采用最先进的理念培育核心竞争力，而不必承担人们为获得这些理念而付出的代价。目前陕西所处的发展阶段并不是一般性的落后状态，而是处于技术和发展方式相对落后但文化和社会相对进步的状态，正是这种状态使陕西拥有了实现追赶超越发展的巨大潜力。要充分利用这一特殊状态在文化软实力或重大制度改革方面寻求率先突破，发出陕西声音，提供陕西路径和办法，提高陕西的影响力。

（七）创新民营经济发展好环境

目前，民营经济已成为陕西经济社会发展的重要支撑力量。但是，陕西民营经济整体实力和综合竞争力不强，县域民营经济发展相对滞后、民间投资信心不足等问题突出，民营经济发展环境有待进一步改善，发展质量和效益有待进一步提升。对此，必须从坚定信心，促进民营经济加快发展、多措并举培育和壮大民营骨干企业、破解民营经济融资难题，着力降低成本、完善服务体系，激发市场主体活力、加强组织协调，优化发展环境等方面入手，切切实实通过改革促使民营企业扎扎实实做好产品、技术、制度、管理、质量控制、营销、文化等方面的创新，力争使我省民营经济的发展有一个质的飞跃！

扎实推进特色现代农业建设

陕西必须立足资源多样性，加快发展特色现代农业，让广大农民共享改革开放和现代化建设成果。在扎实推进特色现代农业建设过程中，要按照习近平总书记来陕视察重要讲话的精神，在粮食生产、产业体系和经营体系、扶贫开发、生态文明等5个重点领域下功夫。

一、切实抓好粮食生产

“饭碗任何时候都要牢牢端在自己手上……保障国家粮食安全是一个永恒的课题。”

（一）陕西省粮食生产状况

陕西地域条件差异很大，形成了南北10个农业气候区、东西24个种植业气候类型区。1983年至1984年间划分9个一级种植业区和24个二级区，这些区划的粮食品种主要有小麦、玉米、水稻、马铃薯、油菜、杂豆等等。

1. 我省粮食总产量与人均产量情况

从全国来看，2001—2015年间，除了2003年外，全国粮食总产量和人均产量均呈连年增长趋势，而陕西省粮食总产量和人均产量与全国相比，某些年份波动较为明显，具体如图7、图8和表12所示。

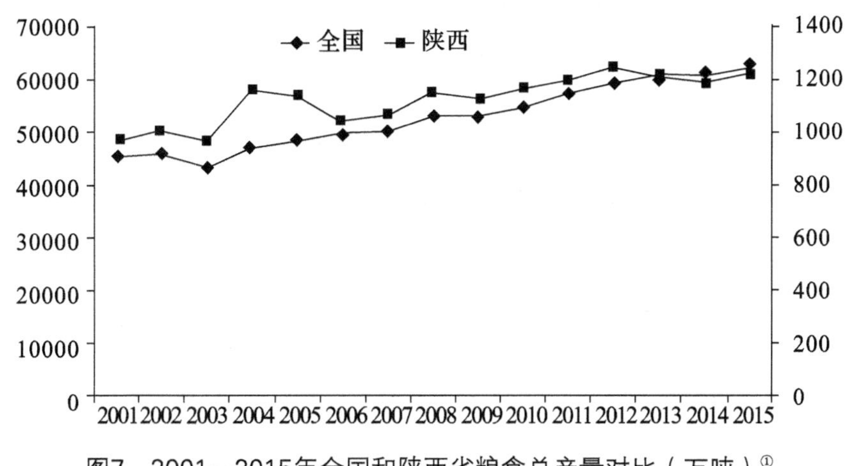

图7　2001—2015年全国和陕西省粮食总产量对比（万吨）①

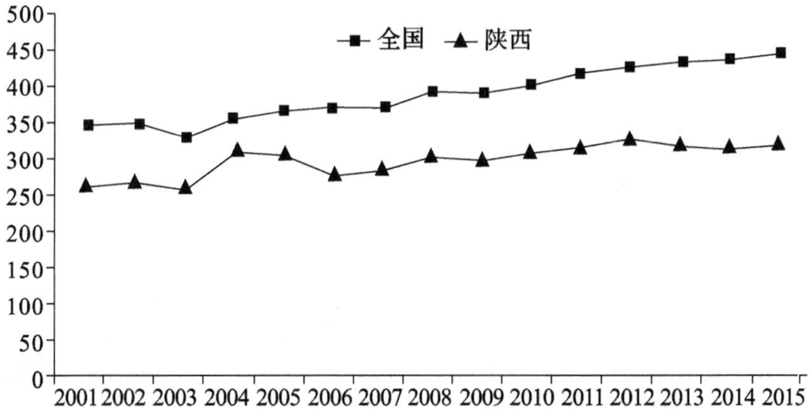

图8　2001—2015年全国和陕西省人均粮食产量对比（公斤）

从图7可以看出，陕西省从2006年开始，粮食总产量基本呈连年递增趋势，可以说实现“十一连丰”，只是2012年以后稍有下降，且在2003—2006年间波动明显比全国要大，除此之外其变动和全国基本保持一致。而图8显示陕西省人均粮食产量变动趋势与总产量变

① 2015年数据来自《中国农村统计年鉴2016》。

动趋势非常趋同，2003—2006年间波动也明显比全国大，且2006年后的增长趋势不如总产量明显。

2. 我省粮食总产量和人均占有量排名情况

从全国来看，1994年之前，陕西省粮食总产量和人均产量排名均在第16位，随后下降到18，与湖南、湖北、河南、河北、安徽、四川等粮食主产区相比，位次比较靠后；但是从排名变化看，粮食总产量和人均粮食产量都比较稳定。2000年之前排名基本不变，2001年后，粮食总产量排名一直在18—20之间变动，人均粮食产量一直在19—23之间变动。

表12：2001—2015年陕西省粮食总产量和人均占有量及排名

年份	粮食总产量（万吨）			平均每人占有量（公斤／人）		
	全国	陕西	位次	全国	陕西	位次
2001	45263.7	976.6	20	355.9	268.9	22
2002	45705.8	1005.6	19	357	274.3	22
2003	43069.5	968.4	19	334.3	263	23
2004	46946.9	1040	20	362.2	281.3	23
2005	48402.2	1043	19	371.3	281.2	23
2006	49747.9	1087	18	379.5	291.6	23
2007	50160.3	1067.9	20	380.6	285.4	23
2008	52870.9	1111	19	399.1	295.9	22
2009	53082.1	1131.4	20	398.7	300.3	22
2010	54647.7	1164.9	18	408.7	310.4	19
2011	57120.8	1194.7	18	425.2	319.6	20
2012	58958	1245.1	19	436.5	332.2	20
2013	60193.8	1215.8	19	443.5	323.5	21
2014	60702.6	1197.8	19	444.9	317.8	22
2015	62143.9	1226.8	19	453.2	324.2	21

3. 我省粮食构成情况

从图7可以看出，除了2003—2006年间有较大波动外，其他年份陕西省粮食总产量都是稳步上升的，实现了“十一连丰”。从粮食总产量的构成来看，小麦产量稍有下降，2008年后又缓慢上升，总趋势基本保持在400万吨左右。玉米产量上升趋势明显，且增幅较大，从2003年就开始超过了小麦产量，在总产量中所占的比重也稳步上升，具体如表13所示。

表13：2001—2015年陕西省粮食总产量及主要粮食产量构成　单位：万吨

年份	总产量	小麦	稻谷	玉米	大豆
2001	976.61	406.63	92.05	352.81	19.6
2002	1005.6	405.3	80.3	374.5	21.2
2003	968.4	395.5	75.5	373.2	15.9
2004	1160.36	407.9	80.83	475.36	30.18
2005	1139.5	401.2	79.3	470.1	31.79
2006	1041.9	392.63	66.36	448.57	22.12
2007	1067.91	356.99	66.93	498.77	22.93
2008	1150.9	391.5	67.88	504.31	24.56
2009	1131.4	383.1	82.5	526.1	42.36
2010	1164.9	403.8	81.01	532.2	39.71
2011	1194.7	410.1	84.5	550.7	24.39
2012	1245.1	435.5	87.35	566.9	36.01
2013	1215.8	389.8	90.95	586.73	24.95
2014	1197.78	417.24	90.87	539.57	18.11
2015	1226.8	458.1	91.9	543.1	12.3

4. 我省粮食安全情况

粮食安全的最基本要求就是数量安全，就是要为持续增长的人口生产足够的食品。因此，可以从粮食自给率、人均粮食占有量、单位面积产量、人均耕地等方面来考察和反映。具体如表14所示。

表14：2001—2015年陕西省粮食安全的度量指标

年份	单位面积产量（公斤/公顷）	粮食作物播种面积（千公顷）	人均耕地面积（公顷）	粮食自给率（%）①	人均粮食占有量（公斤）
2001	2776	3821.59	0.11	160.45	268.9
2002	2960	3517.63	0.1	173.84	274.3
2003	3067	3397.29	0.1	198.25	263
2004	3452	3157.28	0.1	231.71	281.3
2005	3300	3362.01	0.1	223.11	281.2
2006	3381	3453.33	0.1	220.60	291.6
2007	3445	3081.27	0.1	238.10	285.4
2008	3558	3099.81	0.1	—	295.9
2009	3610	3234.7	0.1	263.98	300.3
2010	3687	3133.97	0.1	311.38	310.4
2011	3811	3159.7	0.1	314.36	319.6
2012	3981	3134.87	0.11	352.89	332.2
2013	3915	3127.53	0.11	508.54	323.5
2014	3893	3105.13	0.11	502.37	317.8
2015	3991.5	3076.47	—	—	324.2

注：①数据利用人均粮食消费数量和常住人口数据整理所得，与其他口径不可比。

从表14来看，陕西省粮食单位面积产量呈逐年上升趋势，但增幅较缓，人均粮食占有量也保持缓慢上升态势，但耕地面积波动较大，从2001年的2965.83千公顷，突降到2003年的2795.82千公顷，随后3年缓慢下降到2006年的2783.3千公顷这一历史最低值，2007年又上升到2840.73千公顷，随后一直呈现缓慢上升趋势，增幅非常小。因此也决定了陕西省粮食总产量增幅较小，但基本呈上升趋势。

（二）“十三五”期间陕西省粮食生产面临的形势

1.“十二五”陕西省粮食生产取得的成就

2013年，为落实国家“新增千亿斤粮食规划”，确保粮食安全，加快改造传统农业，实现“四化”同步发展，陕西省决定分2013—2015年和2016—2020年两个阶段，实施“整镇连片”推进现代粮食基地建设。其中，2013年在全省建成小麦、玉米、水稻、油菜、马铃薯等粮食主产区，选择鄠邑区蒋村镇、岐山县益店镇等10个乡镇共建设30万亩的整镇连片粮食基地。第一阶段已完成投资6.55亿，基本建成30万亩高标准农田，初步实现了“田成方、林成网、渠相通、路相连、旱能灌、涝能排”的格局。每年预计粮食增产过亿斤。此后又增加凤翔县南指挥镇、乾县城关镇、三原县大程镇、兴平市桑镇、大荔县朝邑镇、扶风县城关镇、汉台区老君镇7个镇，建成总面积30万亩以上的整镇连片现代粮食基地。除此以外，省政府每年陆续选择了一批县区，建设30—50万亩的现代粮食基地，粮食单产力争比当地生产水平提高20%以上。这些区域基本涵盖了陕西关中平原、汉中盆地、黄土高原丘陵沟壑和风沙滩区，对保障我省粮食安全、促进从业增产、农民增收、农村发展具有重要引领作用。

“十二五”期间，陕西加大了对粮食主产区的政策和资金扶持力度，加力推广优良品种、扩大种植面积，小麦、玉米、水稻三大粮食作物良种覆盖面积达90%以上。在生产措施得力、气候适宜的条件下，2012年全省粮食单产达到每亩265.4公斤，2013年秋粮单产达到每亩282.8公斤，2014年夏粮单产每亩246公斤，分别创秋夏粮单产新高。2014年全省粮食播种面积达到4614.7万亩，粮食总产量1197.8万吨，比2010年增长2.7%；粮食亩产达到259.5公斤，比2010

年增加13.7公斤。2014年全省油料播种面积451.3万亩，油料总产量达62.3万吨，较2010年增长11.1%，年均递增2.7%；油料单产每亩138.1公斤，创历史最好水平，较2010年增加14公斤。具体情况如表15、16、17所示。

表15：2010—2015年陕西省粮食作物播种面积　单位：千公顷

年份	粮食	夏粮		秋粮				油料		
			小麦		稻谷	玉米	大豆		油菜籽	花生
2010	3159.7	1320.67	1148.9	1839.03	121.6	1182.4	178.6	301.24	201.78	31.15
2011	3134.87	1314.67	1136.67	1820.2	120.93	1177.8	151.79	300.84	203.32	32.05
2012	3127.53	1286.73	1127.6	1840.8	123.33	1167.4	166.8	302.3	202.09	32.92
2013	3105.13	1237.4	1094.8	1867.73	123.72	1166.23	153.13	298.82	204.42	32.71
2014	3076.47	1223.07	1082.87	1853.4	123.42	1153.73	112.45	300.83	203.64	33.92
2015	3073.5	1224.7	1085.6	1848.8	122.8	1151.7	111.1	298.8	204.3	32.6

表16：2010—2015年陕西省主要农作物产品产量　单位：万吨

年份	粮食	夏粮		秋粮				油料		
			小麦		稻谷	玉米	大豆		油菜籽	花生
2010	1164.9	449.3	403.8	715.6	81.01	532.2	39.71	56.08	37.27	8.98
2011	1194.7	455.1	410.1	739.6	84.5	550.7	24.39	58.97	38.36	9.28
2012	1245.1	472.5	435.5	772.6	87.35	566.9	36.01	60.33	39.94	9.76
2013	1215.8	423.6	389.8	792.2	90.95	586.73	24.95	59.52	39.67	9.64
2014	1197.78	451.3	417.24	746.48	90.87	539.57	18.11	62.3	41.56	10.13
2015	1226.8	491.7	458.1	735.1	91.9	543.1	21.2	62.7	43.2	9.7

表17：2010—2015陕西省主要农作物产品单位面积产量　单位：公斤/亩

年份	粮食	夏粮		秋粮				油料		
			小麦		稻谷	玉米	大豆		油菜籽	花生
2010	245.80	226.80	234.33	259.40	444.13	300.07	148.20	124.07	123.13	192.27
2011	254.07	230.80	240.53	270.87	465.87	311.73	107.13	130.67	125.80	193.00
2012	265.40	244.80	257.47	279.80	472.13	323.73	143.93	133.07	131.73	197.73
2013	261.00	228.20	237.33	282.80	490.07	335.40	108.60	132.80	129.33	196.47
2014	259.53	246.00	256.87	268.53	490.87	311.80	107.33	138.07	136.07	199.13
2015	266.1	267.65	281.32	265.07	498.64	314.37	73.66	139.83	140.92	199.47

2. 我省粮食生产面临的问题

第一，耕地质量不高，农田水利设施落后。除关中地区外，陕西农田水利基础设施总体比较落后，大部分耕地不能正常灌溉，制约了农业生产效率的提升。从表3可知，2014年农村人均耕地仅1.65亩，其中水田占常用耕地面积的4.98%，水浇地占常用耕地面积的34.17%，二者之和也仅为39.15%。优质耕地资源紧缺，且在短期内难以扭转，这对农业生产能力的提升是一种挑战。农田灌排基础设施也依然薄弱。现有灌溉面积中灌排设施配套差、标准低、效益衰减等问题依然突出，40%的大型灌区骨干工程、49%的中小型灌区及小型农田水利工程设施不配套和老化失修，大多灌排泵站带病运行、效率低下，农田水利“最后一公里”问题仍很突出。

第二，粮食生产成本增加，农业生产风险加大。农业是弱势产业，受到自然、市场等多方面因素的影响，风险较之其他产业会更大。一是农业生产成本不断提高，生产风险加大。统计数字显示，三种粮食平均每亩生产成本2013年为844.83元，2014年为864.63元。随着土地和水资源短缺矛盾的加剧，农业用地、用水成本不断增加，农资、农机等投入增加趋势难以改变，农业用工成本不断提高，但农产品价格上升空间有限，使农业生产风险加大。二是灾害频发，自然风险加大。受气候异常变化影响，自然灾害多发势头难以逆转，而当前农业面对自然灾害还没有切实有效的预防措施，自然风险增大。三是农业受国际市场冲击风险加大。近年来，农产品市场波动加大、频率加快，玉米、棉花、生猪、牛奶等主要农产品都先后受到国际农产品市场冲击，黄豆、大蒜、生姜、猪肉等农产品价格忽高忽低，让生产者承受着巨大的伤痛。化肥、柴油等主要农资也受国际市场影响价格上涨，农业生产面临的市场风险影响增大。

第三，农民种粮积极性不高，粮食持续增长后劲不足。随着农民收入渠道的拓宽和农资价格的上涨，农业比较效益低下日趋明显，"种地不如打工"的思想在农民心中已根深蒂固。同时，为了确保社会稳定，国内长期奉行的低粮价政策，使粮食价格上涨速度远落后于物价指数增长幅度，严重挫伤农民种粮积极性。而非农业行业劳动力价格的逐步攀升使农民打工收入大幅增加，最终形成务农收入远低于务工收入的状态。2000年到2014年陕西农民人均工资性收入占比提高了9.7个百分点，而农民生产经营收入占比下降了11.4个百分点。在陕西大部分地区，农业种植已经被副业化、兼业化。而农资价格不断上涨又增加了农民的种粮成本。虽然国家出台最低粮食收购价格和补贴等措施，但杯水车薪。农业基础设施落后也增大了农业种植风险。同时国内当前对农业风险的经济补偿机制还不健全，致使农民的灾害损失往往无法弥补，且相关农业保险的缺失以及农民参保率低等现象均不能从根本上起到降低农业种植风险的作用。

（三）“十三五”期间陕西粮食安全保障策略

陕西要贯彻省委省政府以农业综合开发高标准农田建设为平台，建设现代粮食生产基地的重大决策，把我省现代农业建设为全国特色现代农业建设的样板、西部地区现代农业发展的典范。到2020年，把粮食产量稳定在1250万吨以上，适度规模经营占其产业规模40%，农业科技贡献率达到60%以上。

1.着力打造规模连片的现代粮食生产基地

第一，以镇为基本单元，整镇连片推进现代粮食基地建设。按照省政府“把现代粮食基地打造成粮食产业发展核心区、现代农业先行区、‘四化同步’示范区、‘富裕、和谐、美丽’陕西试验区”的总体要求，要以镇为基本单元，逐步推进规模连片的现代粮食生产基地。首先，在乡镇范围内打破行政村之间的地理边界，促进“小”田块集中连片；其次，由整村小田块集中连片治理转向整镇推进；最后，在县域范围内有条件的区域，实现镇与镇之间相连，形成集中连片的“大”田块。

第二，科学选择布局项目，实现现代粮食生产基地省域全覆盖。整镇连片推进现代粮食生产基地建设要与促进农业增产、农民增收、农村发展统筹考虑。按科学编制基地建设项目规划，依据自然资源禀赋的客观约束，在西安、宝鸡、渭南等小麦主产区，汉中、安康等水稻、油菜主产区、榆林、延安等玉米、马铃薯主产区，选择集中连片的“大”田块乡镇，推进整镇连片粮食基地建设项目，全面涵盖我省的陕北长城沿线、渭北旱塬、关中灌区、陕南平坝川道四大粮食功能区，有效推进我省现代粮食生产基地的第二阶段。

2. 加强耕地保护，建设高标准农田

第一，强化耕地保护，划定永久农田。藏粮于地的前提是保护好耕地。要严格执行《陕西省非农建设占用耕地占补平衡管理实施细则（试行）》，夯实补充耕地的责任单位，落实“以补定占、先补后占、占优补优、占水田补水田”原则或实行“补改结合”的方式落实耕地占补平衡，把年度补充耕地计划任务列入各级政府耕地保护目标责任考核。

要坚决守住耕地面积红线和质量红线，划为永久基本农田，切实保障我省粮食安全。把粮食主产区的优质耕地划入永久基本农田，将划定的永久基本农田落地到户，把永久基本农田的基本信息标注到农户的土地承包经营证书上。要设定全省的永久基本农田统一标识，建账立册形成基本农田网格化管理的“耕地户口”信息，建立全省基本农田数据库。夯实县级以上地方各级人民政府保护永久基本农田的主体责任，设立责任镇（街道办）保护区，实行镇、村、组三级负责制的“区长”“ 片长”和“护田员”的保护责任区制度，健全完善永久基本农田保护共同责任机制。

第二，以规模化布局、园区化承载、差异化实施推动建设高标准农田。以流域或灌区为纽带，把高标准农田建设项目向水稻、小麦、玉米、马铃薯等四大粮食生产功能区集中。把中低产田改造项目与高标准农田项目并轨，并以高标准农田建设为载体，集聚各种生产要素，吸引新型经营主体发展粮食产业化，稳定粮食生产，促进农民增收，建成 “土地集中、技术集成、产业配套、主体明确、效益显著”的现代农业园区。根据地区差异，制定适宜当地的高标准农田建设方案，实现措施安排和资金扶持的地区精准化。

第三，大力推进马铃薯主粮化，提升粮食自给能力。马铃薯主粮化有利于缓解资源环境压力，实现农业可持续发展。根据《关于推进马铃薯产业开发的指导意见》，按照“不与三大谷物抢水争地；生产发展与整体推进相统一；产业开发与综合利用相兼顾；政府引导与市场调节相结合；统筹规划与分步实施相协调”的原则，大力扩展陕南马铃薯的玉米套种面积，扶持陕北定边、靖边等优质种薯繁育基地建设，实施百万亩马铃薯高产示范工程和旱作农业示范工程，实现良种良法配套和农机农艺的结合，打造榆林市马铃薯地域品牌，使其真正成为我省继小麦、玉米之后的第三大粮食作物，增强粮食自我平衡能力。

第四，加快主食产业化，从需求端拉动粮食生产。实施 “一市一集团、一县一骨干”的大集团发展战略，通过招商引资、企业重组、资源整合等方式，重点培育规模较大、特色鲜明、装备先进、技术领先、竞争力强、带动力大的主食产业化龙头企业，培育一批拥有自主知识产权、核心技术和较强市场竞争力的知名商标、名牌产品。粮食产业园区要积极招商引进主食加工项目，引导主食产业化企业向园区集聚，打造一批包含主食产业的各具特色的现代粮食产业园区，发挥集群效应。整合粮食行业资源，引导主食产业化企业与全省各类粮油供应网点对接。实施“互联网+粮食”行动，创新主食流通方式，满足新生代对主食产业化的个性需求。

3. 加快农业科技创新和推广体系建设

第一，强化科技支撑，实施农业科技创新工程。通过建立农业科技创新同盟，开展产学研协同攻关，组建育种联盟，培育一批拥有种业自主知识产权的品种，实施农机研发攻关计划，加快实现大田作物生产全程机械化。围绕粮食生产智能化的目标，创建粮食产业链的大数据，扩大物联网应用模式，推进信息化与粮食生产现代化全面深度融合。

要提升道路、管道、林网等设施建设标准，达到“田方地平、道路通畅、管网密布、绿树成荫”目标；要在现代粮食基地布设气象监测预报站点，建立防雹增雨作业系统，构建立体综合监测和人工影响天气作业网络，增强气象防灾减灾能力；要在修复完善老旧水利设施的基础上，加快集约、节约灌溉设施建设，大力推广低压暗管和滴灌、喷灌等新型节水灌溉技术，全面提升水利设施装备水平；四要普及测土配方精准施肥、土壤有机质提升、水肥一体化灌溉等技术，加强良种良法配套和农机农艺融合，建立一批农机农艺融合示范区，实现粮食生产规模化、标准化、机械化，切实提高粮食综合生产能力。

第二，加快建设科技推广体系。持续推进《关于深化改革加强基层农业技术推广体系建设的实施意见》落实，按照“强化公益性职能、放活经营性服务”的要求，夯实县、乡两级基层农业技术推广体系，合理布局基层农业技术推广机构，构建起以政府农业技术推广机构为主导，农村合作经济组织为基础，农业科研、教育等单位和涉农企业广泛参与，分工协作、服务到位、充满活力的多元化基层农业技术推广体系。

基层农业技术推广机构要建立健全与农户对接的便捷通道，了解农民需求，有针对性地做好技术推广工作。鼓励农业技术推广机构和人员以技术入股、技术服务等多种形式与龙头企业、专业合作经济组织合作，形成利益联结机制，加快技术转化，提高农业生产水平。

“大荔模式”是我省近年来加快建设现代农业技术推广体系，创新农业科技推广服务新机制、新内容、新途径的一次创新之举。全省要持续投入资金，实施“陕西省农技推广大荔模式示范与推广”工程。

4. 强化农业政策扶持力度，调动农民种粮的积极性

第一，完善粮食价格机制。一是以目标价格补贴为核心，同时在部分品种中开展目标价格保险政策、营销贷款等试点工作，逐步积累经验后向其他品种扩展，以构建粮食主要品种目标价格政策体系，加快市场价格形成机制改革。二是完善粮食最低收购价政策。统筹考虑粮食生产成本、种粮机会收益、收购主体承载能力、市场供求及物价情况等因素，合理制定不同粮食品种的最低收购价格水平，针对需求不同、地区经济发展差异探索制定粮食主产区的差别化政策。完善玉米“市场化收购”加“补贴”的新机制。建立临时收储价格市场化调节机制，以当年供需余量作为收储总量参考标准，确定临时收储的数量。

第二，完善补贴制度和补偿机制。保障种粮农民的基本收益是调动种粮农民积极性的根本所在。一要建立与完善覆盖所有种粮农民的普惠制补贴制度。二是通过财政转移支付进行利益补偿，补偿包括主产区财政扶持粮食生产公共事务方面支出、对主产区粮食综合生产能力建设的专项支持、粮食主销区通过与主产区购销挂钩方式的对口支持与补偿等的粮食主产区利益补偿机制。

同时，对利用科技创新提高粮食生产效率、优化粮食供给结构、提升粮食供给品质，实施绿色种粮、发展品牌粮食的企业和农民予以政策鼓励。

第三，加大粮食生产全过程补贴和金融扶持，降低种粮成本。重点加大对种粮大户、家庭农场、专业合作社、龙头企业等新型粮食生产主体的支持力度，实施产前备耕生产资金贷款支持补贴，产中农机购置与维修、技术推广服务与病虫害统防统治补贴，产后烘干晒场等处理设施与营销补贴等措施。

同时，加大对新型粮食生产主体的金融支持力度，全面推行以流转土地的确权证书为抵押的信贷模式，提高贷款的便利性与可获得性。探索开发和推广粮食主要品种自然灾害保险、平均收入保险等确保种粮户收入保障性质的保险产品，分散农产品价格风险。

二、切实构建现代农业产业体系和经营体系

构建现代农业产业体系，核心在于提高农业产业的整体竞争力，促进农民持续增收；构建现代农业经营体系，核心在于发挥多种形式农业的适度规模经营的引领作用，形成有利于现代农业生产要素创新与运用的体制机制。构建现代农业产业体系和经营体系，是陕西扎实推进特色现代农业建设的重要内容。

（一）陕西现代农业产业体系和经营体系发展情况

1. 产业化水平显著提高

近年来，陕西按照“高产、优质、高效、生态、安全”的要求，积极构建现代农业产业体系，产业化经营水平大幅提高。截至2016年，建成国家级现代农业示范区7个，涉及19个县区；省级园区从无到有，规模迅速扩张，达到336个，实现涉农县（区）全覆盖，带动建设各级各类园区2350个，占全省耕地总面积的11.8%。苹果面积和品质稳居全国首位，产量占全国的1/3和世界的1/8；猕猴桃面积、产量位居世界第一；以生猪、奶牛为重点的畜牧业保持快速增长态势，规模化、集约化养殖水平不断提升；设施蔬菜发展势头强劲，成为西北种植面积最大的省份；干杂果生产稳步扩大，花椒、核桃种植面积和产量分别居全国第一位、第二位。

农业产业布局与结构不断优化，初步形成了关中奶畜、秦川牛、强筋小麦、猕猴桃产业带，渭北苹果、设施蔬菜产业带，陕北名优杂粮、薯类、白绒山羊、红枣产业带，陕南瘦肉型猪、中药材、蚕茶特色产业带。

2. 新型经营主体不断壮大

陕西利用自身较好的基础条件和机遇，积极促进新型农业经营主体的发展。根据调查统计，截至2015年年底，全省龙头企业2680家，增加了759家；合作社36000家，增长125%，农户入社率提高到25.4%；发展家庭农场24000家、专业大户83000户，培育新型职业农民123000人。这些新型农业经营主体覆盖了农林牧副渔各业，逐步形成了以普通农户为基础，新型经营主体为骨干的组织体系。新型农业经营主体的发展不仅提升了全省农业产业化水平，挖掘了农业增收的潜力，更增强了农户和农业的市场竞争能力。

新型农业经营主体成分更加复杂多样。从主体身份看，除普通农民外，有投资农业的企业家、种养能手、农村干部带头人、个体经营业主、复转军人、基层创业大学生等；从经济成分看，有个体工商户、村集体经济、专业合作社、独资企业等。

3. 政策环境日益优化

《关于推进科技创新加快现代农业发展的若干意见》（2012）、《陕西省实施〈中华人民共和国农民专业合作社法〉办法》（2013）、《陕西省家庭农场认定办法》（2014）、《关于开展陕西省农民合作社示范社申报推荐工作的通知》（2014）、《陕西省人民政府办公厅关于金融支持“三农”发展的实施意见》（2014）、《关于扶持发展新型农业经营主体的意见》（2015）、《陕西省农业产业化经营重点龙头企业认定和运行监测管理办法》

（2015）、《陕西省现代农业园区条例》（2015）等有关规定为培育新型农业经营主体提供了可靠的政策保障，初步形成了确保经营主体良好运行的保障体系。如对家庭农场培育，在项目安排、资金扶持、信贷支持等多方面予以倾斜，累计资金达到6000万元。2016年预计完成2500万元投入，扶持粮油类家庭农场。

4. 新型职业农民不断成长

培育新型职业农民，是构建现代农业产业体系和经营体系的战略选择和重点工程，是有中国特色农民发展道路的现实选择，是转变农业发展方式的有效途径。2014年陕西被农业部确定为全国新型职业农民培育的整省推进省份，全省各地区陆续开展职业农民资格认定，按照初、中、高三级分别由省、市、县每年认定一次。3年来，全省共认定各级职业农民27735人，其中初级23549人、中级3678人、高级508人。2016年，20名职业农民被杨凌职业技术学院录取，接受3年免费全日制高等职业教育，开创了全国职业农民上大学的先河。

5. 物质技术装备条件显著改善

农业物质技术装备条件显著改善。农机总动力达到2600万千瓦，主要农作物耕种收的综合机械化水平达到61%，完成农机深松整地447万亩。实施耕地质量保护与提升行动，出台耕地轮作休耕并实行化肥农药使用减量化意见，“三品一标”认证基地占比达到25%，果畜菜等质量安全合格率稳定在95%以上。组建省级农业科技创新同盟，农业科技贡献率达到54%。“三网合一”的三级视频系统基本实现互联互通，电子商务示范县、乡初步实现线上线下对接，集中建成洛川、眉县两个5万吨以上的贮藏库群，使洛川苹果、眉县猕猴桃两个农产品交易中心跻身国家级农产品交易中心行列。

（二）陕西省现代农业产业体系和经营体系发展的制约因素

1.产业体系层次较低

现代农业产业体系是在传统体系上发展起来的，所以难免受原有体系中产品、技术、规模、区域等结构性的影响。从目前来看，陕西农业的产业结构、区域结构虽然得到了很大改善，但低档次、低附加值农产品的比重仍然很大，农产品功能分区不够突出、区域结构趋同化较为明显。

新型农业经营主体整体发展水平还不高，大部分果蔬类、经济作物类的新型经营主体都以解决初级农产品销售为主要目的，并没有形成从种植到销售一体的链条式服务。其特点一是规模小。我省种植业设施总规模仍然偏小，不到山东的1/7、辽宁的1/4，特别是千亩、万亩连片的更少。2014年末，陕西生猪规模养殖存栏比重（500头以上）为15.9%，比全国低5.5个百分点；牛（100头以上）10.4%，比全国高5.4个百分点；羊（500只以上）3.2%，比全国低0.6个百分点；家禽（1万只以上）20.2%，比全国低0.5个百分点。二是从内部结构看，陕西种植业增加值占比高于全国平均水平，而畜牧业、林业、渔业均低于全国平均水平，呈现“一高三低”的特点。2014年，全国种植业增加值35257.5亿元，占比58.6%；陕西种植业增加值1157.1亿元，居全国第13位，占比70.7%，比全国高12.1个百分点。全国畜牧业增加值14025.3亿元，占比23.3%；陕西畜牧业增加值349.7亿元，居全国第18位，占比21.4%，比全国低1.9个百分点。全国林业增加值2793亿元，占比4.6%；陕西林业增加值46.8亿元，居全国第21位，占比2.9%，比全国低2.7个百分点。全国渔业增加值6260.2亿元，占比10.4%；陕西渔业增加值11.3亿元，居全国第24位，占比0.7%，比全国低10.6个百分点。三是新型经营主体运作不规范，服务能力弱。不少农民专业合作社内部制度不健全，理事会组织结构松散，经营管理随意性大。家庭农场规模普遍较小，基础设施薄弱，生产经营水平不高。很多经营主体与农民利益联结不够紧密，农产品产业链不长，市场辐射面不够大。相当一部分合作社服务处于封闭状态，仅仅停留在产品买卖、信息、技术服务咨询、生产资料供应等合作社内部层面上，服务资源没有得到充分利用。专业大户、家庭农场等主体仅仅满足自身需要，几乎不具备对外服务能力。四是风险抵御能力较弱。规避风险的手段和方法较为缺乏，农业保险作为最重要的规避风险手段，由于农业保险保费高、理赔难、赔付低等现实，导致其覆盖范围较窄，对新型农业经营主体规避灾害风险帮助不大。

2. 土地流转难，规模化进程相对缓慢

现代农业产业体系和经营体系的构建必须以规模化的土地供应为前提。随着工业化和城镇化步伐加快，农村年轻人进城务工，土地季节性撂荒现象严重，人地矛盾较为突出。2014年，陕西土地流转面积725.3万亩，比上年增加187.3万亩，增长34.8%。流转土地占家庭承包土地面积15.8%，比上年提高4个百分点，但低于全国平均水平13个百分点。从流转方式看，以转包、租赁、互换为主在农户间流转，向新型经营主体流转还不普遍。因此如何引导农户加快农村土地使用权流转，促进土地新型经营主体合理流动，使农业逐步向规模化、市场化、产业化方向发展，让新型农业经营主体成为陕西农业生产的主力军就成为问题的关键。

3. 融资渠道相对单一，融资成本较高

从事规模农业经营，往往初期一次性投入比较集中，资金需求较大，多数经营主体注册资本金较少，实力不强，大部分投入无法通过资产抵押等方式获取银行贷款，限制了生产规模的扩大。如发展家庭农场面临的首先是土地租金成本较高，100亩土地规模年租金在10万元以上，农场后期运营的基建成本和生产成本更需要大量资金投入，农场自身投资显得力不从心。新型农业经营主体因为授信担保困难、申请手续繁复、隐性交易费用高等问题存在资金融通方面的困难。新型经营主体获得贷款的额度整体较低、渠道相对单一且贷款的利率整体偏高。

4. 人才缺乏

2014年以来，虽然陕西新型职业农民培育发展势头良好，但与现实需求仍有较大差距。据调查，不同类型主体的经营者虽然在年龄、学历、培训、非农工作的经历等特征上表现出一定的差异性，但总体上都有较高的素质。农业龙头企业对经营者的学识与能力要求最高，依次为农民专业合作社经营者、农业专业大户户主。从总体上看，新型农业主体是农村综合素质相对较高的群体，并有着一定的技术和经验优势，但这个群体普遍“高龄化”等。同时由于农业比较效益低，农村生活条件差，生产条件艰苦，使得具有较高科学文化知识的青壮年不愿务农；而城市受过高等教育、具有较高知识技术水平的劳动者也不愿从事农业生产工作，因此高素质农业劳动者与发展现代农业的要求相比，缺口很大。

5. 科技支撑不足

陕西农业科技力量排全国第5位，但科技创新能力弱，贡献率较低。“十二五”时期，全省研发重大农业科技成果126项，选育引进农作物品种153个、园艺品种100多个，良种覆盖率达95%以上，推广重大关键技术100余项，农业科技贡献率达到54%，成果转化率达到37%。从总体看，陕西农业研发能力不强，推广力度不大，农机化水平、农业科技贡献率，分别低于全国0.5和2.6个百分点。从绿色食品产业来看，截至2014年底，全国绿色食品企业总数达到8700多家，产品总数达到21153个，而陕西仅有85家和204个，绿色食品产能还未有效开发。另外，陕西农业科技资源在区域、产业、部门之间配置失衡；农科教、产学研合作不够紧密，技术推广体系建设相对滞后，企业科技创新中发挥的作用有限。

（三）陕西加快构建现代农业产业体系和经营体系的对策

1. 优化产业布局，做强优势特色产业

第一，优化产业布局。围绕陕西三大气候带和六大农业生态类型，立足资源多样性，依据产业发展基础，加大"调优、增特"力度，实现生产要素在空间和产业上优化配置，全面打造"四区、五带、六板块"总体布局，加快推进陕南生态农业、关中高效农业、陕北有机农业建设战略。

四大粮食功能区。一是陕北长城沿线旱作区，重点发展全膜双垄沟玉米及地膜马铃薯。二是渭北旱作区，重点发展旱地小麦和地膜玉米。三是关中一年两熟灌区，重点发展小麦、玉米一体化超吨粮田。四是陕南川道区，重点发展水稻、油菜一体化。

五大特色产业带。一是渭北陕北苹果产业带，发展规模1200万亩。二是陕北肉羊产业带，年出栏800万只。三是关中农牧区奶畜产业带，发展奶牛50万头、奶山羊200万只。四是陕南生猪产业带，发展生猪600万头。五是秦巴山区茶叶产业带，发展茶叶280万亩。

六大区域特色产业板块。一是西咸都市农业产业板块，围绕大中城市现代农业园区，发展休闲观光型、农耕文化体验型等多种新业态，推动土地、资本、科技等要素集群聚集，总规模300万亩。二是秦岭北麓及秦巴浅山区猕猴桃板块，发展到160万亩。其中，秦岭

北麓以眉县、周至为重点，发展到100万亩；秦巴浅山区以城固、勉县为重点，发展到60万亩。三是渭南设施瓜菜农业板块，发展设施瓜菜200万亩。四是宝鸡高效果菜农业板块，发展高效果菜100万亩。五是渭北大樱桃产业板块，以铜川、渭南北部为重点，发展50万亩。六是黄河沿岸土石山区红枣产业板块，以清涧、佳县、延川为主，发展200万亩。

第二，调整优化农业结构，做强优势特色产业。适应居民消费结构升级要求，以确保粮食安全为前提，科学调整产业结构，应对市场风险，巩固特色产业优势地位。

一是提升粮食综合产能。优化粮食作物布局结构，提高产业聚集度，建设四大粮食功能区。围绕良种良法配套、农机农艺融合，开展高产创建、绿色增产模式攻关，推进马铃薯主粮化。二是促进果业转型升级。坚持北扩西进，建设苹果优势产业带。压缩晚熟苹果种植规模，提高中早熟和加工型品种比重，以改造乔化、发展矮化为路径，适度发展山地苹果。猕猴桃实施东扩南移战略，以秦岭北麓产业带为依托，发展秦巴山区原产地产业板块。三是推进畜牧标准化养殖。按照“稳定生猪、奶牛和家禽，加快发展肉牛、肉羊和奶山羊”发展思路，围绕“北羊、南猪、关中奶”产业布局，大力推进标准化规模化集约养殖，积极打造区域优势产业板块，加快现代畜牧业建设。四是做大菜茶产业。以标准园创建为抓手，集中打造陕北果菜、陕南叶菜、关中果蔬互补、高山露地菜四大蔬菜产业集群。按照“抓种苗、扩规模，树品牌、促流通”的思路，建设陕南生产与加工、关中加工与流通两大茶产业基地。

第三，开发农业多种功能，推进产业融合发展。以农产品加工业为核心，链接种养业、休闲农业和相关流通服务业，促进贸工农、产加销一体化，加快三次产业融合互动发展。

一是发展农产品加工业。鼓励大型企业向粮食、果品、畜产品、蔬菜、茶叶等优势产区、扶贫重点区聚集，推广产业联盟模式，带动农民发展规模种养业、农产品加工业和农村服务业。推行产地初加工惠民工程，扶持一批加工型农民合作社，促进区域特色农产品就地加工转化。实施农产品加工业转型升级工程，建设一批特色农产品加工园区，培植加工知名品牌，推进初级加工、精深加工、主食加工、综合利用多元发展。二是发展市场流通业。推进洛川苹果和眉县猕猴桃两个国家级农产品批发市场企业化运营，扶持建设优势农产品区域性产地批发示范市场，在全国建立陕西优质农产品专营店。切实推进省际间优势农产品联展联销平台建设，形成南北地域之间的互通互销互利。建立农产品品牌目录制度，以品牌塑造推动营销增值。完善产地仓储保鲜设施和一体化冷链物流体系，促进加工、流通与消费对接，逐步形成现代农产品流通产业体系。三是发展休闲农业。把休闲农业作为集生产、生活与生态三位一体的农村经济发展新业态，以示范园、农庄、农家为基础的休闲农业创建为抓手，鼓励依托优美的自然环境、丰富的农业资源、深厚的农村文化，发展观光农业、乡村旅游和农村服务业，打造休闲农业名牌，拓展农民就业增收空间。

2. 培育新型经营主体，优化生产组织方式

以市场主体为载体，以园区建设为引领，加快培育新型农业经营主体，发展多种形式适度规模经营，促进特色产业规模化、经营主体新型化、现代农业组织化。

第一，增强市场主体实力。持续实施"十百千万"工程，采取"4+1"培育机制，分类扶持专业大户、家庭农场、农民合作社、龙头企业等新型农业经营主体及社会化服务组织。加快转变农业生产经营方式，创新农业经营体制机制，构建以农户为基础、新型经营主体为骨干、其他组织形式为补充的现代农业经营体系。

第二，发展适度规模经营。加大政策宣传力度，强化确权登记技术培训和指导，坚持内业外业相结合，加快航拍底图和信息管理软件制作，健全土地承包管理档案。加快农村土地承包经营权确权登记颁证，严格按照有关政策、程序、步骤和要求确地到户，定地、定权、定心，全面消除农民尤其是外出务工农民的土地流转顾虑，激发土地流转动力。督促基层实施好土地仲裁基础设施建设项目，健全土地纠纷调处及仲裁体系，稳定农村土地承包关系。引导农村土地承包经营权有序流转。健全县、乡农村经营管理工作机构，建立农村土地流转县级服务中心、乡镇服务站、村级服务点。探索建立土地流转价格协调、纠纷调处机制和工商企业流转农业用地风险保障金制度，促进土地规范、有序、安全流转。认真落实《农村土地流转奖励办法》，鼓励和支持土地在公开市场向新型农业经营主体流转，稳定流转关系，促进土地连片集中。通过代耕代种、联耕联种、土地托管、股份合作等方式，推动实现多种形式的农业适度规模经营。

第三，发展现代农业园区。优化要素配置，注重提质增效，加快辐射示范，进一步拓展园区功能，完善园区产业体系。不断创新园区经营服务机制，集中打造一批集产业、品牌、信息、物流于一体的综合示范园区，引领带动区域现代农业发展。

3. 创新金融支农机制，保障资金需求

第一，完善开发性金融、政策性金融支持农业发展的制度。落实金融机构涉农贷款增量奖励和定向费用补贴、农户贷款税收优惠、小额担保贷款贴息等政策，促进金融支持新型农业经营主体优惠措施落到实处。加强各类金融经营机构的协作配合，共同开展金融支农试点，创新金融产品和服务方式，开展土地承包经营权、宅基地使用权抵押以及无抵押信贷试点，切实解决贷款难问题。

第二，要完善涉农信贷审批机制。创新涉农抵（质）押信贷担保方式，将专业大户、家庭农场、农民合作社和龙头企业纳入信用等级评定范围，扶持新型农业经营主体发展。鼓励发展资金互助社、信用合作社、村镇银行、农村商业银行等农村金融组织，加大金融支持力度，强化融资担保服务，省财政对符合条件的农业担保机构给予一定风险补偿。

第三，要完善农业保险制度。扩大政策性农业保险覆盖面，加大财政对新型经营主体的保费补贴比例，逐步将全省特色优势农产品纳入政策性保险范围。创新粮食生产保险方式，加快研究探索种粮目标收益保险，逐步实现粮食生产规模经营主体愿保尽保。探索建立农业保险救济基金，用好农业产业化引导股权投资基金，支持新型农业经营主体发展。

4. 健全新型职业农民培训体系

健全新型职业农民培训体系，整合人力资源社会保障、农业、科技、教育、扶贫等部门教育培训资源，以种养大户、家庭农场主、合作社理事长、返乡农民工等为重点，加强职业技能培训，培育一批生产经营型、专业技能型、社会服务型职业农民。加强农业产前、产中、产后培训，开展农产品销售、农业生产管理、农产品品牌化培育等培训。鼓励新型农业经营主体与农技校、农广校、农业技术推广机构合作，根据农业生产季节性弹性安排培训内容、形式和场地，提高培训效率。鼓励涉农高校毕业生到农村就业和创业，引导高层次创新创业人才与新型农业经营主体合作，鼓励企业培养自己的科技队伍，提高新型农业经营主体的科技水平。

5. 强化科技创新推广

现代农业发展的核心就是现代农业科技的广泛应用，现代农业产业体系和经营体系持续发展无疑需要农业科技的支撑。

第一，实行“专家领军、专业融合、联合攻关”的农业科研机制。推进科技创新和体制机制创新，发挥杨凌农业高新技术示范区及西北农林科技大学的作用，加强农业科技自主创新、集成创新与推广应用。组建一批现代农业产业技术体系及科研院所联盟，开展转型升级重大技术的研发。

第二，加快关键技术推广应用。以农业技术推广机构为主，引导新型农业经营主体参与，建立主导产业区域性集成技术示范区，集中展示农业新品种、新技术、新产品，充分发挥“示范引领、效益诱导”的作用，筛选整合一批提升各类主导产业的集成技术，推行“专业指导，社会化服务实施，新型市场主体承载”的农业技术推广新机制，加快实用技术推广步伐。提升基层农技推广队伍专业素质和服务能力，打通农业科技推广“最后一公里”。

第三，利用陕西的科技资源优势，鼓励新型农业经营主体与农业院校、科研院所、农业科技园区等建立长期稳定的合作关系，形成以“优势互补、利益共享、风险共担、共同发展”的利益联动机制，形成科技创新的合力，满足农业新产品开发、技术改造等不同需求，为农业产业体系和经营体系的持续发展提供强大的科技支撑。

第四，加强农业科技的对外交流合作。充分发挥陕西在“一带一路”建设中的中心区位优势和农业比较优势，加快农业“走出去”步伐，支持建立境外农业示范基地、开展农产品贸易活动及技术交流与合作，促进农业全面对外开放，加快农业科技资源合理配置，拓展农业发展空间，提升国际竞争力。

三、切实抓好扶贫开发

习近平指出："扶贫开发到了攻克最后堡垒的阶段。"扶贫开发不仅能够切实解决农村的民生问题，造福于民，而且关系到全面建成小康社会目标的顺利实现。陕西贫困面大，涉及全国11个集中连片特困地区的3个，面积超过全省半数（国家贫困县和片区县56个，贫困村8808个），涉及省级标准下建档立卡的贫困人口316.72万。省委、省政府采取超常规举措和过硬办法，第一书记精准扶贫到户，努力抓好扶贫开发工作，打赢脱贫攻坚战。

（一）陕西2015年扶贫开发取得的成绩

1.西安市率先实现省级扶贫标准

西安市扶贫开发领导小组的《关于上报2015年度全面脱贫验收及核查情况的报告》中显示，西安市各项惠农及兜底保障政策落实到位，基本实现了兜底贫困人口的全覆盖，贫困户年人均收入达了4681元，在全省率先实现了省级扶贫标准以下脱贫目标。从2016年起，全市扶贫开发转入巩固脱贫成果的新阶段。

2.国家集中连片特困地区脱贫状况

2015年，我省国家集中连片特困地区的43个县，省级扶贫标准净脱贫60.7万人，较2014年增加9.6万人，增幅为18.79%，高出全省5.97个百分点。其中，国家级扶贫标准净脱贫 47.2万人，较2014年增加12.3万人，增幅为35.24%。2015年年底，省级扶贫标准以下剩余贫困户63.1万户、202万人，贫困发生率约18.86%。其中，国家级扶贫标准以下剩余贫困户 45.8万户、约148.2万人，贫困发生率约

13.84 %。

3.国家扶贫开发工作重点县脱贫状况

2015年，我省国家扶贫开发工作50个重点县，省级扶贫标准净脱贫69.7万人，较上年增加13.3万人，增幅为23.6%，高出全省10.78个百分点。其中，国家级扶贫标准净脱贫58.9万人，较2014年增加22万人，增幅为59.62%。2015年年底，省级扶贫标准以下剩余贫困户71.9万户、228.2万人，贫困发生率约19.45%。其中，国家级扶贫标准以下剩余贫困户52.31万户、约166.9万人，贫困发生率约14.23 %。

4.我省扶贫开发工作重点区域县脱贫状况

2015年，全省扶贫开发工作重点区域56个县（包括国家集中连片特困地区、国家扶贫开发工作重点县），省级扶贫标准净脱贫81.9万人，较2014年增加14.9万人，增幅为22.24%，高出全省9.42个百分点。其中，国家级扶贫标准净脱贫64.7万人，较2014年增加20.2万人，增幅为45.40%，比上年增加44.66个百分点。2015年底省级扶贫标准以下剩余贫困户 79.3万户、251.7万人，贫困发生率为18.02%。其中，国家级扶贫标准以下剩余贫困户57.9万户、约185.4万人，贫困发生率为13.27%。

（二）全省扶贫开发工作的总体部署与推进

1.扶贫开发工作的脱贫时间表

我省为了实现同步够格进入小康社会，倒排脱贫关键时间表，强化扶贫开发工作的时间节点。脱贫时间表如下：

表18：陕西省脱贫时间表

	2016年	2017年	2018年	2019年
计划脱贫人口（万人）	130.07	107.1	64.8	14.77
计划摘帽贫困县（个）	2	20	20	13

按照计划时间表，全省将提前一年完成脱贫任务，并扎实做好巩固工作。为了啃下"硬骨头"，我省梳理明确了"1+N"脱贫相关政策体系。按照分工方案，各省级部门及时制订"N"系列脱贫攻坚措施。目前，省政府审议通过了24个脱贫攻坚配套政策，已印发易地搬迁、产业就业、教育脱贫、健康脱贫等15个配套文件。各市结合实际，出台了相应的《实施意见》及《分工方案》。西安市确定实施"双百一万"和"五提一保"工程，宝鸡市印发10个专项工作方案，汉中市初步制定17个配套文件。杨凌示范区锁定脱贫实效，为贫困户量身定制帮扶措施。全省脱贫攻坚政策体系，更加趋于完善。

2. 以"五个一批"来着力推进扶贫开发工作

陕西对扶贫开发统一部署，把易地搬迁脱贫、产业就业脱贫、教育脱贫、生态保护脱贫、社会保障兜底脱贫等"五个一批"，作为未来5年打赢脱贫攻坚战的基本措施。

在产业就业脱贫方面，省财政安排扶贫资金6亿元，省供销集团贷款6亿元，同20个试点县的37家企业、合作社合作，着力带动3.76万户13万人脱贫致富。全省47个县设立了贷款风险补偿金，总额达3.35亿元；449个互助资金协会开展了担保贷款业务。紫阳县城关镇青中村依托茶叶、蔬菜合作社，把分散的农户组织起来，产业标准化水平和效益明显提高。宝鸡、咸阳等市及县（区）将部分公益性岗位用于安置贫困人口。

在易地搬迁脱贫方面，我省明确了建档立卡贫困户搬迁筹措新标准。省扶贫开发公司将先期预付56亿元，加快县（区）级项目实施。宝鸡、铜川、渭南、延安、安康、商洛和韩城7市40个县，启动集中安置点建设项目320个，安排搬迁30.6万人，其中建档立卡的贫困人口13.5万。

各地积极推进教育脱贫、生态保护脱贫，进一步落实完善新型合作医疗、医疗救助、临时救助等脱贫政策，以及各类社会保障兜底政策。延安市在政府代缴贫困户参加新型合作医疗个人自筹部分的同时，还拿出8000万元专项资金，开展贫困人口慢性病医疗救助。榆林市本级财政投入脱贫资金达5亿元。

（三）全省推进扶贫开发工作面临的问题

1.工作整体推进的协调性与系统性不足

第一，工作进展不平衡。市、县、镇、村的精准脱贫工作进度差异较大，在项目建设上进展不平衡，易地扶贫搬迁有的已经主体完工，有的才开工建设；产业扶贫项目点多面少，有的只有项目计划，启动实施慢；有的项目规划前瞻性不高，带动贫困户脱贫能力不强等。

第二，政策对接不到位。有的行业部门缺乏有效工作措施，政策对接慢；有的专项工作组对省上下发的扶贫专项工作方案只做转发，结合市县实际研究出台配套政策不及时；有的扶贫工作组牵头部门单位履行职责不到位，开展工作不够主动；有的制定帮扶措施操作性不强；市、县区涉农资金整合进展慢，影响脱贫效果。

第三，工作作风不扎实。在各级部门单位包村、干部包户扶贫和企村结对帮扶工作中，有的只注重给钱给物，搞慰问式、救济式帮扶；有的对帮扶对象不热情、不交心，有的帮扶干部把自己当过客，不愿与群众深入交流，不愿真情帮扶；有的驻村工作队发挥作用不明显，履职不够，个别驻村干部存在“走读”现象。

2.标准科学性不足，精准识别难度大

第一，精准识别不够科学。贫困农户被排序，虽然瞄准贫困农

户是精准扶贫的工作亮点，但在实际工作中，采用逐级指标分配法对贫困户的识别选择与驻村干部调研实际情况依然存在偏离。根据省贫困监测数据，由省到县将贫困户指标分解，县级政府再根据本县情况将指标分解到乡镇再到村。这种自上而下的识别方法是根据省里的贫困监测数据，县级政府缺少相应的技术手段。在调研中，存在有的不是特别贫困的村庄有过多的贫困户名额，致使扶贫资源没有针对最贫困的人群；有的整个村都非常贫困，处于赤贫状态，而贫困户名额却有限，致使一些贫困户因缺乏指标而“漏出”，扶贫资源不足，导致精准扶贫出现目标偏离。

第二，一维贫困线标准可操作性弱。根据单一的收入维度信息，不足反映整体贫困的脆弱性和贫困深度。如建档立卡的贫困人口识别标准仅仅是人均可支配收入在2950元以下。一般贫困村存在相对贫困的情况，即许多农村家庭经济情况差不多，一边在外打工，一边在家种地，很难根据家庭收入识别是否是贫困户，而且经帮扶后贫困户就会在经济条件上优于非贫困户，因此“贫困户给谁，村民们可能都有不同的意见”。另外，贫困人口识别工作量都很大，采取村民投票评选的方式，加之各村贫困条件不一样，很难进行科学分析。各市、县也开始探索多维信息测量贫困，但对村庄的基础设施建设、土地状况等调查，对贫困户家庭人口特征、转移收入、日常消费支出、家庭资产等调查，要耗费大量的人力物力，难以大范围实施。

第三，贫困线附近贫困户难以识别。根据国家规定的贫困线标准和识别程序，最穷困的贫困人口很容易就能识别出来，但是处在贫困线边缘的农户，却难以确定是否符合贫困户的标准。许多临界贫困人口，按照收入标准判断，处在贫困标准之上，但是因患病等原因带来经济负担，即使通过多维角度测量贫困程度来识别，这一人群仍然很难界定。

3. 自我脱贫能力有限，部分贫困户脱贫积极性不高

第一，产业扶贫项目实施主体力量、努力不足。精准扶贫的精髓是为贫困户设立与之相适应的扶贫项目，多是以增收为直接目标的产业扶持手段。其效果只有使被帮扶的贫困者脱离贫困，并且产生内生动力不再返贫才能得到体现。

外出进城务工人数的不断增加，农业生产的青壮年劳动力外溢，出现许多“空村”“老龄村”，产业扶贫项目的收益缺乏对这部分劳动力的吸引。如农业种植、家禽养殖、手工艺品的制作等产业扶持，但是由于缺少实施主体或者人力资本不足，许多项目难以有效推进。一些驻村的基层干部表示，因为缺少年轻劳动力，没有足够的人参加，村民代表会议难以召开，导致各种讨论和会议都缺乏广泛性和代表性，这使扶贫资源的公平分配缺乏合理性。政府给贫困户制定的帮扶项目，也没有足够的劳动力参与，很多到户的扶贫项目都无法得到很好的落实。自然条件差、基础设施建设落后的贫困村庄，贫困者有着差异化的发展需求，扶贫手段缺少对劳动力相关人力资本培训，当前扶贫手段无法培训和增强贫困者的自我发展能力。

第二，部分农村贫困户脱贫意识与积极性不高。农村贫困人口整体文化水平偏低，以文盲、半文盲为主，主观脱贫意识差，发展动力不足，甚至有人产生了严重的依赖思想。有的思想麻木、长期安于现状、不思进取，存在“等靠要”的惰性和依赖现象；有的以缺乏门路和技术为由，满足于“吃低保”，得过且过。如有劳动能力贫困户说：“我现在是‘三无’，无钱、无劳力、无技术，啥都搞不成，你们既是来扶贫的，请给我安排低保。”有的贫困户对脱贫政策了解不够，缺乏大胆主动作为的信心和积极脱贫致富的意识。

4. 产业扶贫制约因素复杂，特色现代农业项目不够

贫困村或贫困户脱贫致富，选择的产业基本是农业产业。受生产周期、自然条件、价格需求弹性、经营规模等影响，结合当地实际情况发展特色农业扶贫产业项目，但农业弱质性难以规避。看着很有前景的产业到市场后发现竟没有利润，如养猪业。市场价格变动很大，农民抗风险能力弱，特色农业难以转变为现代农业。农业的弱质性导致农民脱贫致富的难度增大。尽管在产业扶贫方面改变传统的方式，成立了陕西省扶贫开发投资集团有限公司与陕西供销企业集团有限公司，但集团公司体制顺畅、职责清晰、信息对称、沟通有效、规范运作等成为亟待解决的问题。

（四）切实推进扶贫开发的建议

1. 政治扶贫，领导负责

按照"以更大的决心、更明确的思路、更精准的举措、超常规的力度，众志成城实现脱贫攻坚目标"的要求，全省各级党委、政府必须进一步强化责任意识，加快健全推动精准扶贫的组织体系。

第一，强化脱贫攻坚领导责任制。市、县（区）级党委和政府承担主体责任，书记和市、县（区）长是第一责任人，要层层签订脱贫攻坚责任书，层层落实责任制。各部门要按照部门职责落实扶贫开发责任，实现部门专项规划与脱贫攻坚规划有效衔接，充分运用行业资源做好扶贫开发工作。各级领导干部要切实转变作风，把严的要求、实的作风贯穿于脱贫攻坚的始终。

第二，发挥基层党组织战斗堡垒作用。加强贫困乡镇领导班子建设，抓好以村党组织为领导核心的村级组织配套建设，提高贫困村党组织的创造力、凝聚力、战斗力，发挥好工会、共青团、妇联

等群团组织的作用。注重选派思想好、作风正、能力强的优秀年轻干部到贫困地区驻村，选聘高校毕业生到贫困村工作。根据贫困村的实际需求，精准选配第一书记，精准选派驻村工作队，不稳定脱贫不撤队伍。

第三，严格扶贫考核督查问责。建立年度扶贫开发工作逐级督查制度，选择重点部门、重点地区进行联合督查，对落实不力的部门和区县追责，对未完成年度减贫任务的主要领导进行约谈。大幅度提高减贫任务在年度考核中的指标权重，建立扶贫工作责任清单。落实贫困县约束机制，严禁铺张浪费，厉行勤俭节约，严格控制“三公”经费。

2. 统筹数据资源，完善贫困人口大数据

精准识别，摸清贫困底数。一是选准贫困对象。按照中、省贫困标准线，我们将采取“农户申请、村民评议、逐级审核、张榜公示”的方式，准确识别贫困对象。二是找准贫困原因。根据致贫原因，科学划分贫困村、贫困户类型，将贫困村分为基础设施、产业发展滞后等类型，将贫困户分为五保户、有发展能力的扶贫户等类型。三是定准贫困类别。坚持精准扶贫与民政保障两轮驱动，对丧失劳动能力的，纳入民政救助范围，对有发展能力的纳入扶持对象，划分不同层次进行扶持。

以居民收入、医疗保险为基础，结合农机、房产、财政供养、车辆登记、养老保险等数据，对新增和退出建档立卡数据库的农户进行综合考虑和有效操作。全面扎实推进农村贫困人口识别建档立卡工作，为实现全面脱贫目标奠定基础。如，丹凤县和洛南县根据精准扶贫工作机制，按照“分级负责、精准识别、动态管理的原则和选准对象、找准原因、定准类别”的要求，逐村逐户开展贫困状况调查摸底。在贫困户识别过程中，严格推行“户申请、组评议、村审查、镇审核、县审定”和“实地核实、到村到户，严格程序、群众评议，公平公正、三榜公示”的工作方法。目前，两县已全面完成46249户农村贫困户（涉及农村贫困人口为147338人）识别和信息录入工作，为精准监测、精准施策、精准脱贫做好了充分准备。

3. 产业扶贫应致力于特色现代农业建设，要尊重农民意愿和市场规律

结合当地资源禀赋情况和贫困户自身特点，选择适宜的特色农业项目，但必须坚持市场导向，让贫困户参与到适合自己的种养殖业产业链中，让造血式扶贫发挥长效机制，才能为产业扶贫取得好的效果打下坚实基础。

精准脱贫看产业，贫困户有产业就相当于有了造血功能。如，陇县是国家扶贫开发工作重点县和六盘山扶贫片区县，经济基础薄弱，产业发展滞后，贫困群众脱贫愿望强烈，但无产业、缺资金问题异常突出。立足实际，县委、县政府推出以政府“配菜”、贫困户“点菜”、部门“上菜”为主的“菜单式”脱贫新模式，初步实现了“家家有增收产业，户户有脱贫项目”。陕西省供销社承担产业扶贫重任，转变了扶贫方式，提高扶贫效率。扶贫资金变成资本：第一是资金性质的变化，省政府决定拿出6个亿交由省供销集团带动贫困户产业化发展；第二是决策方式发生变化，董事会决策；第三是管理方式变化，间接到户，将来分红是县政府责成扶贫部门来给贫困户分；第四是回报的方式是一种永续利用的方式，金融扶贫这种方式最好，撬动银行资金，政府有贴息。

4. 注重精神扶贫，提升自主脱贫能力

坚持因地制宜、分类指导原则，积极整合不同部门的培训资源，加大对贫困户技能培训，通过举办专业技能培训和实用技术培训，增强群众自我发展能力。坚持把扶贫与扶志有机地结合起来，针对因缺技术而导致贫困的局面，建立健全贫困人口培训体系，采取上门宣传、集中培训、典型引导等方式，重点开展果树、棚栽、养殖、民间艺术等领域的技能培训，确保贫困户家庭至少有一名劳力掌握一两门实用技术。如龙头企业不定期为贫困户开展生产技术培训，派出技术人员深入现场指导，解决生产中的技术难题。部分镇村成立了农民食用菌、茶叶、生猪专业协会，定期邀请专家对贫困户进行技能培训，使每个贫困户熟练掌握一两门产业发展技术，有效提高了贫困户的生产技能和经营水平。

加大劳务输出培训，提高培训的针对性和有效性，确保贫困家庭劳动力至少掌握一门致富技能，实现靠技能脱贫。大力支持家政服务、物流配送、养老服务等产业发展，拓展贫困地区劳动力外出就业空间。加大对贫困地区农民工返乡创业政策扶持力度。促进有能力在城镇稳定就业和生活的农村贫困人口有序实现市民化。同时，落实13年免费教育，并给予贫困学生生活补贴。对贫困家庭在校大学生、中高职在校生做到奖学金、助学金和助学贷款的全覆盖。对贫困学生实施定向招生和专项培养，改善贫困地区教育基础条件，加强师资队伍建设。

5. 持续推进易地搬迁脱贫

对居住在生存条件恶劣、生态环境脆弱、自然灾害频发等地区的农村贫困人口，加快实施易地扶贫搬迁工程。坚持群众自愿、积极稳妥的原则，因地制宜选择搬迁安置方式，合理确定住房建设标准，完善搬迁后续扶持政策，确保搬迁对象有业可就、稳定脱贫，做到搬得出、稳得住、能致富。“十三五”期间再搬迁建档立卡贫困户37万户125万人。稳定衔接移民搬迁补助政策，抓好安置点公共设施配套，落实好特困户、五保户搬迁安置。坚持"三靠近（城镇、园区、中心村）"原则，努力做到搬得出、留得住，加大产业开发和创业就业扶持力度，使搬迁群众就业有岗位、创业有门路、增收有渠道。

6. 鼓励社会力量参与精准扶贫

依托"社会力量参与精准扶贫行动"协调平台，在省民政厅和省扶贫办的指导下，由陕西省社会工作协会对帮扶双方进行分类和"结对子"，对帮扶组织实施管理培训，制定具体帮扶方案。通过督查、评估和监测，保证行动顺利推进。

鼓励支持民营企业、社会组织、个人参与扶贫开发，实现社会帮扶资源、市场需求信息资源与精准扶贫有效对接，加速特色农业向特色现代农业升级。引导社会扶贫重心下移，自愿包村包户，做到贫困户都有党员干部或爱心人士结对帮扶。通过政府购买服务等方式，鼓励各类社会组织开展到村到户精准扶贫。

实施扶贫志愿者行动计划和社会工作专业人才服务贫困地区计划。着力打造扶贫公益品牌，全面及时公开扶贫捐赠信息，提高社会扶贫公信力和美誉度。构建社会扶贫信息服务网络，探索发展社会性公益众筹扶贫。如西安市福建安溪商会会长陈革逐对蓝田县的焦岱镇多次调研后决定，为村民进行一次创业和就业培训，并现场签订就业意向；依托当地核桃产业基地优势，投资核桃深加工业，提高核桃产业效益；和乌鸡养殖户进行互补互动，为其提供技术和种苗，给21户绝对贫困户每家提供50只至100只乌鸡种苗，以乌鸡养殖促其发展；在西安建立起安寺沟村乌鸡销售门店，并利用陕西禾正投资管理集团有限公司的餐饮企业开发乌鸡宴，解决乌鸡养殖业的销售难题。

四、践行绿色发展理念，切实推进生态文明建设

社会主义生态文明建设，是实现国民经济健康持续发展和中华民族永续发展的必要条件之一。绿色发展是全面推进生态文明建设的必然选择，只有实施绿色发展战略，走绿色发展之路，才能有利于推动生态文明建设。生态环境是最大优势之一和核心竞争力，建设和发展必须生态优先、环保优先。

农业生产和生态环境有着极为密切的关系。生态环境为农业生产提供了条件，大气、水和土壤对农业生产来说，既是资源，又是环境要素。先进的理念与技术、合理的开发与保护，反过来可以优化生态环境，增加农产品种类，提高农业产量、促进农业生产。在处理农业生产与生态环境的关系时，关键是要正确对待人与自然的关系，掌握合理开发的度，实现人与自然的协调共生。

（一）陕西践行绿色发展的现实意义

“绿色生产”是先进生产力与优越生产关系的统一，绿色制造、绿色农业、绿色金融等是对传统产业的改造升级。转变发展方式，进行绿色生产，意味着对生产力和生产关系的又一次解放和再调整，能够为未来的发展赢得先机。

1. 绿色发展是建设生态文明、实现可持续发展必要条件

经济发展与生态文明建设，在传统工业文明时期，二者是矛盾的、难以调和的，但在生态文明时期，绿色发展能实现二者的和谐统一。绿色发展将生态文明意识作为生产活动的指导理念，绿色、循环、低碳成为一切生产活动与方式的根本手段，有利于生态文明建设。践行绿色发展理念，最大程度地保护和利用资源与环境，有

利于陕西在经济、社会、生态等领域的全面协调可持续发展。

2. 绿色发展是占领产业制高点的机遇，有利于调整产业结构，实现追赶超越

总体来讲，陕西的产业生产方式相对较落后、先进技术应用范围相对较小，基本处于产业链中下游。产业体系中传统产业相对较多，经济增长过于依赖以能源化工为主的第二产业，第三产业比重偏低。发展方式总体粗放、效益偏低，产业发展所需的核心关键技术不多，市场话语权较少。经济总量虽过万亿，但整体实力不强，产业竞争力较弱。

加强产业发展的先进技术研发和成果就地转化，实现绿色发展，是摆脱生产技术落后状态、占领产业制高点的好时机。绿色生产方式能够对传统产业进行生产技术和发展模式的改造，能够产生新的代表未来发展方向的产业态势。

践行绿色发展，是陕西转变经济发展方式、调整产业结构、获取市场竞争优势、实现追赶超越的难得机遇。抓住这个产业结构升级的机遇，构建我省更为多元、有效的产业体系，促进经济发展模式快速向集约式转型，提升经济的内在实力，为经济继续保持中高速发展奠定基础。

3. 绿色发展是改善环境质量的根本所在

雾霾，是陕西（尤其是关中地区）生态文明、环境保护的软肋。雾霾期间，二氧化硫与气溶胶液相转化成硫酸盐随着相对湿度的增加而呈指数型增长，同期伴随着高浓度的氮氧化物和氨气。其来源有二：一是农业中大量施用的氮肥，二是源于工厂和居民排放的二氧化硫和二氧化氮。

绿色发展可以改变传统的生产作业方式、生活方式，极大限度地降低工、农业生产和居民日常生活当中的氨、氮、硫等的排放，对于环境治理、生态保护是极其有效的，是源头治理污染的关键。

4. 绿色发展事关百姓福祉，能够提升幸福感

传统发展方式只关注经济效益，忽视生态效益和社会效益，外部不经济的增大，加剧了社会成本。绿色发展除了建设绿色产业外，还应积极倡导循环、节约、环保的绿色理念，推动生活方式绿色化，将政府、企业、个人等多元社会主体的理念统一于一个共同目标，就是既要发展生产、舒适生活，也要节约资源、保护生态，促进生产空间集约高效、生活空间宜居适度、生态空间山清水秀，实现人类社会的可持续发展。

（二）陕西实现绿色发展，推进生态文明建设的成就

近年来，陕西生态文明建设体系基本建立，绿色低碳循环发展成为主基调，单位生产总值能耗和主要污染物排放总量明显下降，森林覆盖率超过45%，治污降霾取得显著成效，人居环境持续改善，呈现出山更绿、水更清、天更蓝的美丽陕西新景象。

1. 绿色发展趋于完善

科学、生态、系统的发展，具体路径就是推进系统集约发展，也就是循环、低碳发展，以推动经济结构的不断优化和产业水平的更快提升，真正形成节约资源和保护环境的空间格局、产业结构和生产方式。

第一，淘汰落后、污染的企业，改造传统产业生产方式。全省各地按照“消化一批、转移一批、整合一批、淘汰一批”的思路，以“三去一降一补”的供给侧结构性改革为契机，加快淘汰“僵尸企业”和落后、产能过剩企业。自2014年起，关中地区下功夫推动煤电机组超低排放改造，使火电企业生产水平从根本上得到提升。

不少地方关闭了一批"十五小"污染企业。2016年上半年，列入超低排放改造计划的20台942万千瓦火电机组，已完成改造11台504万千瓦，合计拆除燃煤锅炉733台、1477蒸吨，关中地区规模以上工业企业燃煤消费量消减193万吨。

第二，能源化工产业向高端化发展。煤炭作为陕西主要的能源资源，其消费关系着工业生产、经济发展，也关系着环境治理和生态保护。"十二五"期间，陕西加快能源化工高端化步伐，以延长产业链、提升附加值。如延长靖边煤油气综合利用、中煤榆横60万吨煤制烯烃、能源100万吨煤制油等标志性项目建成投运，新增煤油气产量1.21亿吨、720万吨和192亿立方米。

第三，战略性新兴产业成为绿色生产的新亮点。"十二五"以来，陕西结合自身科技、人才、产业和政策优势，全面壮大战略性新兴产业规模，提升其发展水平。大力发展绿色循环载能工业，加快培育电子信息、新能源汽车、航空航天、新材料等战略性支柱产业，且布局日趋合理，全省已形成关中、陕南、陕北梯度合理、各具特色、互为补充的战略性新兴产业良好发展局面。到"十二五"末，战略性新兴产业的增加值占GDP比重达到10%，成为陕西实现经济转型、优化产业结构、促进经济发展的重要引擎。

2. 生态文明建设有了很大改观

党的十八大以后，陕西的生态文明建设逐渐进入正规化、体系化，在各个领域都取得了巨大的进步。

第一，生态文明制度基本建立。省委、省政府相继推出了一系列战略决策、行动方案和制度设计，出台了《陕西省各级党委政府及有关部门环境保护工作职责（试行）》《陕西省党政领导干部生态环境损害责任追究实施细则（试行）》等规定。从2014年起，在年度目标责任考核指标中增加了生态环保指标的权重，夯实了生态文明建设的责任主体。

第二，绿色生产、生活变成行为常态。在资源使用和绿色生产领域，绿色、低碳、循环发展成为主基调，单位生产总值能耗、主要污染物排放总量、单位二氧化碳排放量明显下降，节能减排目标提前完成。百姓环保节约意识越来越强，低碳出行、清洁能源、至简生活等绿色生活方式逐渐深入人心。生态文明建设的社会基础、人文基础已坚实地建立起来。

第三，环境保护领域，治污降霾取得显著成效。关中、陕北、陕南优良天数分别达到275天、290天和295天以上，关中、陕南重污染天数分别下降30%和20%，陕北基本消除重污染天气。全省森林覆盖率超过45%，渭河水质稳中有升，汉江、丹江水质持续优良。生态环境质量显著提升，人居环境持续改善。

同时，在国家规划的大布局下，陕西完成了各市县的主体功能区规划，进入了稳步推进阶段。

（三）陕西实现绿色发展，推进生态文明建设的制约因素

陕西自然地理条件相对较差，境内各区域差异较大，生态环境比较脆弱。同时，陕西既有产业“三高”现象较严重，产业结构、产业技术、生产习惯等的资源消耗较大、排污较多，不利于生态文明建设。

1. 资源环境约束趋紧

经济社会发展对土地的需求日益增大，建设用地、基本农田、生态用地是刚性的土地需求。陕西可利用的土地数量有限，一些绿色产业如风、光发电对土地的需求及浪费相当大，现有土地资源及其使用方式难以完全满足绿色生产的需要。

矿产资源的开发、生产与环境保护、水系建设等生态问题在很大程度上是一对矛盾体，采掘矿产必然占用土地甚至耕地、破坏环境。现实发展的需要与保护生态之间的矛盾极大地冲击着资源类产业发展。而水资源、空气质量、土壤污染等问题长期以来都是陕西经济发展的制约因素，也直接影响了陕西绿色生产方式的发展。

2. 绿色技术落后，产业规模偏小

绿色生产必须要有相应的绿色生产技术作为支撑。绿色生产技术是一种与生态环境系统相协调的新型现代技术系统，开发的周期较长、投入较大。长期以来，欧美国家在绿色、低碳、循环领域占据着核心技术，处于全球绿色、低碳市场的上游。我国的自我技术装备能力制约了绿色产业、绿色经济发展，影响着生态文明建设的进程。同样，我省的科技创新、转化能力较低，绿色生产方式、绿色生产技术创新也较落后。并且，企业规模相对偏小，中小企业没有能力进行绿色生产技术的基础研究和相关技术成果的转化，一直处于绿色产业链的末端。

陕西的绿色产业规模较小，吸纳劳动力人数较少，市场影响范围比较狭窄，抗击市场波动能力弱，产业增长动力不足。汉中医药是陕南地区比较大的企业，但影响力局限在陕南、川北、重庆一带。绿色农业大多数还是以农户为作业单位、以家庭为生产场所，多数为小微企业，从业人员从十几到几十人，加之绿色生产的一次性投入普遍较大，短期内难以盈利致富，影响从业者的积极性。

3. 人力资本约束增加

劳动力价格的持续上涨使发展绿色生产方式的成本不断上升，虽然产业投入在增加，效益却在降低。缺乏产业发展的实用型人才，特别缺乏具有企业家精神的领军人物，尤其是缺乏像华茂牧业董事长张丹英这种既懂技术和管理、又有创新精神、更有担当意识的企业家。大部分从事绿色产业的企业就是因为在某些环节缺乏创新精神和管理能力，才出现停滞不前的现象。

掌握绿色生产技术的技术人员少。山阳县的中蜂养殖，是个无污染、可循环的绿色产业，一直苦于没有技术指导而难以发展。恰适机缘巧合，最终由懂养蜂技术的县工会主席解决了此问题，才得以产业化发展。

4. 产业未能充分发挥市场机制的调节作用

陕西资源丰富，有利于生态文明建设的绿色可开发资源很多，地方政府重点开发、打造的特色产业都有很强的资源指向。但在具体操作时，往往过于强调自身的优势条件，而忽略了市场的实际需求。如自2012年年底开始，煤炭市场持续低迷，严重影响了我省经济。由于未洞察到市场趋势，没能及时进行调整，致使煤炭行业陷入亏损状态。2012年发生的欧美对中国光伏产品的“双反”调查，也殃及我省，使得企业在正常的市场博弈中先乱阵脚，无法强化市场控制力。

（四）陕西实现绿色发展，推进生态文明建设的路径

我省的“十三五”规划确定实施“关中协同创新、陕北转型持续、陕南绿色循环”的区域发展总体战略，对各区域进行了绿色生产分工，构建了符合陕西经济社会发展的绿色生产方式。

1. 发展与生态文明相协调的绿色生产

第一，积极发展现代绿色第二产业，主动为农业生产造就良好环境。第二产业生产方式的转变与升级，其低碳化、绿色化可以减少对第一产业发展所依赖环境的破坏，有助于改善农业生产基础。因此，推进生态文明建设，发展绿色生产方式，必须对我省以能源化

工、机械装备制造、有色金属等为支柱的第二产业体系实施改造。要对煤炭、石油等黑色能源，有色金属采掘、冶炼、延压等产业进行循环低碳改造，要推动传统制造业进行技术创新升级，以信息化、网络化推进智能制造，发展绿色矿业，推进绿色矿山建设。

全面落实节能减排的各项要求。实施工业污染全面达标排放计划，燃煤电厂超低排放改造工程，推动煤炭、电力、水泥、煤化工企业的资源消耗指标达到国内先进水平，化学需氧量、氨氮、二氧化硫、氮氧化物总量分别削减1.5%、1.5%、1.5%和2%。实施循环发展引领行动，积极开展循环经济试点示范，组织开展工业园区循环化改造，加强再生资源回收体系建设，推动矿产资源和工业废水、废气等再生利用。

充分发挥地区资源禀赋优势，积极发展新能源、新材料、生物医药等新兴绿色产业。实施清洁生产行动，推动能源生产和消费革命，建设清洁低碳、安全高效的现代能源体系，扩大全省天然气消费总量，提高风能、太阳能、地热能的应用比重。加大绿色、低碳能源的技术投入，加强绿色能源技术创新，构建绿色、低碳能源发展机制。

第二，促进农业生产向绿色、环保、高效转型。依托优越的生态环境和生物资源，选择适合当地的产业和项目，发展绿色农业生产。围绕“关中高效农业、陕北有机农业、陕南生态农业”定位，发展现代绿色农业。抓好渭北苹果、秦岭北麓及秦巴浅山区猕猴桃、黄河沿岸土石山区红枣、西咸新区都市农业、陕南富硒有机食品、汉中平原生态农业、陕北小杂粮等特色板块发展水平，建设循环型农业。围绕“北羊、南猪、关中奶畜”布局，推进适度规模标准化养殖，打造一批优质农副产品生产基地。

推进果业提质增效，壮大优势畜牧业，实施菜、茶品牌化生产，发展农产品加工业，培育生态休闲观光农业，实现一、二、三产业融合，促进县域经济加快发展。建设现代农业园区，以产业园区为载体，着力完善产业体系和配套设施，实现要素循环、产业绿色发展。构建现代农业经营体系，提高农业经营集约化、规模化、产业化。不断延长绿色农产品产业链，增加绿色产品的附加值，实现绿色农业的全覆盖。

推进化肥减量增效，加大新型肥料在农业上的推广与施用，降低农业生产过程中的自我危害。新型肥料能够直接或间接地为作物提供必需的营养成分，调节土壤酸碱度、改良土壤结构、改善土壤理化性质和生物学性质，调节或改善作物的生长机制，改善肥料品质和性质或提高肥料的利用率等。在确保粮食安全、保障主要农产品有效供给、促进农业可持续发展的前提下，通过有机养分替代、提高肥料利用率等有效措施，注重化肥与有机肥结合、养分与微生物结合、肥料与其他生产要素结合，实现化肥使用量的零增长。

2. 生态意识为引领，充分发挥生产性服务业对现代特色农业的带动和拉动作用

将生态文明理念融入到社会生产的各个环节，从降低交易、人工、物流、财务等方面的成本和降低规范税费、社保等方面，为绿色生产做好服务；发展融资租赁、信息技术服务等行业，引领生产性服务业向专业化和价值链高端延伸；深入发掘农业生产过程的可开发资源，着力培育提升农业生产的可参与程度，把农业的种植养殖、果实采摘、劳动健身、乡村度假养老等市场化、组织化，促进休闲农业、体验农业等的发展。

围绕“互联网＋”的模式，把农业生产、农副产品深加工与商贸、物流、金融、信息等产业深度融合，打造农村电商网络平台，发展订单农业、精准农业，延伸农产品的市场半径，让乡村的特色农副产品深入消费大市场。

3. 完善绿色发展，建设生态文明的制度体系

第一，加快制度建设。完善环境保护制度，建立起可利用市场机制调节的环境保护政策和措施，以法律保证环境保护资金的投入等；建立起与绿色发展要求相一致的生态文明制度；完善产权制度，使其符合绿色生产产权清晰、合理规模的要求等。

第二，夯实政策支撑。构建绿色发展政策保障体系，树立绿色意识，保证绿色生产的顺利推进；强化财政的绿色职能，引导产业结构和发展模式向绿色转变；利用财税手段，合理配置资源；健全绿色转移支付制度；完善政府绿色采购制度；建设绿色银行，完善绿色融资和信贷制度。

第三，完善运行机制。编制全省自然资源资产负债表，实行能源、水资源、建设用地总量和强度双控制度。进行自然资源资产离任审计试点，全面落实生态环境损害责任追究办法，从源头上防止浪费资源、污染环境、破坏生态。推行排污权、碳排放量配额和市场交易，实施环境污染第三方治理。落实"三个区分开来"的精神，建立三项机制，制定出有效的制度，强化"能者上、庸者下、劣者汰"的用人导向，以自然资源资产负债表为依据，改革干部考核评价和任用制度。以资源环境生态红线管控为基线，建立生态环保问责制。

4. 坚持山水林田湖一体化治理，筑牢生态安全屏障

围绕打造国家生态安全新屏障，着力推进退耕还林，继续修复生态系统，加大环保力度。巩固以退耕还林为重点的生态修复工程，继续实施以退耕还林为主，水土流失治理、天然林保护等为辅的植树造林系列工程；继续渭河、汉江、丹江等江河的综合治理，保护湿地、构建关中柔性治水，合理利用水资源，实现绿色发展；保护开发好秦岭国家中央公园。

按照《大气污染防治行动计划》的要求，加大投入，尽早高标准地净化空气环境。综合运用经济手段、法律手段、行政手段和科学技术手段，制止对资源的浪费和对环境的破坏，提高资源利用率和生态效益。

扎实加强陕西文化建设

贯彻落实好习近平总书记对陕西发展提出的“追赶超越”定位和“扎实推进文化建设”的要求，陕西必须打好“文化资源牌”，稳步推进文化事业、产业发展，跳出“城墙思维”，树立文化自信，确立追赶超越目标，培育和弘扬社会主义核心价值观。

“十二五”期间，陕西文化建设各方面都取得了巨大的成就，但整体水平与文化大省的地位仍不相称，整体发展也滞后于中东部省份。在确立追赶超越目标上，我们要按照总书记来陕视察时给陕西的定位：“中华民族和华夏文化的重要发祥地之一”“中华文明、中国革命、中华地理的精神标识和自然标识”，以及“溯到源、找到根、寻到魂，找准历史和现实的结合点”的要求，树立文化自信，主动担当起文化传承、文化复兴的责任，真正将陕西打造成全国文化强省，西部第一文化强省。

首先，文化建设各项工作要围绕弘扬社会主义核心价值观这一主旋律。陕西红色文化资源丰富，要利用好这一资源，让广大党员、干部、群众，特别是青少年了解党的历史，传承党的优良作风，激励人们焕发积极向上的精气神，把中国精神立起来，旗帜鲜明地唱响主旋律，传播正能量，在培育和弘扬社会主义核心价值观方面为全国做出表率。

其次，发挥地缘优势，讲好陕西故事。陕西文化资源禀赋得天独厚，在传承优秀传统文化、增强文化自信、彰显文明大国形象中有着不可替代的作用。习近平总书记来陕视察时指出，陕西是“中华民族和华夏文化的重要发祥地之一”，这一重要的地缘特点决定了我们必须肩负起守护文化根脉，传承中华文明的责任和重担。从地缘文化角度看，陕西历史文化至少包括汉唐盛世文化、丝绸之路文化、延安红色文化、秦岭文化等。正是因为这种根深蒂固而且独一无二的“地”之“缘”，才使得每种文化都有不同于他者的独特个性，这种基于地缘的人文魅力是一个地区真正的灵魂与个性所在，是构成我省文化多元格局最关键、最基本的要素，值得我们在文化建设中珍视并加以彰显。我们有责任、有义务保护好中华文明的精华，深入挖掘蕴含其中的价值理念、道德规范、治国智慧，以文化人、以史咨政，在溯源寻根中凝心铸魂。

再次，在文化事业发展中，处理好文化继承与文化创新的关系。文化传承是文化发展的前提，文化创新是文化发展的内在动力。陕西独特的盛世文化、丝路文化、红色文化、秦岭文化等，是我省文化的灵魂与个性所在。如果丢掉了，就割断了我们的精神命脉。对这些地缘文化的薪火相传，可以培植真正的文化自信，让我们对自身的传统、文化基因感到由衷的骄傲，并以之为动力，实现整个地区的文化，乃至整个国家文化的真正崛起。因此，要下大力气、花大功夫，处理好继承与创新的关系，实现文化建设的可持续发展，是陕西文化建设中必须担当的历史重任。

最后，下大力气发展文化产业，培育文化市场。地方文化品牌是一方水土和人文的重要象征。从经济建设角度看，整合、保护好自然资源和非物质文化遗产，打造文化品牌，是发展文化产业、振兴区域经济的有效手段。历史文化资源不等于文化产品，只有把文化资源转化为文化产品，并通过对文化产品的精心打造，才能培育出高品位的文化品牌。为此，需整合各种资源和优势，不断地开拓创新，通过各种经济、文化活动，锻造出地方文化的“精、气、神”，为文化品牌凝神聚气。

总之，文化的力量深深熔铸在民族的生命力、创造力和凝聚力之中。历史文化的力量，必将汇聚为民族文化自信的强大正能量。只有下大力气，挖掘和保护好文化资源，打造文化品牌，彰显历史文化魅力，才能夯实道路自信的根基，坚定理论自信引导，强化制度自信保障，使陕西发展突破瓶颈，迈上新台阶，实现真正的追赶超越。在中华文明长期的演进发展中，在东西方文明的交流、互鉴中，在红色革命文化的孕育成长中，陕西是源头、是根脉、也是沃土。我们要充分认识和弘扬陕西文化的优势，守住传统文化之“根”，延续延安精神之“脉”，铸牢核心价值观之“魂”。勇挑重担、有所作为，为实现追赶超越，坚定文化自信做出陕西应有贡献。以下从文化传承、文化事业、文化产业等三方面对我省文化建设相关问题进行了思考并提出相关建议。

一、夯实文化自信根基，讲好当代陕西故事

习近平总书记关于文化自信的重要论述，以及扎实加强文化建设，实现追赶超越的讲话，把党的文化方针、文化纲领、文化认知提升到了一个新的境界，也为全省上下坚定文化自信、讲好陕西故事指明了方向、明确了任务、提供了遵循。我们要自觉向中央决

策部署看齐，切实肩负起坚定文化自信的责任与担当，肩负起传承发展中华优秀传统文化的责任，为文化自信、文化传承做出陕西贡献、扛好文化陕西这面大旗，为实现追赶超越注入文化的力量。

（一）跳出“城墙思维”，实现追赶超越

落实习近平总书记用“五个扎实”推进陕西发展的要求，努力实现追赶超越发展，已成为当前全省工作的主旋律。省委书记娄勤俭在谈到陕西实现追赶超越的方法路径时强调，要跳出“城墙思维”，站在“秦岭之巅”看陕西。城墙是古代用作防御的障碍性建筑，它将城内与城外隔离开来，守护一城之安全，但同时也会助长人们的防御意识与保守观念。而所谓的“城墙思维”，是指人们受旧观念、旧思想束缚和条条框框的限制，思维偏向于僵化、封闭、保守，精神偏向于内敛稳重，缺乏开拓冒险、创新竞争的精神。

历史上，起源和兴盛于陕西的周秦汉唐文明，都呈现出恢弘开放、开疆拓土、积极进取的精神风貌。但是近现代以来，随着文明的演化，深处内陆的陕西虽然传统文化积淀深厚，但民众的思想观念相对保守，缺乏“敢为天下先”的闯劲和勇于创新的锐气，也缺乏争创一流的精神气魄，习惯于小富即安，满足于墨守成规，显现出较为明显的“城墙思维”。陕西若要实现追赶超越目标，迈入发达省份行列，必须跳出“城墙思维”。

1. 要破除思维定势，摆脱旧思想、旧观念、旧体制的束缚和限制

西安明城墙是中国现存规模最大、保存最完整的古代城垣，这是陕西的文化资源优势，而“城墙思维”却使人安于现状，趋于保守，限制了陕西的发展，成为障碍性的精神因素。实现追赶超越，要保护好现实中的古城墙、砸烂思想观念中的“老城墙”。久居于“城墙之内”，眼界难免狭小，心胸难免狭窄，思路难免狭隘，只

有跳出城墙，站在“秦岭之巅”俯瞰陕西，才能看清国情省情的变化和历史潮流，看清陕西发展的历史定位。现阶段，经济发展进入新常态，需要转变发展方式，实现产业转型升级。陕西是丝绸之路经济带建设的重要节点，是西部大开发的桥头堡，具有鲜明的区位优势和追赶超越的底气和实力。为此，要努力跳出“城墙思维”，冲破旧思想、旧观念、旧体制的束缚，解放思想，破除陈规，自觉肩负起建设内陆改革开放新高地的重要使命。

2. 要全面深化改革，大胆创新，勇于探索

深化改革要敢于涉险滩，敢于啃硬骨头；创新要大胆，要敢于标新立异。“城墙思维”使人因循守旧，故步自封；使人求稳怕变，不敢冒险；使人畏手畏脚，不敢突破。目前，陕西与发达省份的发展差距还在扩大，与落后省份的发展距离却在缩小。如果不能实现超常规发展，就会有“不进则退”的危险。历史上，大秦帝国之所以能够扫荡六合、一统天下，就是因为商鞅改革旧制、变法图强。陕西要实现追赶超越目标，就要继承弘扬秦代商鞅的变法图强精神，全面深化各领域改革，加快建设创新型省份，以创新驱动增强内生动力，突破发展瓶颈。陕西正在实施的“三项机制”，就是为改革创新者保驾护航，让改革创新的精神生根落地。同时，要努力创新体制机制，争取在科技创新、文化创新、社会管理创新等方面率先跳出“城墙思维”。

3. 要抓住国家实施“一带一路”战略的契机，持续扩大对外开放

“城墙思维”使人坐井观天，目光短浅；使人思想封闭，与外界交流不畅；使人故步自封，难以协作双赢。陕西要跳出“城墙思维”，全面提升对外开放水平，推进空中、陆地、信息一体化的丝路经济带大通道建设。扩大开放既要走出“城墙”，把特色产品、文化品牌送出去；也要敞开“城门”，把世界500强企业请进来，把各国和其他省份的技术、经验引进来。要加强与丝绸之路沿线国家和地区在能源化工、装备制造、基础设施、科教文化等方面的交流合作。陕西具有文化资源优势，要加强文化资源的开发和利用，加强与丝绸之路经济带沿线城市和国家的文化交流。汉唐盛世为中华文化交流树立了典范，陕西要充分借鉴这一历史经验，使陕西成为多元文化交流的中心。

西安的明城墙是陕西的骄傲，而“城墙思维”却是陕西的包袱。陕西要卸掉包袱，跳出“城墙思维”，轻装上阵，在新的历史条件下实现追赶超越目标。

（二）发挥地缘优势，讲好陕西故事

习近平总书记来陕视察时指出，陕西是“中华民族和华夏文化的重要发祥地之一”。这一重要的地缘特点决定了我们必须肩负起守护文化根脉，传承中华文明的责任和重担。发挥地缘优势，讲好陕西故事，是习近平总书记关于文化自信重要论述在陕西的自觉实践。

以地缘文化为中心，讲好陕西故事，是守护文化根脉、坚定文化自信的关键举措。地缘是一种文化之链，一个地区人文个性的形成，大多来自于所在地域文化的潜在影响。在历史的长河中，我们的祖先为陕西留下了众多中华文明、中国革命、中华地理的精神标识，而每一种精神标识都有着重要的文化意义和文化价值，是地缘文化真正的灵魂与个性所在。对陕西文化界而言，我们有责任、有义务保护好中华文明的精华，深入挖掘蕴含其中的价值理念、道德规范、治国智慧，以文化人、以史咨政，在溯源寻根中凝心铸魂。讲好陕西故事，要做好以下几点：

1. 守住精神标识，传承文化根脉

要下大力气，挖掘陕西坚定文化自信的深厚历史底蕴。习近平总书记指出，“文化自信，是更基础、更广泛、更深厚的自信。在5000多年文明发展中孕育的中华优秀传统文化，在党和人民伟大斗争中孕育的革命文化和社会主义先进文化，积淀着中华民族最深层的精神追求，代表着中华民族独特的精神标识”。陕西作为中华文明重要发祥地之一、十三朝古都所在地和中国革命的圣地，有着悠久、丰厚、绚烂的历史文化资源，是中华文明的根系所在。在2015年春节前夕习近平总书记来陕视察指导工作时发表的重要讲话中，对陕西文化给予了很高的定位。他说陕西是“中华民族和华夏文化的重要发祥地之一”“黄帝陵、兵马俑、延安宝塔、秦岭、华山等，是中华文明、中国革命、中华地理的精神标识和自然标识”。悠久、丰富的陕西历史文化，滋养着中华文化发展的根脉，铸就了中国文化自信的基石。

文化是一个民族和国家的集体记忆，是民族凝聚的精神源泉。文化建设工作必须意识到，陕西最有坚定文化自信的条件，要依靠文化自信来坚定理想信念。在中华文明长期的演进发展中，在东西方文明的交流、互鉴中，在红色革命文化的孕育成长中，陕西是源头、是根脉、也是沃土。我们要充分认识和弘扬陕西文化的优势，守住传统文化之“根”，延续延安精神之“脉”，铸牢核心价值观之“魂”。勇挑重担、有所作为，为坚定文化自信做出陕西应有贡献。

2. 处理好文化继承与文化创新的关系

首先，文化传承是文化发展的前提。陕西独特的盛世文化、丝路文化、红色文化、秦岭文化，是我省文化的灵魂与个性所在。

如果丢掉了，就割断了我们的精神命脉。对这些地缘文化的薪火相传，可以培植真正的文化自信，让我们对自身的传统、文化基因感到由衷的骄傲，并以之为动力，实现整个地区的文化，乃至整个国家文化的真正崛起。其次，文化创新是文化发展的内在动力。“问渠那得清如许，为有源头活水来。”进行文化创新，要立足于传统文化，用好这湾源头活水；要以科学态度，以敬畏之心对待传统文化，古为今用，推陈出新，革故鼎新，有鉴别地加以对待，批判性地继承，既不能厚古薄今，也不能厚今薄古；进行文化创新，要认真梳理传统文化资源，认真汲取其中的精华，发掘其时代价值，增强文化自觉与自信，增强人民的骨气和底气，按照时代发展需求，对文化内涵及表现形式进行改造完善，激活其生命力。总之，下大力气、花大功夫，处理好继承与创新的关系，实现文化建设的可持续发展，是我们这一代陕西人必须承担的历史重任。

3. 处理好文化资源保护与文化发展的关系

一个地区的历史文化魅力往往以非政治、非官方的形态表现出来，需要我们从大量考古发现和历代文献中钩玄提要、互为印证，有意识地对本地区的物质文化遗产和非物质文化遗产加以挖掘与整理，使其成为一个地区人文魅力的源泉。首先，文物保护是陕西文化建设的重点也是难点。陕西是名副其实的地缘意义上的文物大省，陕西境内众多文物作为我们独特历史文化和传统的承载物，其意义无可替代。只有在保护的基础上开发利用，让文物活起来，走进人们的生活，才能让文物焕发新的生命力，实现可持续发展。因此，搞好实地调研，了解陕西文物（包括大遗址、古村落、古祠堂、古寺庙的保护、开发和利用）的现状和问题，不断探寻挖掘传统文化底蕴、彰显民族文化自信的方法和对策，是我们责无旁贷的任务。同时，保护非物质文化遗产也是重中之重。非物质文化遗产是无形的文化遗产，是最古老也是最鲜活的文化历史传统，是具有重要价值的文化信息资源，更是中华民族的根与魂。然而在经济飞速发展、总量翻番的今天，非物质文化遗产的流失，使我们面临民间文化断裂的危险。要调查和访问非物质文化遗产传承人，获得第一手资料，摸清陕西的非物质文化遗产，提出加强非物质文化保护的对策办法，让非物质文化遗产保护成为文化建设的新重心、新常态。只有留得住文化根脉、守得住精神标识，我们的陕西故事，才能讲得有底气。

4. 下大力气培育地方文化市场，打造地方文化品牌

历史文化是地方的品牌，是一方水土和人文的重要象征。但是，有些地区走入了误区，在快速发展的过程中，逐渐丧失了自我积淀的人文底蕴。所以，如何挖掘独特的文化特色，将历史文化与产业发展紧密结合，让各个地区焕发出有别于他者的人文魅力，是当前文化建设面临的重大挑战。因为，对历史文化资源的开发利用，已成为衡量一个地区综合竞争力的“试金石”。从经济建设角度看，整合、保护好自然资源和非物质文化遗产，打造文化品牌，是振兴区域经济的有效手段。有特色的历史文化还能培育一个地区新的经济增长点，吸纳人才和资金，增加就业机会，促进社会交往，协调人际关系，提高社会凝聚力。但是，历史文化资源不等于文化产品，只有把文化资源转化为文化产品，并通过对产品的打造，才能培育出高品位的文化品牌。为此，需整合各种资源和优势，不断地开拓创新，通过各种经济、文化活动，锻造出地方文化的“精、气、神”，为文化品牌凝神聚气。只有充分释放历史文化资源的“思想红利”，才能获得其“经济红利”。

总之，文化的力量深深熔铸在民族的生命力、创造力和凝聚力之中。历史文化的力量，必将汇聚为民族文化自信的强大正能量。只有下大力气挖掘和保护好文化资源，打造文化品牌，彰显历史文化魅力，才能夯实道路自信根基，坚定理论自信引导，强化制度自信保障，使陕西的发展突破瓶颈，迈上新台阶，实现真正的追赶超越。

（三）以文化之力推进丝绸之路经济带建设

“驼铃古道丝绸路，胡马犹闻唐汉风。”丝路已随大漠风逝，唯留开放、包容、进取的文化精神一脉相传至今。2013年9月13日习近平总书记在上海合作组织成员国元首理事会第十三次会议上说：“我们有责任把丝绸之路精神传承下去，发扬光大。”这体现出党和国家建设社会主义文化强国，提高中华民族文化影响力和竞争力的坚定信念和乐观态度。2014年6月第三十八届世界遗产大会，中国、哈萨克斯坦、吉尔吉斯斯坦联合申报丝绸之路文化遗产成功，更是有力地助推了“丝绸之路经济带”建设，成为中国文化繁荣和发展的一个重要契机。

丝绸之路是自汉代以来，连接亚、非、欧的商贸通道，也是东西方文明交流的通道。丝绸之路经济带的建设也必然如汉唐时期一样，不仅会加快中西物质文明的交流，也必定促进中西方文化的交流。重现丝路辉煌，再绘历史文明，不仅是中国文化走出去的需要，也是陕西应有的担当。

1. 正视丝绸之路沿线文化遗产现状

近年来，丝绸之路沿线各中西部省份文化建设和文化产业的发展均取得了显著成绩，但是也有不少文化资源在这一过程中遭到不同程度的破坏，面临严峻的挑战。具体有以下几个方面的问题：某些具有重要历史文化意义的遗物、遗址、遗存，因为分布分散，缺少保护、规划和利用，遭受自然因素腐蚀和人为的挖掘破坏，处于濒临消亡的境地；有些地方对历史文化资源保护、利用不得法，名为保护，实为破坏，特别是对某些具有国际影响的文化资源的"毁灭性"开发，破坏了文化遗产、文化资源的原真性，给文化底蕴的挖掘、人文魅力的提升带来了不可逆转的打击；有些地方对已有的历史文化资源不屑一顾，却一味招商引资来建造新"古迹"、新"古城"；在丝绸之路文化资源的调研方面，有的研究者缺乏对文化遗产、文化资源地域文化魅力的微观调研和考察，导致对策缺乏针对性和实用性。丝绸之路沿线各省市正在展开的各项以保护文化遗产为基础的工作，例如西汉帝陵遗址保护区、秦咸阳城考古遗址等，需要全社会的共同努力，需要下大力气、花大功夫才能完成。总之，陕西作为丝绸之路文化资源大省，要有效实施文化强省战略，必须立足现实，挖掘丝绸之路深厚的文化底蕴，让丝绸之路文化演绎出新的活力。

2. 重视丝绸之路沿线文化遗产的保护

保护好文化遗产是文化可持续发展的唯一出路，只有保护好现有的文化资源，才能谈得上利用、开发。在这些工作中下大力气、花大功夫是我们必须担当的历史责任。具体来讲，在文化遗产保护方面，应以丝绸之路世界文化遗产申报成功为契机，加强文化遗产的保护管理，提升文化遗产保护利用水平，做好四件事。第一，不断与国际接轨，采用新的科学技术，严格按照国际标准和要求，做好世界文化遗产的保护管理工作；第二，加强未列入首批申报的遗产的保护管理工作，努力争取这些遗产早日列入丝绸之路拓展项目；第三，要用国际先进的理念和方法，加强其他都城遗址、汉唐帝陵等历史文化遗产的保护，推动文物保护利用水平的全面提升；第四，不断探索和创新大遗址保护的理念和方法，坚持文化遗产在保护中利用，在利用中保护，必须从宏观的视角看待其影响力和市场吸引力，充分发挥文化遗产弘扬民族文化的社会功能。

3.文化引领是丝绸之路经济带建设的必由之路

从长远来看，丝绸之路经济带的建设必须以文化强国为目的。文化是国家、民族强盛的灵魂，单纯的经济发展并不足以实现国家与民族的真正强大。一个国家在短期内要迅速发展可以靠领导者的个人魅力，但要走可持续发展的道路，就必须借助文化的力量。很多学者指出，实施“丝绸之路经济带”的战略构想，要文化先行。但其所说的“文化先行”仅仅是指文化交流，文化是作为经济发展的辅助手段而存在的。这其实是似是而非的观点。构建跨国经济带，是立足于经济但并不局限于经济的长远决策。十八大所提出的民族复兴大业，文化是目的而并非手段的意义指向很明确。从这个意义上说，丝绸之路经济带的建设是身披经济建设外衣的文化强国工程。中华民族的伟大复兴，要依靠雄厚的经济基础，但更重要的是文化的传承与创新。一个民族的文化遗产，往往蕴含着民族传统文化最深的根源。联合申遗成功的“丝绸之路”文化遗产包括中、哈、吉3个国家共33处遗产点，中国段22处遗产点陕西占了1/3还多。丝绸之路悠久的历史文化，独特的人文风情，都是我省极其珍贵的文化资源。这些文化资源在新的历史条件下面临着传承与创新的双重任务，不单单是一项项具体的工作，其中还蕴含了一系列处理复杂关系、解决繁难问题的思路。如保护传承与发展创新并重，文化事业和文化产业并举，传统文化资源与时代精神融合升华，专业保护研究与人民群众的文化需求相结合，文化发展繁荣与经济转型跨越发展相互融合等任务。但是，在当代的世界格局和文化语境中，文明的传承创新面临前所未有的挑战和机遇。一个重要的问题是：在全球化背景下，如何保护文化的多样性，尊重个性，包容差异，做到和而不同。特别是如何有效地保护历史文化遗迹，如何避免文化的同质化、单一性和重复雷同。丝绸之路经济带的建立，也必然促进丝绸之路沿线各省在文化传承与创新方面的共同发展，携手共进。

4. 丝绸之路经济带建设应以全面提升居民的人文素质为基础

我们建设丝绸之路经济带的首要目的，是为了丝绸之路沿线人民的富裕安康。首先，只有提高居民人文素质，特别是丝路沿线偏远山区、农村人口的人文素质，缩小差距，同步发展，才能保持整个区域经济文化的稳定发展，实现文化建设与经济发展和谐共进、繁荣发展。其次，建立常态化的文化活动，让公众参与其中，享受文化带来的红利。要将丝绸之路上具有影响力的传统节日和艺术活动，融入我们的文化活动中，举办文化艺术节、电影电视节等多种形式的文化艺术交流活动。只有使全社会关注丝路文化，才真正有助于丝路文化的传承与创新，才能真正把我们最具影响力和传播力的文化产品推向丝路沿线国家和城市，真正扩大陕西乃至中国的文化影响力。

总之，建设丝绸之路经济带的战略构想是一个带有全局性且意义深远的战略决策，我们需要以文化为引领，着眼大局，把握细微，助力实践，让陕西故事沿着丝绸之路传播出去，让陕西文化沿着丝绸之路走出去。

（四）在践行社会主义核心价值观中发出陕西声音

文化建设各项工作要围绕弘扬社会主义核心价值观这一主旋

律。陕西传统文化、红色文化资源丰富，要利用好这些资源，让广大党员、干部、群众，特别是青少年了解党的历史，传承党的优良作风，激励人们焕发积极向上的精气神，把中国精神立起来，旗帜鲜明地唱响主旋律，传播正能量，在培育和弘扬社会主义核心价值观方面为全国做出表率，在践行社会主义核心价值观中发出陕西声音。我省践行社会主义核心价值观的建议主要有以下几点：

1. 以社会主义核心价值观入法入规、入脑入心

践行社会主义核心价值观要融入当代社会建设全过程。为此，要把社会主义核心价值观融入国家的法治建设，将社会主义核心价值观融入法治国家、法治政府、法治社会建设的全过程，融入科学立法、严格执法、公正司法全过程，养成全民守法的习惯。把社会主义核心价值观的要求体现到宪法法律、行政法规、部门规章、公共政策中。为此，发扬陕西人素有的精神和价值追求，以“厚德陕西”建设助推社会主义核心价值观落地生根，在陕西文化建设中添加合乎时代要求的文化因子，把对以往陕文化的传承与社会主义核心价值观结合起来，坚守主流价值、引领社会风尚，在我国从大国走向强国的进程中，在夯实中国特色社会主义文化中做出表率。

2. 以传统家风家教助力社会主义核心价值观的弘扬

要立足于传统文化资源，做好家风家教的传承。家风家教不仅是个人价值观形成和精神成长的重要起点，也是社会和国家核心价值观形成的基础和依托，因此，要强力推进新时期家风文化建设，推动社会主义核心价值观在家庭中生根、在亲情中升华。必须将家风家教看成一种重要的文化遗产加以发掘。一是加强对历代家谱村史、文史典籍、牌匾楹联的保护整理，在此基础上，加大宣传教育力度，延续家风家教传统。二是运用多种形式，综合利用网络平

台、微信、短信等载体讲述自家的家训内容、家教故事，以教育晚辈后人。三是充分结合各地特色，深入挖掘具有地域特色的家规家训，吸收群众熟悉的当地历史上的清官廉吏、知名人士等的优秀家风家教资源，在群众具有亲切感的材料中提升家风文化的传播影响力度。

3. 借助新媒体打造新平台，做好“互联网+核心价值观”

践行社会主义核心价值观，要注重价值观传播平台的打造。互联网及其创造的种种传播形态，包括网站、微博、微信、QQ、APP、客户端等，不但是传统社会传播链条上的延伸和补充、人们日常生活的信息获取平台、人际间互联互通的渠道，也应该是我们传播社会主义核心价值观的平台与主渠道。要利用好“互联网+”的模式，让核心价值观融入人们的日常生活，成为引领人精神世界的主导观念。为此，必须重视互联网在核心价值观传播中的地位和作用。借助互联网互联互通的便捷与畅通，扬正气、抑歪风，加强网络舆论引导力，增强社会主义核心价值观在网络传播中的穿透力。

4. 继承发扬延安精神，开发红色文化品牌

陕西的红色革命文化，与积淀在陕西大地的优秀传统文化是一脉相承的。红色革命文化是在革命年代对优秀传统文化的继承和发展，因而也是陕西坚定文化自信的底气所在、底蕴所在。中国共产党从建党到新中国成立28年的奋斗史，有13年在延安。陕西是延安精神、看齐意识的发源地。延安整风运动，锻造了党员干部通过学习马列主义理论“打通自己的思想，改变自己的作风，无条件地服从党的指导”的思想根基。延安、照金、马栏等革命圣地，宝塔山、枣园、杨家岭、瓦窑堡等革命旧址，是陕西独特、宝贵的红色革命文化资源。在践行社会主义核心价值观的进程中，抓品牌重特色，开发红色文化，陕西拥有独一无二的资源和优势。在践行社会主义核心价值观中发出陕西声音，就要弘扬延安精神、开发红色文化，通过对陕西特色的文化遗产和记忆的回望，促进党对自身文化价值的强烈认同，唤起、提振民族自信心和自豪感，在多元文化的碰撞与交织中，树立社会主义核心价值观。

二、稳步推进陕西文化事业繁荣发展

贯彻好、落实好习近平总书记对陕西发展提出的“追赶超越”定位和“扎实推进文化建设”要求，陕西必须打好“文化资源牌”，稳步推进文化事业发展，跳出“城墙思维”，树立文化自信，确立追赶超越目标，培育和弘扬社会主义核心价值观。

（一）陕西文化事业基本状况

“十二五”期间，陕西文化事业各方面取得了巨大的成就。但整体上，陕西文化事业的发展与文化大省的地位不相称，整体上滞后于中东部省份。

1. 投入力度不断加大，但是基层公共文化资源短缺

“十二五”期间，在全力稳增长、调结构、治污染、保民生的背景下，我省仍确保各级财政新增财力中用于文化建设的比重不低于2%，确保公共财政对文化建设投入的增幅高于财政收入增幅。到“十二五”末，全省文化建设经费支出达440多亿元，人均文化事业经费却排名第11位。

但是基层公共文化资源短缺现象并没得到根本扭转。一是革命老区、贫困地区文化建设经费投入不足，文化基础设施落后，专业人才匮乏。二是基层文化基础设施落后。长期以来，基层财政对文化事业发展的投入不足，导致有些区县文化设施陈旧落后，图书馆

藏书量小质差。三是基层文化管理人员缺乏。很多农家书屋没有专职管理人员，无法正常运转。

2. 文化设施大幅改善，但是文化体制机制改革有待深入

陕西省目前已建成1400个卫星数字农家书屋和信息管理服务平台，270座博物馆，120家文化馆，112座图书馆，且不少图书馆因读者数量不断增加，规模更大设施更完备的新馆建设项目已经启动，如陕西省图书馆、西安市图书馆等。

虽然文化设施有很大改善，但是文化体制机制改革有待进一步深化。一是文化资源缺乏有效整合。很多文化设施是由机关、企业等不同单位、不同系统投资建设的，并不对公众开放。由于缺乏有效的协调机制，不仅责任、权利难以清楚界定，而且存在重复建设、浪费严重的现象。二是对文化院团的扶持乏力。不少转企后的文艺团体发展面临挑战，出现设备老化、演出成本太高导致票价过高等问题，在一定程度上限制了文化产品的供给。三是缺乏社会参与的激励机制。公共文化服务活动主要由政府和文化部门组织开展，供给主体比较单一。四是群众评价和反馈机制缺乏。公共文化产品和服务主要还是由各级政府和文化部门进行自上而下的配送，没有切实考虑到群众的需求，群众参与的积极性不高。

3. 文化产品供给日益丰富，但是专业文化人才紧缺

陕西省艺术节、陕西省农民文化节、陕西省社区文化节、陕西省少儿艺术节、陕图大讲堂、西部非物质文化遗产展演等重大文化品牌活动，戏剧大赛、锣鼓大赛、曲艺大赛、社火及庙会等特色文化活动，在活跃广大群众文化生活、弘扬社会主义核心价值观等方面发挥了重要作用。

但以上文化活动以非专业人士组织实施为主，专业文化人才紧缺问题突出。一是文艺创作人才紧缺。虽然陕西文化资源丰富，但是创作人才存在断档现象。近几年的作品，与东部省份相比，无论是数量，还是社会影响都存在较大差距。二是人才开发和管理不到位。目前对文艺创作人才的考核主要还沿用过去的模式，没有探索出符合其自身特点的考核机制，创作激情未能充分激发出来。

4. 文化服务能力显著增强，但是思维方式与新形势不太适应

近年来，陕西省加强文化服务人才队伍的建设与培养，全面提升了服务能力。不少地方积极探索，创新思路，采取各种形式吸引、聘用优秀人才充实基层公共文化服务队伍。如西乡县结合文化体制改革，从县级事业单位选调25人充实到各镇文化站，既解决了相关人员的编制问题，又为基层输送了新鲜血液。

但在体制转轨、社会转型的新形势下，有些领导干部看待当前形势和自身工作，思想观念不够解放，习惯于传统思维模式和工作方式。有些领导干部对新信息、新变化的接受能力，对新问题、新矛盾的破解能力还有欠缺，在一定程度上还没跳出“城墙思维”。

（二）陕西文化事业发展的目标定位

确立文化事业发展目标，既要结合陕西的具体省情，又要放眼全国、全球，抓住“一带一路”建设的历史机遇，跳出“城墙思维”，树立文化自信，确立追赶超越目标，培育和弘扬社会主义核心价值观。

习近平总书记提出陕西处于追赶超越阶段的论断后，时任陕西省省长娄勤俭提出要跳出“城墙思维”，站在“秦岭之巅”放眼全国和世界，用系统化思维谋划追赶超越的领域、项目和支持政策。

陕西文化资源禀赋得天独厚，在传承优秀传统文化、增强文化自信、彰显文明大国形象中有着不可替代的作用。我们要按照总书记来陕视察时为陕西的定位"中华民族和华夏文化的重要发祥地之一""中华文明、中国革命、中华地理的精神标识和自然标识"，以及"溯到源、找到根、寻到魂，找准历史和现实的结合点"的要求，树立文化自信，主动担当起文化传承、文化复兴的责任，真正将陕西打造成文化强省。

在文化事业发展过程中，既要考虑现实基础，又要体现"跳起来摘桃"的进取精神，着眼争先进位、力促追赶超越。深入研判我省文化事业在全国的定位，选择资源禀赋相近而文化事业优于我省的省份，如内蒙古、天津、安徽，把追赶超越的对象标杆定准确、立起来，使追赶有参考、超越有方向。

文化建设各项工作都要围绕弘扬社会主义核心价值观这一主旋律。陕西红色文化资源丰富，要利用好这一资源，让广大党员、干部、群众，特别是青少年了解党的历史，传承党的优良作风，激励人们焕发积极向上的精气神，把中国精神立起来，旗帜鲜明地唱响主旋律，传播正能量，在培育和弘扬社会主义核心价值观方面为全国做出表率。

（三）加快陕西文化事业追赶超越的对策建议

1. 构建现代公共文化服务体系

第一，鼓励社会力量参与，增强公共文化服务发展动力。一是加强政策引导，确保社会力量参与的可持续性。尽快出台社会力量参与公共文化服务的指导意见、财政保障、绩效评估、考核奖励等一系列政策和机制，引导和鼓励社会力量的参与。二是扶持和培育非政府组织，形成多元互补的社会化格局。积极扶持和培育民间非营利文化机构、文化协会及文化中介等组织。政府可以通过积极引导、加强指导和监督等措施，将政府和市场对接起来，形成多元互补的公共文化服务供给社会化格局。三是加大政府购买力度，让市场充分发挥作用。既可以通过向社会力量购买资源、活动、服务的形式为群众提供各种公共文化服务；也可以通过购买的形式引入社会力量，管理、运营公共文化服务机构，完善和创新公共文化服务机构的委托管理经营模式。

第二，加大对基层的扶持力度，努力实现公共文化服务标准化、均等化。一是统筹城乡，促进公共文化服务均衡发展。我省公共文化服务的难点和短板在革命老区、贫苦地区。根据《“十三五”时期陕西贫困地区公共文化服务体系建设实施方案》要求，加大对革命老区、贫苦地区的政策倾斜和资金扶持力度。二是整合资源，拓宽公共文化活动阵地。把党政机关、国有企事业单位和学校的各类文化资源纳入公共文化服务体系，向社会免费或优惠开放。三是推动公共文化服务设施网络化建设。按照城乡人口发展和分布，合理规划建设各类文化设施，统筹建设集文化宣传、科技普及、普法教育、体育健身等多功能于一体的基层公共文化服务中心。坚持设施建设和运行管理并重，健全公共文化设施运行管理和服务标准体系。积极探索“互联网+公共文化服务”模式，推进公共文化服务数字化网络化建设。

第三，加强人才队伍建设，不断提升公共文化服务水平。一是引进高素质文化人才。针对文艺创作的特殊性，人事部门在总体调控下，适当放宽人才进入门槛。如一些民间艺人，其创作水平很高，但受学历等因素影响，无法进入相应的文化部门。鼓励用人单位通过市场手段，以项目为载体，吸引高层次文化人才。二是建设规范化的基层文化队伍。招聘农村文化阵地专职管理员。三是壮大文化志愿者队伍。公益文化单位、专业文艺院团要认真组织，开展形式多样、内容丰富的文化志愿服务活动。还要拓宽招募志愿者的渠道和范围。既可以向机关事业单位、社区、群团组织实地招募，又可以通过政府门户网站等网络平台招募；既可以招募退休的文化工作者，又可以招募在校大学生。同时要制定相关管理制度，使文化志愿活动的开展逐步规范化。

第四，深化公共文化服务供给侧改革，确立需求导向型服务机制。一是变“盲”为“明”，解决好需求和服务的信息对称问题，使群众的文化诉求有一个通畅的表达途径。可以以理事会为平台，建立群众评价和反馈机制，通过定期、不定期与群众代表沟通交流，根据群众需求讨论决定服务项目，推动文化服务项目与群众文化需求有效对接。二是变“送”为“选”，解决好文化服务按需配送问题。要改变不问需求，“一厢情愿”送文化的做法，让群众有选择权。积极探索实践“超市式”供应，“菜单化”服务模式，搭建新型服务平台，配送群众需要的文化产品。三是变“单一”为“多样”，解决好多元文化需求问题。改变“我演你看”服务模式，根据群众需求多元的特点，尽最大努力生产和提供符合群众需求的文化服务。四是变“锦上添花”为“雪中送炭”，保障弱势群体文化权益。把偏远山村农民、城市弱势群体、外来务工人员作为服务重点，把文化服务送给最需要的群众。

2. 加强陕西文化遗产保护

第一，加强历史文化名镇和古村落保护、开发、利用。要尽快建立和完善陕西传统村落档案和数据库，制定传统村落保护发展规划，探索开展保护性修复试点，对传统村落进行保护。要调查摸清陕西省古村落的底数，列出古村落名录。列入传统村落名录，意味着必须承担延续历史脉络、传承民间技艺、修缮古代建筑的责任。摸底调查的内容包括村落基本信息、村落传统建筑、村落选址和格局、村落承载的非物质文化、村落人居环境现状等。调查对象以行政村或自然村为单元，调查清楚以后，建立古村落保护的档案和数据库。

第二，加强大遗址保护、开发、利用。积极申报建立国家级西安大遗址保护示范区。在国家和省级主体功能明确的基础上，申报北郊在设立国家级西安大遗址保护示范区，统一管理秦阿房宫、汉长安城、唐大明宫三大遗址区和周边可开发区域的保护利用工作，设立专项拨款和资金，用于大遗址保护。适当调整周边原有区级政府的管辖范围，成立大遗址保护示范区管理委员会，负责大遗址范围内的文化遗产保护、城乡规划、经济发展、社会管理等工作，对大遗址保护示范区实行统一规划、统一建设、统一管理。

第三，加强非物质文化遗产保护。在普查的基础上，建立国家、省、市、县四级非物质文化遗产名录体系，建立陕西“非遗”数字博物馆及“非遗”大型数据库。要通过普查，基本摸清我省非物质文化遗产资源的家底，并通过建立资料库、数字博物馆、专题博物馆，对挖掘、整理出的文字、影像、实物资料进行归档。将各种有价值的非物质文化遗产以图片、声音、影像等形式加以存储，建立图、文、声、像各类数据库，完成非物质文化遗产的数字化存档，从而形成科学的管理体系。

传承人是“非遗”保护的核心，要保护传承人，防止传承人出现断层。要构建完善的传承人认定机制，探索团体传承制度，评定传承人采取两条腿走路的方式，即除政府组织申报外，还采取由传承人直接登记的方式，作为现行认定制度的补充程序。要着力抢救保护传承人的影像资料，防止“人走技失”。要着力促进职业传承，要提高“非遗”传承人的社会地位并增加补贴幅度，促进师徒传承。加强对代表性传承人的管理和考核，积极支持代表性传承人收徒传艺，为传承人举办展演、展示活动，为传承人搭建平台。此外，还应对代表性传承人进行培训，资助代表性传承人有关技艺资料的整理、出版。

3. 深化文化体制机制改革

第一，深化文艺院团体制机制改革，加大对文艺院团的扶持力度。已完成转企改制的文艺院团要建立现代企业制度，完善转制院团运营机制。转制院团要不断完善企业运营机制，加快公司制股份制改造，建立现代企业制度，完善法人治理结构。打破院团领导主要由体制内业务干部担任的惯例，面向全社会进行招聘，选择懂艺术、善经营、会管理的职业管理人才担任院团领导，推动文艺院团管理机制创新。推动文艺院团加大人事、分配和社会保障三项制度改革的力度，建立和完善相关办法，实行合同聘用，按需设岗，以岗定薪，按履行职责和贡献大小进行分配。

各级财政部门应安排一定的资金，通过政府购买服务、项目补贴、定向资助、以奖代补等方式，鼓励和引导转制院团参与公共文化服务。加大对公益性演出的补贴力度，建立公益性演出经费保障长效机制，继续通过政府补贴的方式，加大对各级艺术表演团体政策宣传性演出、重大节庆演出、对外文化交流、送戏下乡和拥军慰问等公益性演出的补贴力度。

第二，加强党对文艺工作的领导，奖励扶持文艺精品创作。文艺工作的最终目的就是要创作大量的文艺精品，为人民群众提供丰富的精神食粮。为了落实习总书记文艺座谈会精神，创作出更多的文艺精品，省委、省政府应高度重视文联、作协的工作。充分发挥文联、作协在推动精品创作中的重要作用。把文联的建设纳入党政工作的总体布局，统一规划、部署、检查、考核，定期听取文联工作汇报，研究解决文联工作中的难题。对文艺的领导应该遵循艺术创作的规律，避免以行政命令、行政干预的方式，限制和影响艺术家的创作自由，为艺术创作提供宽松的土壤和环境。

实施“精品创作扶持工程”“大秦岭·中国脊梁”文艺创作工程。尽快完善“百优计划”入选作家的进入、退出、评价、遴选、公示制度。可重点支持一些长期从事文艺创作的艺术工作者，以及文学期刊，使陕西在全国有叫得响的艺术家和文学期刊。提高茅盾文学奖、鲁迅文学奖、柳青文学奖等诸多文艺评论奖的奖金标准。整合资源、打造具有陕西特色的文艺精品。重点抓好重大革命历史题材和反映陕西历史文化、陕西精神的题材进行文艺创作。

第三，推广实施建立图书馆、博物馆的法人治理结构。建议在全省图书馆和博物馆推广法人治理架构。建立图书馆的理事会、管理层、职工大会和社会监督机构分权制衡的组织架构，明确图书馆各个利益相关者的权利、义务和责任，构建以公益目标为导向、内部激励机制完善、外部监管制度健全的规范合理的治理结构和运行机制，为社会提供优质高效的公共文化服务。其中理事会成员结构基本按照“三三制”模式选出，即从图书馆主管机构（政府机构）、本图书馆人员、社会其他行业人士代表中选出。理事会成员对理事会会议行使表决权；监督检查图书馆对理事会决议的执行情况；监督管理层执行职务的行为；监督图书馆资金有效使用情况。理事会还可设立咨询委员会或各类专业委员会，比如人力、财务、审计等，为理事会决策提供专业咨询和管理咨询服务。

4. 扎实加强农村文化建设

第一，加强核心价值观建设，促进乡村移风易俗。引导村民建立健全各种自治组织，实行自我管理和约束。目前，农村有些地区婚丧嫁娶大操大办、相互攀比，迷信思想盛行，黄赌毒泛滥，邻里关系淡漠，村集体组织涣散，公共生活无人参与，群众缺乏凝聚力。各级政府要引导村民成立红白理事会，健全理事会组织、颁布章程，通过自我管理的方式，革除大操大办、铺张浪费等陋习，树立厚养薄葬、丧事简办的风气。引导村民成立道德评议会，调节邻里纠纷和干群矛盾，树立邻里和睦相处、互助友爱的文明风气。引导村民成立禁黄、禁赌、禁毒会，互相监督管理，自觉抵制歪风邪气，养成遵纪守法的习惯。举办道德讲堂，以身边的好人好事教育群众，形成崇德重德的新风尚。村委会要制定和完善乡规民约，宣传优良的家风家训，塑造文明家风村风，循序渐进地展开移风易俗的工作

党员干部带头是改变社会风气，推动民俗转向的有效方式。要以党风廉政建设促进民风的转变。要以党纪政令来管理约束好党员干部，让党员干部发挥引领社会风尚的作用。基层党组织要出台党员干部办理婚丧事宜的相关具体规定，签订《承诺书》，落实报备制度，为党员干部戴上党纪国法的“紧箍咒”。要落实《中国共产党廉洁自律准则》与《中国共产党纪律处分条例》，严禁党员干部参与赌博、色情和封建迷信活动，从严治党，以党风引领民风，以党风端正民风。

举办丰富多彩，健康向上的文化娱乐活动，引导农民群众培养高雅情趣，远离低俗趣味。通过“文化下乡”系列活动为农民提供丰富的精神食粮，引导农民举办丰富多彩的文化娱乐活动。要发挥文艺作品敦风化俗的作用，以人民群众喜闻乐见的艺术方式培育社会主义核心价值观；利用好传统的节日文化，大力弘扬社会主义核

心价值观，让核心价值观落地生根，成为移风易俗的精神力量。

第二，加大农村文化基础设施建设和管理力度。改善基础设施是农村文化建设的基本前提。各级政府要把农村文化建设的投入纳入同级财政预算中，并确保这种投入增长速度与经济发展速度同步。重点加大对经济欠发达地区的财政扶持力度，从而使农村文化建设在整体上呈现均衡发展态势。建立健全规章制度，加强对农村文化设施的有效管理。加强对文化设施的规划、建设和使用情况的监督，防止农村文化设施被挤占、挪用。积极鼓励和吸引社会资金投资建设农村文化设施，并实现资源共享。

第三，加强农村文化人才队伍建设。结合乡镇综合体制改革，切实解决好乡镇文化机构、编制和人员待遇等问题。要建立健全乡镇文化工作指导员队伍，大力培养和发展民间文化队伍，充分发挥农村、社区民间文艺团体、民间艺人及农村中小学教师、学生在活跃基层文化生活中的作用。各地文化部门要把辅导培训作为提高农村文化活动层次的重要载体和途径，每年有计划地培训农村、社区文化阵地的管理人员、文艺骨干，以保障农村文化建设积极健康发展，进一步提高乡镇文化工作人员的业务能力和整体素质，适应新形势下农村文化工作的需要。

第四，加大贫困地区文化扶贫力度。“治贫先治愚。”文化扶贫可以让贫困群众的视野开阔起来、思路明晰起来。要从根本上刨掉穷根，就一定要将这一“重武器”用好、用实。一方面，相关地方和部门应通过创新服务供给方式、支持群众自主参与、推进政府购买服务、鼓励社会力量参与等多种形式激发贫困地区公共文化发展活力；另一方面，相关部门应通过提高公共文化机构服务能力、加强基层公共文化资源整合、创建“按需点单”公共文化服务模式等多种方式提高贫困地区公共文化服务效能。

三、加快陕西文化产业发展，助推文化强省建设

为认真贯彻习近平总书记对陕西"追赶超越"科学论断和"五个扎实"重大要求，陕西提出文化强省战略，以文化产业引领文化强省战略目标的实现已经在各方达成共识，陕西文化产业发展迎来了发展的重要战略机遇期。

（一）陕西文化产业的现状与问题

陕西是一个文化大省，发展文化产业具有明显的优势和潜力。近年来，陕西的文化产业，一方面实现了快速发展，另一方面也遇到了许多问题。只有摸清其整体状况，才能对症下药，制定追赶超越的目标。

1.陕西文化产业的现状

陕西作为中华民族文明和华夏文化的重要发祥地之一，是全国重要的历史文化中心，有着大量具有极高价值的文化资源，这在全国是少有的。近十年来，全省上下以项目带动为抓手，以园区建设为承载，以体制改革为动力，促进了文化产业大发展，文化产业增加值持续保持两位数增长，占全省GDP比重逐年提高，保持了与全省经济的同步快速发展、同步争先进位，成为陕西跻身全国中等发达省份的重要支撑力量。2014年以来，省政府大力推进30个重大文化项目，重点做强历史文化、红色文化、丝路文化和现代文化，打造了一批文化陕军和文化品牌。按照国家统计局文化产业最新统计方法核算，2014年，陕西文化产业增加值为646.11亿元，总量居全国第16位、与GDP总量在全国位次一致，居西部第2位。总体达到了西部前列、全国中等偏上水平。

陕西的文化产业市场主体活力不断被激发，产业聚集效应不断增强，具有带动效应的示范园区作用突显。以红色文化、历史文化、生态文化为主要内涵的30个省级重大文化项目稳步推进，以“互联网+”为背景的新技术新业态对文化产业的改造不断提升，金融财税政策体系对文化产业的支持基本形成，以影视、戏剧为代表的文化产品和文化服务日益丰富，极大地满足了人民群众的精神文化需求。

2. 陕西文化产业的问题

陕西的文化产业虽然取得了巨大的成绩，但无论规模还是品质，都与其所享有的文化资源不尽相配。我们对文化基础性资源的开发，仍存在纵向挖掘不够深入，横向联系不够紧密的问题。由于缺乏顶层性、整体性、系统性、前瞻性的战略规划和架构设计，各个文化板块之间重复建设、同质竞争现象层出不穷；区域发展不平衡，产业布局不合理，单打独斗、各自为政的矛盾依然突出。市场的主体性作用还未充分发挥，文化企业的数量偏少、规模偏小。

互联网的发展，让文化产业的运营模式发生了根本性变化。陕西在此领域存在自主创新能力不强、科技支撑不力、“互联网+”作用发挥不够等突出问题，致使大量文化资源不能有效转化为产业资源，文化产业发展总体质量不高、效益不优，亟待转型升级、创新发展。

在文化产业扶持方面，地方财政预算支出的比重虽然有所提高，但每年仅提高不到1%，增长极为缓慢；在文化扶持方面，虽然每年设立了1个亿的专项资金，但仍属阶段性定额资金，长效增长机制尚未建立。

此外，还存在文化产业园区化、集群化的效应不足，难以发挥规模优势，文化消费的层次偏低，产品的供给能力偏弱，供给水平偏低，文化产业人才匮乏等问题。

（二）陕西文化产业追赶超越的目标

1.陕西文化产业发展的总体目标

陕西省“十三五”规划提出：“要进一步深化文化体制改革，继续抓好30个省级重大文化项目建设，大力推进文化与科技、金融、旅游、互联网等深度融合，加快发展‘文化+’新兴业态，努力保持文化产业产值年均增长在25%以上，着力提高产业规模化、集约化、专业化水平。”

2015年，陕西省文化产业增加值占GDP总量的4%，与“十二五”末文化产业成为我省支柱性产业的目标还有一定差距。陕西若要实现与自身文化大省相匹配的产业竞争力，则需在现有基础上翻两番。也就是说，文化产业增加值应在未来两年超过千亿，未来3年超过两千亿元。因此，按照目前的数字计算，未来5年，年均增长要超过25%。

除了总量翻两番之外，产业结构也需要进一步优化和调整。尽管陕西省依托科技、教育、文化的资源优势，已经在文化创意与设计服务业，文化产品生产、文化艺术服务业，文化休闲娱乐服务业等多个门类出现了相对聚集的态势，但仍存在产业层次偏低、结构不完善、主导优势不明显等问题。根据国家“十三五”规划中对文化产业的总体部署、“一带一路”战略的深入推进和习近平总书记对陕西提出的“五个扎实”的要求，陕西应紧紧抓住转型升级的机遇期，不断以数字创意等新兴业态对文化产业进行大解构；以“文化+”的思维加强文化产业和金融、科技、生态等要素，以及和现代农业、商贸服务业、先进制造业等其他产业的大融合；以不断深化改革，冲破体制机制束缚的态度对文化产业进行大变革，以实现陕西文化强省和追赶超越的目标。

2.陕西文化产业追赶超越的目标

在对标发展方面，一是要从总量目标上找准自身在全国文化产业排序当中的位次，对标西部第一，打造文化强省。二是从发展方式上找到资源禀赋相近，比较优势相似的地方，制定出台具体的文化产业发展的新目标和新格局。

在排序的位次上，目前陕西文化产业在全国处于中游，西部第二。因此追赶超越的目标应该紧紧盯住我们的两个近邻：中部文化产业第一的河南省和西部文化产业第一的四川省。2015年，河南省全社会文化及相关产业实现增加值1111.87亿元，较2014年增长12.9%。四川省全省文化相关产业实现增加值超过1200亿元，较2014年增长13.3%。据此测算，陕西若要在“十三五”期间实现对豫、川的追赶超越，就必须以加倍的增速实现跨越式发展。这与陕西“十三五”规划中提出的文化产业发展总量目标与年均增长的要求是高度一致的。

在发展的方式上，陕西以文化立省；从资源禀赋上说，其独有的历史文化资源和生态区位优势，其他省份难以望其项背。但从利用比较优势实现文化产业的发展上说，我们追赶超越目标之一的河南省，一手抓传统文化产业升级，一手抓新兴文化业态培育的发展思路还是很值得学习的。另外，浙江、江苏等东部省份在对水乡文化的挖掘上和影视、文广、创意等产业的培育上也有很多成熟的案例可供参考。

总体上说，陕西在未来的5年，应该以更加大气的格局和更加宽广的视野，抓住机遇，找准目标，深化改革，大破大立，实现文化产业的跨越式发展。

（三）推动陕西文化产业发展的着力点

1. 挖掘陕西文化基础性资源，打造“文化陕西”新名片

面对陕西丰富的文化资源，应该进一步加强对全省文化产业基础性资源的深入挖掘，统一编制资源开发利用指导目录，围绕历史文化和自然生态两大主题，对文化产业及其延伸行业的资源进行跨界整合与模式再造。

建议紧紧围绕陕西的关中、陕南、陕北三大文化产业带和十大重点文化产业区，对全省生态、宗教、文物、民俗等众多文化资源进行优化重组，在摸清家底的基础上，放眼全球，抓住“一带一路”的重要战略机遇，注重打造文化品牌。如在关中地区，强化西安旅游枢纽地位，统筹宝鸡、渭南、咸阳等城市的集散功能，打造关中特色城镇群；在陕南地区，利用秦巴山区独有的区位优势，完善秦岭南北通道交通和自驾车旅游廊道体系，建设全球知名的生态旅游目的地；在陕北地区，利用革命老区的历史文化积淀，开发特色旅游商品，培育富有红色文化内涵的旅游品牌等。

2. 加速文化与科技融合发展，利用新技术推进文化产业升级改造

随着互联网技术的普遍应用，文化与科技融合日益紧密。目前，文化企业结构正在发生着巨大变化，很多传统文化产业正在或已经搬到互联网上，互联网企业正在主导文化产业并购和资源整合。

建议充分利用科教资源丰富密集的独特优势，采取“政府扶持、市场运作、企业支撑、社会参与、国际合作”的模式，实施大项目带动战略，策划一批重大文化科技创新项目，突破一批核心技术和关键共性技术，发展互联网信息服务、大数据、VR与AR等文化

相关前沿产业，加快本土科研成果转化，面向未来打造基础性新兴业态，抢占文化产业新的制高点和增长点。例如，文化与旅游融合方面，主要发展体验式、互动式的文化旅游新模式，对可开发的非物质文化遗产进行充分挖掘整理和包装策划，打造更多特色文化旅游产品。在文化创意产业方面，要紧紧抓住虚拟现实和人工智能科技风口，在影视、动漫、传媒、会展等领域，利用新技术改造传统文化产业，利用新业态提升产业层次。

3. 创新文化与金融财税政策体系，促进文化产业跨越式发展

文化产业发展离不开金融体系和财税系统的支持。从国际文化产业投融资发展模式看，许多文化产业发达的国家，都采用了多层次、多元化产业投融资投资体制，即政府、企业、市场、民间资本共同支持的方式。

首先，要建立能够多层次支持产业发展的金融与财税政策。如建立以政府担保为基础的文化投资基金与风险补偿金，搭建文化金融信息服务平台，拓宽文化产业融资渠道，鼓励金融机构开设文化产业服务部门等。其次，要针对文化产业特点，创新信贷产品，开展多种贷款抵质押模式，对不同文化企业提供不同的融资方案。除传统流动资金贷款、项目贷款外，还需进一步探索知识产权、影视制作权等无形资产质押方式，优化资信评估和授信审批体系，多渠道解决文化产业普遍缺失抵(质)押物的问题，不断畅通投资控股、金融信贷、风险担保等渠道，引导担保公司为陕西文化产业提供融资担保。再次，要进一步降低民间资本进入门槛，形成文化产业多元化投资融资格局。不断细化政府资金投入方向，加大财政投入力度，建立财政支持文化产业稳定增长的长效机制，引导各类专项资金捆绑使用，充分发挥财政资金引导作用。同时，要进一步加大简政放权力度，探索文化产业事权、财权归并管理新路径，在设立文化产业发展专项资金基础上，进一步明确逐年增长的比例。此外，还要争取国家相关部委专项资金投入，对符合条件的重大文化项目给予优先考虑、重点支持。

4. 实施文化产业园区化发展战略，不断加强文化产业集群建设

文化产业园区作为产业集约化发展的主要路径，也是实现产业规模化发展的重要载体。首先，要按照文化产业发展现状、产业链形成规律，科学编制文化产业集群发展规划，高标准规划建设各类专业园区，引导布局分散的各类文化企业向专业园区集中，增强整体竞争力。同时，要尽快制定产业集群品牌梯队培育建设规划，编制出台文化产业集群品牌指导目录，建设一批品牌产品、品牌企业，形成分工有序、相互协作、前后配套、连接紧密、各具特色的文化产业集群发展格局。其次，要以文化体制改革和文化强省建设为总抓手，以激发文化产业发展活力为根本，大力推进国有文化企业转企改制，突出解决长期困扰文化产业发展尤其是国有文化资产产权不明、监管薄弱等问题，搭建和完善具有出资人地位的新型监管平台。再次，要以整合文化资源和盘活文化资产为突破，利用文化名城和特色小镇建设的契机，探索建立适应文化产业集群化发展的宏观管理机制，进一步打破行政与行业壁垒，推动文化企业开展纵向产业链条整合。通过产业合理布局、服务功能分区、集中建设管理等，进一步用足用活土地、资金、人才等市场要素，提高资源配置效率和公平性，推动传统产业转型升级。

5. 坚持创新驱动和供给侧改革同向发力，提升文化消费能力和层次

文化产业的发展离不开文化消费市场的繁荣，没有文化消费的拉动，文化产业的发展也就失去了依托和动力。随着文化产业的

快速发展，现有的市场供给结构和供给水平已经不能完全满足市场的需要。省委副书记毛万春强调："要支持和培育文化领域领军人物、文化大师，打造和推出一批优秀文学作品、文艺精品。"这是对陕西文化产业供给侧改革提出的殷切希望。

未来我省文化产业应重点把握好3个方面的创新。一是理念创新，始终坚持文化产业发展应担起文化传承的使命，为人民群众提供有质量的精神文化产品；始终坚持把社会效益放在首位，实现社会效益和经济效益相统一，从根本上杜绝劣质低俗的文化产品。二是思路创新，充分发挥市场在发展中的主导性作用，切实找准市场定位，通过产业价值链解码与重构，制定覆盖文化产业全要素的标准体系，促进文化产业市场层次提升，避免和规制盲目重复、破坏资源的纯粹追求利益的错误导向。三是模式创新，不断加强文化与各种业态的融合，扩大文化产业的边界，创造文化产业与其他产业之间互利共赢的合作模式。

总之，陕西的文化产业发展，底蕴厚重，潜力巨大。我们必须认真贯彻习近平总书记对宣传思想文化工作和陕西工作做出的新部署、提出的新要求，以五大发展理念为引领，更加注重创新创造、更加注重协调均衡、更加注重质量效益、更加注重交流互鉴、更加注重共建共享，追赶超越，担当负责，加快发展，力争到2020年使文化产业真正成为我省名副其实的支柱产业。

扎实做好保障和改善民生工作

大力保障和改善民生是中国特色社会主义的本质要求，是推动经济持续健康发展、保持社会和谐稳定的重要保证。习近平总书记在来陕讲话中将做好“保障和改善民生工作”作为“五个扎实”内容之一，对陕西提出殷切希望和明确要求，既是其百姓情结的自然流露，也是结合陕西实际对其治国理政战略思想的理性表达，为陕西在民生建设方面追赶超越指明了正确方向。贯彻总书记来陕讲话中的民生建设精神，必须有强烈的战略意识，着眼全局、着眼长远、协同发力、务求实效。

一、战略意义：人民幸福的根基，发展工作的“指南针”

人民幸福是我们一切工作的出发点和落脚点。改善民生是实现“人民对美好生活的向往”的根本要求，是以习近平同志为核心的党中央治国理政的根本追求。改善民生不仅具有重要的社会意义，而且具有重要的政治意义。

（一）改善民生是实现中国梦的重要聚焦点

党的十八大以来，以习近平同志为核心的党中央在理论和实践方面的伟大创造之一，就是提出、阐释并确立了实现中华民族伟大复兴的中国梦这一宏伟奋斗目标。中华民族伟大复兴的中国梦从提出到现在，不仅在理论上成为习近平总书记系列重要讲话的逻辑主线，引领党和国家工作的战略部署，而且在实践中成为激励中华儿女团结奋进、开辟未来的精神旗帜。在中国梦这一宏大的目标架构中，国家和民族的追求与人民期盼有机统一，国家富强托起民族振兴，民族复兴承载人民的福祉，人民幸福是国家富强、民族振兴的落脚点，也是激发人们为实现国家富强、民族振兴而奋斗的力量源泉。这就决定了着眼于满足广大群众生存和发展需要的民生建设是实现中国梦这一宏伟目标的重要支撑点。

1. 改善民生是中国梦的本质要求

中华民族伟大复兴的中国梦，是在深刻认识中华民族近代100多年历史的基础上提出的，它承载着中国人民在苦难中痛苦生活的历史记忆，也包含了党和政府基于国家富强、民族振兴为人民创造美好生活的历史担当。习近平总书记指出："中国梦的本质是国家富强、民族振兴、人民幸福。"人民幸福是中国梦的价值基点，保障和改善民生是实现人民幸福的根本途径。只有团结和带领人民扎实做好民生建设的各方面工作，不断为人民造福，才能彰显党和政府的民生责任感和使命追求，充分体现中国梦的时代价值。

2. 改善民生是民族复兴阶段性目标的核心内容

实现中华民族伟大复兴的中国梦，有两个阶段性目标。第一阶段的目标是在中国共产党成立一百周年时，全面建成小康社会。全面建成小康社会作为社会主义现代化理论中的范畴，与传统小康概念相比，虽然融入了现代化历史进程所赋予的许多新的时代内涵，但也继承和保留了传统小康概念中的民生内核。正因为如此，进入21世纪以来，党的历次代表大会在对21世纪前20年发展目标的阐述中，都紧紧围绕"让人民生活得更好"展开。民生问题的关注度不断提升，民生建设不断加强。党的十六大把"人民生活更加殷实"作为六大总体目标之一，党的十八大和十八届五中全会在继承十七大确立的"以保障和改善民生为重点的社会建设"观点的基础上，进一步提出"实现国内生产总值和城乡居民人均收入比2010年翻一番"，从而使民生建设总体指标得以强化。

3. 改善民生是广大群众对中国梦的殷切期待

中国梦是国家情怀、民族情怀和人民情怀的统一，是国家期待、民族期待和人民期待的综合体现。中国梦的国家期待是中国经济实力和综合国力的大大增强，国际竞争力大幅度提升，国际影响力显著增大；中国梦的民族期待是中华民族以文明开放的姿态雄踞世界民族之林，中华民族的尊严充分得到维护；中国梦的人民期待就是人民日益增长的生存和发展需要不断得到满足，生活的获得感和幸福感不断增强。老百姓对中国梦的理解，是通过"宏大叙事"放飞个人梦想，实现生活质量的新跃升。因此，习近平总书记指出："中国梦归根到底是人民的梦，必须紧紧依靠人民来实现，必须不断为人民造福。"

（二）改善民生是经济社会发展工作的重要"指南针"

改善民生与经济发展并不是对立的，而是相辅相成的。经济发展是改善民生的前提，只有经济获得发展，才能为改善民生奠定物质基础，改善民生不仅能够拉动消费需求，从而为经济发展增添动力，而且能够为经济发展指明正确的方向，预防和矫正经济发展可能出现的差失。

1. 保障和改善民生为经济发展目标提出新要求

经济发展必须落实到改善民生上，这是长期以来人们在总结历史经验基础上形成的共识。但是，有一段时间，经济建设中出现一味追求GDP、忽略保障和改善民生的错误倾向，导致环境污染、挤压城市空间、收入差距拉大等问题，严重影响广大群众生活质量的提高。党的十八大以来，党中央高度重视民生建设，把以人民为中心的发展思想作为确立和落实五大发展理念的前提和基础。党的十八届五中全会提出："十三五"期间要"如期实现全面建成小康社会奋斗目标，推动经济社会持续健康发展"，必须"把握发展新特征，加大结构性改革力度，加快转变经济发展方式，实现更高质量、更有效率、更加公平、更可持续的发展"。按照保障和改善民生的要求，经济建设决不能以挤占民生投入、污染环境牺牲群众的健康、加剧社会分化、解构民间社会互助为代价。

2. 保障和改善民生是撬动经济发展的重要杠杆

经济学理论认为，推动经济发展主要有三大杠杆：投资、外贸和内需。近年来，受全球经济贸易增长乏力的影响，对外贸易对我国经济发展的拉力明显不足。2014年外贸对经济增长的贡献率仅为10.5%，2015年略有提升，达到12.3%。在此情况下，通过加大民生投入扩大内需，成为推动经济持续发展的必然选择。事实上，近几年消费对经济增长的贡献率持续上升，2014年为51.9%，2015年为66.4%，提高了14.5个百分点，而同期在全国中央和地方财政支出中民生领域的支出增长较快。2014年财政支出同比增长13.2%，70%为民生支出，其中民生建设各领域支出增长基本在11%—13%之间，住房保障支出增长高达22.2%。2015年医疗卫生和计划生育支出增长17.1%。事实证明，保障和改善民生在我国经济的结构改善和持续发展中具有重要的战略意义。

（三）改善民生是维护社会安全稳定的重要“压舱石”

维护社会安全稳定是实现经济社会发展的重要条件，是人民生活幸福美满的基本需要。社会稳定既与社会公平有关，也与民生的保障水平有关。社会差距过大会造成小的不稳定，而基本民生一旦得不到保障，则会引发大的不稳定，甚至会危及政权。

汉代著名思想家贾谊在《论积贮疏》中指出，“管子曰：仓廪实而知礼节”。意思是说，仓库里粮食充足，老百姓才能做到自觉遵守规矩，社会才会井然有序。回顾阶级社会发展的历史，生存保障的缺失是社会革命的重要诱因。对此，马克思主义经典作家做过深刻分析。列宁认为，能够引起针对政权的革命形势应该具有三个特征，其中之一就是“被压迫阶级的贫困和苦难超乎寻常地加剧”，社会底层不愿照旧生活下去了。当这种条件具备后，一旦遇到风暴，都会“促使他们投身于独立的历史行动”。这充分说明，民生保障是社会稳定的根本基础，民生危机必然导致社会危机和政治危机。

保障和改善民生对社会稳定的意义，已被改革开放以来我国社会发展的历史所证实。以市场化为价值取向的经济体制改革，给我国经济社会发展带来巨大活力，综合国力显著提升，人民生活极大改善。同时，市场化的改革也带来贫富差距拉大和严重的社会分化，我国城乡居民收入基尼系数大大超过国际警戒线。但是，30多年来我国没有发生颠覆性的社会失序，政治秩序和社会生活基本保持总体稳定。何以如此，最重要的原因是党和政府在民生建设方面做了大量富有成效的工作，人民群众的基本生活不仅得到保障，而且不断提升。

（四）改善民生是衡量党执政水平的重要“定盘星”

党的执政水平是指党运用国家政权促进社会繁荣、人民生活幸福安康所能达到的高度，是包括实现政治民主、经济发展、文化繁荣、社会稳定、百姓幸福等在内的综合性范畴。由党的性质和宗旨所决定，中国共产党人始终把最广大人民根本利益的实现程度作为衡量党执政水平的根本标准，以与人民生活密切相关的现实的具体问题的解决程度为核心要素，完善政治、经济、文化、社会和生态文明建设评价体系。

1. 改善民生是衡量党的执政水平的价值尺度

中国共产党来自于人民，根植于人民，是广大劳动人民利益的忠实代表，把全心全意为人民服务作为自己的行动宗旨。党执政后的根本任务，就是解放生产力，发展生产力，改善民生。对此，邓小平曾指出：“在社会主义国家，一个真正的马克思主义政党在执政以后，一定要致力于发展生产力，并在这个基础上逐步提高人民的生活水平。”是否有利于人民生活水平的提高，应当成为衡量我们一切工作是非得失的根本尺度。党的路线方针政策只有在符合人民的利益和愿望的情况下才是正确的，党的执政活动只有在切实提升人民生活质量的情况下才是富有成效的。习近平在新一届常委记者见面会上的讲话指出：“人民对美好生活的向往，就是我们的奋斗目标”，“检验我们一切工作的成效，最终要看人民是否得到实惠，人民生活是否真正得到改善”。

2. 改善民生是执政水平评价体系的核心要素

执政水平的评价体系，在不同领域由不同的要素构成。但是，任何领域的评价体系的设计，都应当充分考虑广大群众的民生要求，直接或间接围绕保障和改善民生来展开，都应当促成人民生活水平的提高，否则，党在所有领域的执政活动就会失去意义。进入21世纪以来，随着我国经济发展和国力的不断增强，民生建设日益成为加强党的执政能力、提高党的执政水平的时代课题。从安居乐业的角度关注政治发展、从生活富裕的角度考量经济发展、从精神生活质量的角度评判文化发展、从公平共享的角度估价社会发展，已经成为全社会的普遍共识。民生指标在各领域工作评价体系中的核心地位不断得到强化。

3. 改善民生为党获得合法性执政资源奠定基础

政治合法性是指人们对某种政治权力秩序是否认同及其认同程度，也称为正统性、正当性。合法性执政资源的获得是党长期执政的前提，大力改善民生能够为扩大执政合法性资源的获得范围、增加执政合法性资源获得量奠定坚实的基础。邓小平指出："不坚持社会主义，不改革开放，不发展经济，不改善人民生活，只能是死路一条。"[①]我们党的领导人虽然没有用过合法性的概念，但是对合法性问题长期予以高度关注。毛泽东确立"为人民服务"根本宗旨并告诫全党坚持"两个务必"继续"赶考"，邓小平提出"三个有利于"的标准，江泽民提出"三个代表"重要思想，胡锦涛指出党面临"四大危险"和"四大考验"，习近平强调"人心向背是最大的政治"。他们不仅透彻分析了合法性对中国共产党政治发展的意义，而且深刻阐明了执政合法性资源获取的有效方式。当前，民生问题既考验着我们党的执政能力和执政水平，也极大影响着党执政合法性资源的获得。对此，我们必须从执政的战略高度看待民生问

① 中共中央文献编辑委员会：《邓小平文选》，北京：人民出版社，1993年，第370页。

题，扎实推进保障和改善民生的工作。

二、战略思路：守住底线、突出重点、完善制度、引导预期

同全国一样，陕西民生建设在经历自然改善期和超越发展期之后，进入质量提升期。面对民生形势的新变化和广大群众的新期待，陕西在扎实推进民生建设过程中，必须处理好6个关系：

（一）在民生根基上要处理好改善民生与发展经济的关系

经济发展与改善民生既有统一的一面，也有矛盾的一面。就统一的一面而言，经济发展是改善民生的前提和基础，经济发展了，就会带来更多的就业机会，增加居民收入，增加公共积累，为教育、医疗、社会保障等事业的发展提供可靠的经济支撑；保障和改善民生能够为经济发展创造良好的社会环境，也可以有效增加社会消费预期，有利于扩大内需。就矛盾的一面而言，经济建设和改善民生各自基本的目标定位存在较大差异。总体上来说，经济建设的根本任务是解放和发展生产力，创造物质财富；而民生建设的根本任务是百姓生活的幸福，让社会财富能够公平合理地用在全体人民的生存和发展上。这就很难保证经济发展与改善民生会自然而然地统一起来。它要求我们必须针对具体情况做出科学的决策。

1. 要结合民生推进经济快速发展

陕西工业体系完整、科教综合实力强、产业集聚度高，紧抓国家向西开放政策带来的机遇，在经济发展方面取得了显著成绩。2015年，经济总量在全国排名第15位，但是，同东部发达省份相比还有很大差距，经济发展与民生需求增长之间的矛盾依然突出，因此，加快发展依然是我们面临的一项艰巨任务，要把经济发展放在

重要的战略位置上。在国际经济贸易增长乏力、国内经济回暖迟滞的情况下，陕西在经济领域的追赶超越，必须与民生领域的追赶超越紧密结合起来，加大生活饮水工程、乡村生活环境改造工程、社区生活服务配套设施建设、保障性住房建设、棚户区改造、养老设施建设等方面的投入力度，驱动内需，拉动经济发展。同时，要积极运用网络技术推动管理和营销模式变革，在交通出行、房屋住宿、生活服务等领域重塑产业链、供应链、价值链，发展现代服务业，稳定传统消费，扩大新型消费，发展体验消费。

2. 确保经济发展与民生建设良性互动

近年来，陕西民生工程扎实推进，经济发展与民生改善已形成良性循环。居民收入增速高于GDP的增速，经济发展与改善民生呈现互促共进、相得益彰的良好态势。但是，随着社会文明的不断进步，人民群众对生活的期待有了更新的内容和更高的要求。从广义民生的角度来看，经济建设与提高人民生活质量相冲突的问题越来越多，如城市楼宇建设中的高层化，虽然有利于增加单位建设用地的经济产出率，但由此引起的空间挤压、交通拥堵、排放聚集等问题却严重影响人们的生活质量；经济总量不断攀升，但雾霾问题越来越严重；2014年至2016年经济总量在全国排序从第16位升至第15位，但居民人均可支配收入始终稳定在第21位，其中农村居民人均可支配收入始终稳定在第26位，城镇居民人均可支配收入排序还从2015年的第16位退至第19位；鼓动消费升级、深挖消费潜力，在培育新的经济增长点的同时，也会抬升社会生活标准，在攀比浓厚的文化背景下，导致隐性社会差距显性化，给底层人群生活带来巨大压力，并削弱消费的可持续能力。这就要求我们在经济建设项目规划设计、投资立项、具体实施的过程中，要有广义的民生意识，把完全意义上的民生指标纳入项目建设的评估体系中，把城乡居民收入的增加，尤其是农村居民收入的增加放在更加重要的位置上，着力推动经济效益、社会效益、生态效益相统一，严把经济建设的民生关。

（二）在目标定位上要处理好基本需要与非基本需要关系

民生包括3个方面的内容：一是基本生存底线，二是民众基本的发展机会和发展能力，三是民众基本生存线以上的社会福利状况。其中前两个方面都属于基本民生层面的问题，是政府必须替老百姓承担的责任。在社会主义的中国，党和政府必须保证每一个老百姓都能有尊严的生存下去，同时，要保证老百姓有机会、有能力地生存着。面对基本民生，必须有强烈的托底意识，完善民生兜底制度体系，织好民生网底。最后一个方面是非基本民生层面的问题，是政府努力追求的目标，但又是在经济发展的基础上逐步实现的目标。陕西经济的实际水平在全国位居中游，近年来经济发展速度减缓，财政收入增速缓慢，2011—2014年，陕西省GDP总量同比增长分别是13.9%、12.9%、11%、9%，同期财政收入分别增长43.1%、18.59%、11.4%、10.2%，政府在各领域的投资面临较大压力。就全局而言，陕西民生建设应当更加注重保障基本民生，扩大保障基本民生的覆盖面,做到横向到边、纵向到底，使社会保障标准与财政支付能力相适应。要在与群众基本生活有关的问题上多下功夫，多做文章，把基本民生工作做实，使有限的财政之“钢”用在基本民生这个“刀刃”上。要坚决反对以改善民生为名，兴建豪华型公共设施，严格杜绝与群众基本生活关系不大的奢侈型投入对基本民生的挤占。

政府对基本民生负有刚性经济责任，对非基本民生负有弹性经济责任。要努力为改善民生创造更好的条件，但最主要的任务是建立健全相关制度，出台有利于调动社会各方面参与民生建设积极性的政策，充分体现党和政府对人民生活的政治责任。要把机会平等原则贯彻到非基本民生工作的全过程，激发全社会团结奋斗为民谋福祉的活力。要理性对待公共福利问题，按照与经济发展水平相适应的原则，量力而行，最大限度规避福利陷阱。

当然，基本民生的标准不是一成不变的，而是随着社会的发展和文明进步不断变化的。马克思对劳动力价值分析时指出："劳动力的价值规定包含着一个历史的和道德的因素。"①决定劳动力价值的"不是纯粹的自然需要，而是历史上随着一定文化水平而发生变化的自然需要"②。在这一点上，基本民生与劳动力价值具有相同之处。因此，要以发展的观点看待基本民生问题，不能忽视人民群众对幸福生活的美好期待和迫切愿望。人民对美好生活的向往不是一成不变的，而是随着经济发展而发展的。"楼上楼下、电灯电话"曾是改革开放初期人们梦寐以求的理想生活，现在则习以为常。人们的就业需求全面升级，不仅要求增加就业数量，而且追求有体面、有尊严的就业。在我国进入民生诉求全面升级的时代，习近平同志一再强调指出："保障和改善民生是一项长期工作，没有终点站，只有连续不断的新起点。"

（三）在重点确认上要处理好困难群众与一般群众的关系

从理论上说，民生工作面向全体公民，政府应毫无歧视地向所有公民提供生活帮助。从实践上说，每个人生活的实际状况不同，

---

① 《马克思恩格斯全集》第23卷，北京：人民出版社，2016年，第194页。

② 《马克思恩格斯全集》第47卷，北京：人民出版社，2016年，第52页。

政府给予的帮助也不同。因此，民生建设重点在底层，解决好困难群众的生活问题、实现贫困人口脱贫是重中之重。陕西全省农村贫困人口有460多万，贫困发生率接近18%。全省50个国家扶贫工作重点县中，革命老区占了34个。因此，抓住困难群众和贫困人口这个重点，既是党和政府的经济责任，也是政治责任。处在全面建成小康社会决胜阶段，我们必须做好2020年左右贫困人口全部脱贫、贫困县全部摘帽的充分准备。

1. 在工作排序上，要把贫困人口和困难群众的问题放在首位

实现贫困人口脱贫，保障和改善困难群众的生活，不仅是中国共产党性质和宗旨的具体体现、维护社会公平正义的根本要求、保持社会良性运行的重要条件，而且是全面建成小康社会要重点解决的短板问题。要在贫困人口和困难群众的问题上倾注更多的精力，投入更多的民生资源，将“雪中送炭”与“锦上添花”贯通起来，使贫困人口和困难群众在生活质量上快速步入小康群众的行列。

2. 在政策安排上，要通过顶层设计对贫困人口和困难群众采取更加倾斜的政策

要结合陕西实际出台落实中央在脱贫帮困战略部署的系列政策。推进易地搬迁脱贫，以增收与改善基本生活条件为目标，对生存环境恶劣地区的农村贫困人口进行搬迁，确保“搬得出、稳得住、能致富”；大力发展生产脱贫，积极扶持贫困户和贫困地区发展特色优势产业，努力推进旅游扶贫、光伏扶贫、金融扶贫；完善生态补偿脱贫，加大对秦巴山区、六盘山区等贫困地区生态补偿的力度，将国家和省级贫困县25度以上坡耕地全部纳入退耕还林范围，让有劳动能力的贫困人口就地转为生态保护人员；发展教育事业脱贫，对贫困家庭子女，实施从学前到小学、中学、大学直至就业的"一条龙"帮扶，组织实施贫困户子女职业技能培训；社会保障兜底脱贫，引导农村贫困人口参保续保，对完全或部分丧失劳动能力的贫困人口，制定个性化扶持措施，实施健康扶贫工程，防治并举、分类救治。

（四）在主体构建上要处理好政府主导与多方参与的关系

中国传统的民生观念中，特别强调老百姓的自身责任。《左传·宣公十二年》用"民生在勤，勤则不匮"一语，突出勤劳对改善生活的重要意义。20世纪初，孙中山不仅把民生上升到"主义"和治国纲领的高度，而且提出"民生就是政治的中心"的观点，把改善民生作为政府应当承担的责任。20世纪90年代，新出现的治理理论，提出主体多元化背景下社会组织参与、协商协调解决包括民生问题在内的社会问题的新思路。事实上，改善民生是政府的事，也是社会各方面的事，更是老百姓自己的事。

1.政府应当在保障和改善民生过程中发挥主导作用

对共产党执政下的人民政府来说，民生问题不仅是经济问题和社会问题，也是政治问题。现代社会民生问题涉及方方面面，制约因素错综复杂、相互交织，要求采取宏观性、综合性的办法来解决。这就决定了政府不仅对民生承担着义不容辞的责任，而且必须发挥主导作用。一是把保障和改善民生问题显著地列入党和政府的工作报告以及经济社会发展规划，以动员全党全社会力量自觉、积极、主动地推进保障和改善民生工作；二是制定和实行有关政策法规，以确保保障和改善民生工作顺利、健康、有效地推进；三是承担和发挥投入主渠道职责和作用，不断加大对社会公益事业的投入，增强政府公共产品和公共服务供给能力，切实减轻人民群众在教育、医疗卫生、养老、住房等方面的支出负担；四是调节收入分配、扩大社会就业、加强社会管理，这也是政府的重要职责，政府理应更多地，承担起责任。

2. 鼓励、引导、支持社会各方面参与保障和改善民生工作

在发展社会主义市场经济的条件下人民群众的社会需求具有多样性、多层次性、不断变化性，不可能完全由政府直接提供，必须在发挥政府主导作用的前提和基础上鼓励、引导、支持全社会参与保障和改善民生工作。必须按照政事分开、经营性与非经营性分开的原则，加快事业单位分类改革，积极引导、支持各类市场主体和社会组织参与社会管理和公共服务，建立公共服务供给的社会参与机制。要把那些适合或可以通过市场、社会提供的公共服务，以适当的方式交给社会组织、中介机构、社区等基层组织承担，引进竞争激励机制，以扩大公共服务的供给，并降低服务成本，提高服务效率和质量。

3. 要通过多种方式帮助群众树立通过勤劳致富改善生活的信念

新时期以来，党和国家对民生问题高度重视，勇敢地担负起为民谋福祉的历史责任，出台了大量的关于民生的社会政策。同时，也出现了一些不正常的现象。一些人有严重的等、靠、要思想，勤劳致富的信心不足。因此，要教育群众确立勤劳致富创造美好生活的价值观念，使改善民生既是党和政府工作的方向，又成为广大人民群众自身奋斗的目标。习近平总书记指出：“‘一勤天下无难事’，劳动是财富的源泉，也是幸福的源泉。要让劳动最光荣、劳动最崇高、劳动最伟大、劳动最美丽的观念蔚然成风，让全体人民进一步焕发劳动热情、释放创造潜能，通过辛勤劳动、诚实劳动、创造性劳动创造更加美好的生活。”

（五）在供需协调上要处理好服务供给与社会预期的关系

共享是中国特色社会主义的本质特征，民生建设必须使全体人民在共建共享发展中有更多的获得感，不断增强人民对中国特色社会主义事业的信心。增加人民的获得感，一方面要不断提高政府的公共服务供给能力和供给水平，另一方面要正确引导社会预期。

提供良好的公共服务是政府承担民生责任的重要方式。"十二五"以来，陕西逐步增加对社会公共事业的投入，社会事业发展和社会公共服务建设取得了一定成绩。但由于地处偏僻、经济欠发达，基础设施欠账多，公共服务仍显薄弱。主要表现在一是符合群众要求的优质公共资源比较欠缺，幼儿园缺乏监管、养老机构服务层次与老人需求不匹配、保障性住房供应明显不足；二是公共服务制度建设滞后，缺乏公平性和整合性。提高政府的公共服务供给能力和供给水平，面临着艰巨任务。要坚持普惠性、保基本、均等化、可持续的原则，把硬件设施完成与服务体系建设、民生建设工程与群众的实际需要结合起来，增强公共服务的有效性和针对性；积极探索各类民生项目要素整合，实现资源效应最大化；将市场机制引入民生建设，通过政府与市场的密切合作，减轻政府的公共财政负担；深化社会体制改革，培育和发展社会组织，积极推进政府购买公共服务，切实发挥社会组织在提高公共服务水平中的应有作用；强化政府职能部门工作人员的综合素质教育和工作技能培训，优化政府机构，提高政府的民生工作效率。

引导广大群众形成合理预期，是影响群众对民生工作满意度的重要因素，也是营造保障和改善民生良好社会氛围的基本要求。要引导群众充分认识我国社会主义初级阶段的基本国情，充分认识陕西经济发展在全国相对落后的地位，充分了解省域内陕南陕北与关中地区的差距较大，妥善处理理想和现实、需要和可能、当前和长远的关系，使社会各方面形成符合经济社会发展实际的合理预期，不能搞不切实际的高承诺。坚持公平与效率相统一，合理确定最低生活保障、失业保险金和最低工资等标准，科学把握三者之间的比例关系，建立最低生活保障、失业保险与促进就业联动机制，鼓励就业，避免因政策标准设定不科学而影响群众求职就业、参与劳动的积极性，防止形成“养懒汉”的制度导向。

每一项政策措施的出台与实施都必须加强政策解读宣传，正确有效引导社会舆论，把政策讲透彻，把思路举措讲清楚，把群众的利益安排讲明白，争取社会和群众的理解与支持，最大程度凝聚社会共识。

（六）在路径选择上要处理好创新思路与完善制度管理的关系

思路决定出路，是人们对创新思路在解决问题过程中重要意义的高度评价。事实上，思路不仅包含思考问题的方向，也包含思考问题的高度、宽度和远度。创新思路就是迷途知返，就是换位思考，就是立足于解决问题在科学反思的基础上实现认识上的突破。但是，思路创新终归是认识层面上的创新，要把它变成实践的创新，就必须付诸行动，用管理激活行动，用制度托举管理。制度和管理的意义在于落实思路，巩固方案，激活规范行动。

党的十八大以来，我们在总结以往民生建设实践、借鉴世界各国民生建设经验的基础上，正确把握民生建设的方向，初步形成了系统完整的民生建设思路。如初次分配和再分配都要兼顾效率和公平，劳动者自主就业、市场调节就业、政府促进就业、创业带动就业，实施素质教育、均衡发展义务教育，坚持全覆盖、保基本、多层次、可持续的方针以增强公平性、适应流动性、保证可持续性，按照保基本、强基层、建机制的要求重点推进医疗保障、医疗服务、公共卫生、药品供应、监管体制综合改革为群众提供安全、有效、方便、价廉的公共卫生和基本医疗服务，以产业扶持、转移就业、易地搬迁、政策兜底等方式实现精准扶贫、精准脱贫，通过政府主导、覆盖城乡、可持续的基本公共服务体系，有效提高基本公共服务均等化和公共服务供给水平等政策主张。虽然还会随着形势的新变化和人民的新期待不断创新，但总体上说都顺应人类社会发展规律和时代要求，适合我国国情和陕西省情。要把这些正确的思路落到实处，就必须清除体制性障碍，在顶层设计的制度创新、民生保障改善的管理创新、民生运行治理的机制创新等方面有实质性进展。

1. 紧扣新的建设思路，加强顶层设计，增强制度的协同性

目前，民生领域的相关制度逐步建立，民生保障的形式普惠目标基本实现，但仍存在着制度碎片化的现象，不同部门、不同领域、不同区域各自为政，制度之间不统一、相互区隔，严重阻碍资源整合，导致群体间民生权益不公平，区域间民生待遇有差别。因此，必须按照中央社会事业改革的整体部署，依托中央的总体制度设计，构建适合我省实际的城乡统筹、协调发展、持续高效的民生制度体系，清除制度性障碍，实现民生资源的均衡配置，在推进并巩固民生制度全覆盖的普惠性保障基础上，基于目标人群、保障项目和责任主体等维度，逐步推动民生制度创新。

2. 强化简单便捷理念，依托新技术，提升民生管理绩效

民生领域工作量大，程序烦琐，流程复杂，但与人民切身利益密切相关，因而群众诉求愈加直接。在全面深化改革背景下，要将民生管理体制改革、监督体系建设与经办模式创新统一起来，通过管理流程再造和体制创新，提高民生保障管理、运行和监督效率。在大数据时代，信息技术的发展及其应用扩展，为民生保障提供了新的手段和方法。如智慧养老、智慧医疗等智慧民生管理，大大提高了人民对于民生工作的满意度和幸福感。因此，要努力构建高效运作的智慧民生管理系统，为扎实做好保障和改善民生工作提供技术支撑和管理平台，从而使人民享受更加便捷的民生服务。

三、战略举措：着眼全局，立足长远，紧扣关键，务求实效

民生建设是陕西省全面建成小康社会的重要任务，是追赶超越的重要基准。陕西省要根据中央部署和陕西省情，从制约发展最突出的症结改起，从群众最期盼解决的问题改起，从社会各界形成共识的方面改起，坚持把财政支出和新增财力的“两个80%”用于民生事业，以重点领域和关键环节的突破带动民生事业的全局发展，让三秦父老在追赶超越中共享更多改革发展成果。

（一）着眼人的全面发展，强化立德树人意识，实现各类教育协调发展，着力推进教育现代化

民生为本，教育为先。十六大以来，我党将教育提升到国家优先发展的战略位置；十七大报告将教育放到了加快推进以改善民生为首的社会建设的首要位置，进一步突出了教育与民生息息相关；十八大提出“努力办好人民满意的教育”，更使教育成为民生领域清晰明确的任务目标。

百年大计，教育为本。教育现代化的本质是国民的现代化。加快推进教育现代化的战略意义根植于教育现代化的本质，即人的

现代化。在整个世界现代化历史进程中，现代化先行国家无不把人的现代化置于重要的战略地位，通过优先发展教育，推进教育现代化，实现人的现代化，为国家现代化奠定前提条件和战略基础，这是一条公认的现代化规律。因此加快推进教育现代化，事关我省从教育大省走向教育强省，事关我省实现追赶超越的战略大局，具有划时代的战略意义。

基于这样的战略认识，陕西省在贯彻实施《国家中长期教育改革和发展规划纲要（2010—2020）》的意见中强调把“育人为本”作为重要的指导原则，把“在西部地区率先基本实现教育现代化、基本形成学习型社会”和“进入人力资源强省行列”作为战略目标，在陕西省“十三五”规划纲要中更是明确提出“推进教育现代化”。近年来，陕西省教育持续进步。2015年陕西省加快实施二期学前教育三年行动计划，学前一年生补助标准均达到1300元，新增公办幼儿园839所，建成国家义务教育发展基本均衡县区29个，高中阶段毛入学率达96.4%，高考录取率达80.6%；职业教育发展迅速，“一网两工程”“人人技能工程”深入实施并产生广泛影响，技能型人才培养能力明显增强；高等教育进入大众化发展阶段；终身教育体系初步形成，劳动人口受教育年限持续提高。教育为提高劳动者素质，推动全省经济社会发展做出了重要贡献。从整体上看，陕西教育大省格局基本形成。

陕西教育在保持良好发展态势的同时，与人民群众和经济社会发展的需要还存在很多不适应，其中教育公平问题、教育资源优势未能充分转化为我省竞争优势等问题尤为突出。因此加快完善现代教育体系，全面提高教育质量，促进教育均衡发展就成为全省人民群众的强烈期盼和全社会的共同心声。因此，结合陕西省在教育领域的突出问题，我省教育改革和发展工作需要重点从以下方面着手：

1.落实立德树人根本任务，着力构建“三位一体”育人网络

始终将立德树人作为根本任务，持之以恒坚持全员育人、全面育人、全程育人，积极促进学生全面发展、健康成长。坚持立德树人，育人为先，将未成年人思想道德建设作为学校教育的根本任务，做到有机构、有制度、有阵地、有考核、有评价，将育人体现在校园活动和校外教育实践中。重视家庭教育，明确家长在家庭教育中的主体责任，加快形成家庭教育社会支持网络。推动家庭、学校、社会密切配合，积极构建学校、家庭、社会“三位一体”育人网络，学校细化管理、家庭积极参与、社会多方保障，共同培养德智体美全面发展的社会主义建设者和接班人。

2.统筹教育资源配置，着力推动全省教育事业均衡发展

教育公平是教育现代化的重要内容之一，包括受教育的机会平等和获得同等质量的教育两个方面。统筹教育资源配置，促进教育均衡发展，既可以帮助人们实现接受教育的机会均等，还可以使人们接受到同等的高质量教育，因此是实现教育公平的有效途径。将均衡发展作为全省教育事业发展的战略性任务，一要统筹城乡教育资源配置，建立优质教育资源共建共享的长效机制，全面改善农村地区、贫困地区、边远地区基本办学条件。加强县城以上城区中小学建设，着力解决义务教育入学难、大班额等突出问题，实现“双高双普”目标。二要推进实施13年免费教育，不断提高基础教育保障水平。巩固学前一年免费教育，统一城乡九年义务教育“两免一补”政策，实施高中阶段三年免费教育，加强薄弱高中改造，推进普通高中优质化、多样化、特色化发展，力争到2020年全省普通高中全部达到标准化，毛入学率稳定在98%以上。加强13年免费教育经费管理。三要全面完成特殊教育提升计划，统筹市县两级特殊教育发展，改善特殊教育学校办学条件。

3. 创新发展高等教育和职业教育，着力实现普通教育和职业教育的互通融合

坚持以内涵式发展为重点，推进高等教育发展。内涵式发展是发展结构模式的一种类型，是以事物的内部因素作为动力和资源的发展模式。对于学校来说，就是注重学校理念、学校文化、教育科研、教师素质、人才培养工作质量和水平等方面建设的工作思路。因此我省应着力推进省属高水平大学建设，实施"四个一流"计划，支持非省会城市高校建设。加强专业结构宏观调控。支持民办高等教育发展，创建几所高水平民办大学。重点提高我省高校科技创新水平和社会服务能力。实施"高校科技创新与服务工程"，以学科骨干和创新团队为核心，以重大项目为依托，不断提升高校原始创新和集成创新能力。按照国家新兴产业和陕西主导产业发展的需要，重点建立装备制造、能源化工、新材料、电子信息、航空航天、现代农业、生物技术、现代医药、环境保护和城镇化与城市发展10个行业科技创新联盟，研究和开发一批具有重大影响的科研成果。深入推进产学研结合和科技成果转化，整合高校、科研院所、企业科技资源，完善自主创新与科技成果转化体系，建立以政府为引导、企业为主体、高校和科研院所为支撑的产学研合作模式。支持高校与行业企业共建产学研合作基地、实验室、研发中心等平台。加强大学科技园建设，支持高校科技人员创办科技型企业，规范校办产业发展，显著提高高校科技成果转化率和为地方经济社会发展的贡献率。力争到2020年，有5所高校跻身全国一流大学行列，

50个学科、200个专业保持全国一流水平。

优化整合职业教育资源，促进职业教育和普通教育的互通融合。一方面做精做强中职教育，整合全省中职学校；加强示范学校建设，建成几所国内一流高职，另一方面建议启动陕西省职业教育应用型本科人才培养模式改革试点。产业升级倒逼高职教育创新发展。以往的职业技术教育只有中职、高职，继续深造就会出现“断头路”。启动我省职业教育应用型本科人才培养模式改革试点，未来有望打通中职、专科、本科到硕士甚至博士的上升通道，搭建人人皆可成才的“立交桥”。这一改革试点工作可以根据陕西省区域产业布局和主体功能区定位，选取几所高职学校和高等学校进行“联姻”，试点几个专业为我省共同培养应用型本科和专业学位研究生人才，为我省架构起职业教育学生成长的“立交桥”，打通中职与高职、高职与本科、本科与专业学位研究生教育衔接通道，促进职业教育和普通教育的互通融合，争取到2020年，形成适应我省发展需求、产教深度融合、中职高职衔接、职业教育与普通教育相互沟通，体现终身教育理念，具有陕西特色、世界水平的现代职业教育体系。

（二）着眼结构性就业矛盾，着力构建就业与产业、就业与教育、市场与政府之间合理的互动机制

劳动就业是劳动力与生产资料结合生产社会物质财富并进行社会分配的过程。这一过程对劳动者而言，是寻求生存与发展的谋生过程；对社会而言，是促使劳动力与生产资料有机结合和合理利用、促进经济发展与社会和谐的过程。只有通过就业，个人才能获得收入、安居乐业、实现价值，社会才能不断发展进步。因此，作为一项基础的民生工程，就业历来受到政府的高度重视。

近年来，陕西省委、省政府在中央的统一领导下，认真落实中央有关就业文件精神，切实保障重点人群就业。2014年，全省农村剩余劳动力转移就业696.3万人，其中省内就业394.6万人，省外就业301.7万人。2015年，全省普通高校共有毕业生332899名，初次就业率为88.52%。从2011年起，我省高校毕业生初次就业率连续5年均保持在88%以上。陕西省于2012年颁布实施《陕西省实施〈退役士兵安置条例〉办法》，2015年又对上一年开始实施的排名选岗办法进行修订完善，进一步保障退役军人的就业权。尽管目前陕西省就业基本稳定，但从长远看，我省就业形势依然严峻，结构性就业矛盾尤为突出。这种结构性矛盾一方面表现为用工荒、就业难并存，技工短缺现象突出，另一方面表现为高校专业设置与就业出现"倒挂"且培养模式和方向不适应市场需求，职业教育发展滞后。

面对这一突出问题，根据国情、省情和社情的变化，从长远来看，陕西省应着眼结构性就业矛盾，着力构建就业与产业、就业与教育、市场与政府之间合理的互动机制。具体包括以下几个方面：

1. 加大对第三产业和小微企业的支持力度，着力培育新型就业增长极

产业部门是就业的载体，产业结构的变动必然反映到就业结构的变动上。在经济增长过程中，由于技术进步和分工深化、需求结构变化和产业政策的调整，产业结构处在不断变化的过程中，也导致了就业结构的变化。从发展阶段看，我国整体上处于工业化中后期，第三产业占比大、增速快、对经济增长贡献突出。陕西省则处于工业化中期向中后期过渡阶段，第二产业占比高于全国11个百分点，第三产业占比低于全国10.8个百分点。随着近年来我省以产业结构转型升级为目标大力发展新经济，未来服务业潜力巨大。目前，陕西省第一产业和第二产业带动就业的速度逐渐趋缓，而第三产业在带动就业中的拉动作用越来越明显。同时，小微服务企业在促进就业中作用明显。国家统计陕西调查总队对2014年全省248户交通运输、仓储和邮政业小微企业运行情况进行抽样调查。结果显示，截至2014年末，248户小微服务企业从业人员同比增长4.8%，在被调查的248户企业中，与2013年同期相比，对劳动力需求增加的企业占21.4%、持平的占58.9%、减少的占19.8%。[①]2014年，在我国经济形势下行压力持续加大的情况下，全省小微服务，企业就业仍保持稳定增长。因此，从中长期刺激就业来看，各级政府要认真贯彻落实国家和陕西省政府出台的一系列扶持第三产业和小微服务企业发展的政策，为第三产业和小微服务企业发展营造良好的发展环境，积极构建我省就业与产业之间合理的互动机制。

2. 加强教育体制改革，着力创新人才培养模式

结合前述提出的“创新发展高等教育和职业教育，推动普通教育与职业教育的互通融合”，根据未来陕西经济发展的走向、市场对不同人才需求的质和量以及省内高校的特长与定位，宏观调控高校专业设置，使高校专业设置更加适应市场对不同领域和层次的人才需求，尽量避免不同高校在同一领域和层次上的重复专业设置，从而导致高校资源的浪费和就业形势的紧张。同时逐渐改变轻视职业教育的认识，加强对职业教育的政策支持，通过启动陕西省职业教育应用型本科人才培养模式改革试点创新人才培养模式，满足我省经济转型和产业结构优化发展对不同技能型人才的需求，积极构建我省就业与高等教育和职业教育之间合理的互动机制。

---

① 数据来源：国家统计局陕西调查总队，http://www.nbs-sosn.cn/。

3. 坚持服务先行，着力提升公共就业创业服务能力

创新机制和手段，进一步提升陕西省公共就业创业服务能力和质量。在促进就业创业的过程中，政府要变就业创业管理为就业创业服务，具体建议包括两个方面。一是加强劳动力市场建设。深入推进户籍、社保、住房、教育等制度改革，逐步消除影响劳动力自由流动就业的体制机制障碍。完善更加积极的就业政策体系，推动实现基本公共就业创业服务城乡全覆盖。二是加快公共就业服务信息化建设，强化公共就业创业服务功能。要新建、改扩建一批省级、地市级人力资源市场和社会保障服务中心，扩大基层就业创业和社会保障服务设施建设范围，促进信息互联互通、全国联网，提供方便可及、优质高效的公共就业创业服务。乡镇（街道）、社区基层公共就业服务平台工作人员不足的，可通过政府购买服务岗位的方式解决。加强部门与研究机构、大数据分析机构的密切协作，加快完善就业失业统计指标体系，提高监测能力。

总之，通过完善各类劳动力市场、创新信息化服务、及时汇总发布就业信息、购买工作岗位、减少相关审批和收费等多种方式，加强服务的法制化建设，提高劳动就业的公共服务能力和水平，着力构建市场与政府之间合理的互动机制。

（三）着眼建立更加公平、更可持续的社会保障制度，着力破解社保制度碎片化、基本公共服务不均等等难题

健全的社会保障制度体系，是一个国家或地区市场经济持续健康发展的重要条件，是促进社会良性运行和协调发展的重要保障。近年来，为适应新的情况和更好地服务于民、让利于民，陕西出台了一系列意见规定来完善社保制度。例如，2014年率先在全国将失业、生育、工伤三项社会保险费率下调了一半，减少了三项保费的

结余，服务了经济社会大局，增进了民生福祉。虽然总体来看陕西社会保障体系不断完善，社会保障标准不断提高。但是仍存在社保制度缺乏整合性这一突出问题，即社保制度碎片化严重，不同人群、不同地区，甚至同一省的不同市、不同开发区之间社会保障制度都存在着较大差异性，城乡社会保障服务不均等，制度整合效率不高。同时还存在着续接转换不畅、手续烦琐等问题。

基本公共服务，是指由政府主导提供的，与经济社会发展水平和阶段相适应，保障全体公民生存和发展基本需求的公共服务。总体上看，近年来陕西省通过大力实施民生工程，有效推动了公共服务体系建设，但是仍然存在基本公共服务供给总量不足、基本公共服务能力发展不平衡、体制机制有待进一步完善等问题需着力解决。针对陕西省在社保领域和基本公共服务领域存在的突出问题，我省在今后应着力从以下两个方面着手：

1. 强化社会保障制度顶层设计工作，提高社保制度整合性，着力构建更加公平、更可持续的社会保障体系

推动社会保障制度顶层设计必须坚持两个重要原则。一是坚持加强社会保障制度自身顶层设计，即着力解决跨险种转移接续的问题，逐渐实现省内社保统筹层次的省级提升、衔接，完善省内社保转移续接手续，测算探索社保待遇正常调整制度，试点城乡医疗保险制度。二是坚持强化社会保障制度与外部制度协同的原则，即要实现社会保障制度与财税、收入分配、人口、劳动就业、医疗卫生等方面体制机制的配合协调，同步推进与社会保障发展密切相关的配套改革，如户籍制度改革、公共财政体制改革、城乡土地制度改革、城乡公共卫生事业改革、社保基金进入资本市场运营机制改革等。实现社会保障制度体系与相关制度体系的良性互动，促进社会保障制度长期健康可持续发展。

2. 完善社会福利体系，着力促进基本公共服务均衡发展

当前及今后一个时期，是我省加快构建基本公共服务体系的关键阶段。从需求看，我省正处于工业化、城镇化加速发展阶段，城乡居民的公共服务能力需求日趋旺盛。从供给看，我省经济实力稳步提升，基本公共服务财政保障能力不断增强。从体制环境看，教育、卫生、文化等社会事业改革深入推进，建立健全基本公共服务体系的体制条件不断完善。因此，全省各级政府、各有关部门要牢牢抓住难得的发展机遇，顺应广大人民群众对美好生活的期待，把健全基本公共服务体系作为今后一个时期保障和改善民生、促进社会和谐的重大任务，并与全面建成小康社会战略目标和任务紧密衔接。

一是促进基本公共服务均等化，即围绕标准化、均等化、法制化，加快健全陕西省基本公共服务制度，完善基本公共服务体系，建立陕西省基本公共服务清单，动态调整服务项目和标准，促进城乡区域间服务项目和标准有机衔接。

二是推进社会福利由补缺型向适度普惠型转变。根据目前的财政能力，对社会福利不能有过高的期望。我们的财力只能维持一个基本的、低水平的福利全覆盖。在很长时期内，除了义务教育，免费性福利项目的重点还是应该放在低收入人群身上，对于城市与农村中等收入及中等以上收入人群，更多地还要以缴费型的社会保险项目为主。因此，缴费型的各大类别的福利安排还应是支撑我们适度普惠型福利体系的核心。根据中国发展研究中心的相关测算，在GDP增速维持在8%左右的前提下，到2020年要基本建成一个全覆盖、低水平的社会福利体系，需要做到：第一，政府的福利投入要

增加，提高政府福利支出占GDP的比重，即提高到9%以上；第二，要继续提高财政收入占GDP的比重，扩大税收来源，规范税收征收；第三，要继续大幅度提高福利支出占财政收入的比例，为福利支出提供稳定而充分的资金支持。

三是创新公共服务提供方式。推动供给方式多元化，能由政府购买服务提供的，政府不再直接承办；能由政府和社会资本合作提供的，广泛吸收社会资本参与，引入竞争机制。

（四）着眼满足人民群众日益增长的健康需求，着力推动优质医疗资源下沉，健全城乡一体均衡互补的医疗服务体系，加快形成多元办医格局

健康是个人成长和幸福生活的基础。习总书记深刻指出，没有全民健康就没有全面小康。当前，我省经济发展进入新常态，经济增速正在换挡，医疗卫生服务需求特别是高品质服务需求的增速也在提高，人民群众对健康的追求更加突出、更加迫切。从2016年起到2020年是推进健康陕西建设的关键时期，要在新的起点上把握战略机遇，全力推进健康陕西建设。

1.积极组建医疗联合体，着力推动优质医疗资源下沉

医疗联合体是指在卫计行政部门统一规划内，由三级医院和基层医疗卫生机构组成的医疗机构联合体。在医疗联合体内，充分发挥家庭责任医生与社区居民签约服务优势，合理利用医疗资源进行上下联动，以高血压、糖尿病等常见病、多发病和诊断明确的慢性病为重点，初步建立基层首诊、双向转诊、急慢分治、上下联动的分级诊疗服务模式，实现大医院和基层医疗卫生机构诊疗信息互联互通、医学检查检验互认、医学影像诊断互传共用，方便居民在基层就近就医，减轻大医院压力。这是整合区域内医疗资源，推动建立合理有序分级诊疗模式的重要内容，是促进优质医疗资源下沉的重要举措。

需要注意的是，优质医疗资源的下沉，是包括硬件投入和医疗队伍建设在内的优质医疗资源的下沉，是需要同步推进的，只有同步，才能真正造福百姓。近年来，一些试点地区尽管推行了分级诊疗，基层医疗机构却频频出现先进设备因无人操作而闲置、优秀医生面对复杂病情因缺乏设备而束手无策的尴尬局面。因此，只有硬件、软件配套建设，才能真正推动医疗资源合理配置和科学流动。

2. 以强基层、调结构、补短板为重点，健全城乡一体均衡互补的医疗服务体系，着力提升医疗卫生服务能力

当前我省医疗卫生服务能力不足、城乡医疗服务体系不健全，应以强基层、调结构、补短板为重点，构建城乡均衡互补的医疗服务体系，提升医疗卫生服务能力。具体建议如下。一要加大投入，加强农村卫生基础设施建设。抓住国家实施农村卫生服务体系建设机遇，加强基层卫生基础设施建设，加大对农村公共卫生服务体系建设倾斜力度，建立公共财政对基层卫生的补偿机制。二要不断加强县、乡、村医技人员的培养和培训力度，通过学历教育和继续教育，积极培养农村骨干医务技术人员，提高基层卫生医务人员服务能力和服务水平，为农村广大群众服务。三要建立健全农村突发公共卫生事件应急机制。加强对严重威胁群众健康的重大传染病、地方病和慢性病的防治，不断提高和保障群众的生命健康安全。

3. 鼓励社会力量兴办健康服务业，着力构建陕西多元办医格局

构建陕西省多元办医格局，一方面需要合理控制我省公立医院规模，规范和推进公立医院改制；另一方面需要鼓励社会力量兴办健康服务业，这是我省加快形成多元办医格局的重点任务。支持社会办医，一是优化社会办医发展环境。要进一步放宽医疗机构准入，规范医疗机构设立审批，公开区域医疗资源规划情况，减少运行审批限制。进一步拓宽社会办医投融资渠道，研究财政资金对社会办医的扶持，实行更加优惠的融资政策。落实社会办医税收政策、规范收费政策，将社会办医纳入医保定点范围，提升临床水平和学术地位。二是促进资源流动和共享，推动医院大型设备共建共享，落实医师多点执业，鼓励社会办医院与公立医院加强业务合作。总之，通过坚持公立医院公益属性，合理控制公立医院规模，鼓励社会力量兴办健康服务业，加快构建具有陕西特色的多元办医格局。

（五）着眼食品安全和生产安全，着力加强预防控制体系建设，努力实现统分有序有度的公共安全管控格局

马斯洛需求层次理论将人类需求按阶梯从低到高分为5个层次，分别是：生理需求、安全需求、社交需求、尊重需求和自我实现需求。安全需求（Safety needs）是低级别的需求，属于人类的基本需求之一，其中包括对人身安全、生活稳定以及免遭痛苦、威胁和疾病等。因而公共安全是民生问题的重要组成部分，社会稳定、安居乐业，也是人民群众普遍关心的民生问题。

近年来，我国公共安全领域形势日益严峻，如2015年湖北一女子因电梯踏板松动，被卷入电梯内发生的自助扶梯“吃人事件”；2015年8月12日，天津滨海新区发生的集装箱码头易燃易爆物品爆炸事件等。在陕西省委领导下，近年来，省政府及有关部门在维护和保障公共安全方面做了大量工作，取得了一定的成绩，但随着经济社会的快速发展，公共安全工作还面临巨大的压力和挑战，与人民群众的要求和期待还有一定差距，突出表现在食品安全、安全生产等方面。为此，建议省政府及有关部门在今后工作中，着眼食品安全和生产安全，着力加强预防控制体系建设，努力实现统分有序有度的公共安全管控格局。同时，全面构建社会治安防控体系，进一步提高科技创安工作的质量和水平，确保社会政治稳定、治安大局可控、人民群众安全感提升，建设平安陕西。

1. 实施食品安全战略，形成严密高效、社会共治的食品安全治理体系，保障人民群众"舌尖上的安全"

实施食品安全战略，提高食品安全保障水平。食品安全是老百姓日常生活的头等大事，食品安全重于泰山。一要强化源头治理，把好食品安全的第一关。全面落实企业主体责任，实施网格化监管，建成统一的食品安全监管体系，落实属地监管责任，建立科学的检验检测、监测评价等技术支撑体系，提高监督检查频次和抽检监测覆盖面，严格实施食品药品全过程监管，实行从生产源头到消费终端的全过程严格管理。尽最大努力消除食品安全监管盲区、弥补监管空白。二要完善食品安全法规制度，严格落实最新修订的《中华人民共和国食品安全法》及其实施条例，提高陕西省食品安全标准。公布各地市食品药品监管部门投诉电话，建立健全食品安全有奖举报制度，畅通投诉举报渠道，完善工作机制，实现食品安全有奖举报工作的制度化、规范化。加强部门协调，形成合力，依法从严从快惩治食品药品违法违规行为。

2. 全面提高安全生产水平，建立责任全覆盖、管理全方位、监管全过程的安全生产综合治理体系，构建安全生产长效机制

健全安全生产长效机制，推进安全生产法治化进程，加快陕西省安全生产法律法规和标准的制定修改，完善和落实"党政同责、一岗双责、失职追责”的安全生产责任体系。加强企业主体责任落实，加快事故隐患排查治理和预防控制体系建设。改革安全评审制度，健全多方参与、风险管控、隐患排查化解和预警应急机制，实施全民安全素质提升工程有效遏制重特大事故的发生。

3. 加强社会治安综合治理，完善立体化社会治安防控体系

当前，社会治安日益呈现出动态化、复杂化的特点，各类犯罪活动也日趋团伙化、流窜化、智能化，治安管理亟须建立一种纵横协调、指挥统一、政令畅通、反应快速的组织结构及应对机制。做到这一点，不仅需要引入现代的信息化技术设备，而且需要对传统治安管理体制进行根本上的革新，因此治安立体化防控体系应运而生。所谓“社会治安立体化防控体系”，就是调动整合多方力量和资源、通过多种手段和方法，对治安违法犯罪进行有效预警、防范、控制及打击的一套治安管理系统。将社会治安防控体系建设作为深化平安陕西建设的核心工程，持续推动全天候、全方位、立体化的社会治安防控体系建设，为全省经济健康发展和社会和谐稳定打下坚实基础。

立体化社会治安防控体系的关键在于建设，要下大力气把基层基础工作抓得更扎实、筑得更牢靠。夯实平安陕西根基，就是要统筹抓好基层综治阵地建设、项目化推进基层治安防控体系建设、不断深化多元化解机制建设、加强综治主体责任建设，四者缺一不可。抓基层综治阵地建设，就是要全面推进街道（乡镇）综治工作中心建设，规范基层机构设置、落实人员配制、健全综治工作机制，巩固综治阵地；项目化推进基层治安防控体系建设，就是要将人防、物防、技防等相对薄弱的农村地区和城市新发展区进行重点补强；深化多元化解机制建设，就是要进一步完善制度机制，支持、鼓励、指导各类社会团体、社会组织和自治组织积极参与大调解，形成多元化解矛盾纠纷工作格局；加强综治主体责任建设，就是要按照属地管理和谁主管谁负责的原则，健全、落实综治领导责任制，构建职责明确、奖惩分明、衔接配套、务实管用的领导责任体系。

4. 进一步畅通群众诉求表达渠道

当前社会矛盾日趋复杂，利益格局发生深刻变化。畅通群众诉求表达渠道，听民声、晓民意、知民情、重民生，是化解矛盾，促进社会和谐稳定，巩固党的执政基础的必然要求。

一是宣传教育，正确处理利益行为。加强思想教育，引导群众正确看待利益关系。坚持社会主义核心价值体系在人民群众思想中的主导地位，不断进行弘扬和创新。宣传法律法规，引导群众正确表达利益诉求。通过政府门户网站公示、宣传栏公开等方式扩大公众参与程度，坚持科学、民主、依法决策，增加群众知情权，用严格规范的政府行为来促进群众正确处理利益关系。

二是完善机制，维护人民根本利益。建立健全科学的利益调处机制，把处理矛盾纳入法制轨道，严格按照法律规定的程序对当事人的行为进行约束和规范，公平、公正、公开地化解各种问题。

三是创新载体，畅通民意诉求的有效表达。发挥信访的专业渠道作用，促进人民群众理性地表达诉求。发挥网络媒体的传导作用，促进人民群众有序地表达诉求，利用网络"问政于民、问需于民、问计于民"。发挥社会组织的引导作用，促进人民群众集中有效地表达诉求。

扎实推进陕西生态文明建设

“五位一体”战略布局全面提升了生态文明建设的战略地位，强调要充分发挥生态文明建设的基础性作用，明确指出生态文明建设必须融入经济建设、政治建设、文化建设、社会建设各方面和各领域，贯穿于四大建设全过程，合力走向生态文明新时代。陕西省第十三次党代会上，娄勤俭书记在全面总结了陕西各个方面取得巨大成就的基础上，强调了陕西欠发达的基本省情，强调了面临着统筹推进“五位一体”总体布局和协调推进“四个全面”战略任务，强调了追赶超越新定位新要求，全省上下要以“五个扎实”作为根本路径，全力攻坚，加快富民强省建设步伐，同步够格全面建成小康社会。

陕西作为我国重要的生态大省，生态资源极富特色，生态文明建设不仅关系到自身的发展，还关系着全国的可持续发展。全面追赶超越，就是要充分发挥生态文明建设的基础性作用，按照习近平总书记围绕美丽中国提出的一系列新思想和新论断，要按照“五位一体”战略布局系统推进生态环境建设，先行创新实践超越，全方位推进绿色发展，以创造新的生产方式、生活方式和生态文化实现经济社会与环境保护相协调，开创走向生态文明的新阶段，让绿色发展成为全面实践习总书记生态文明新理念的先行者，成为全面同步够格迈入小康社会的现实路径。

一、陕西生态文明建设取得的巨大成就

近些年，陕西综合实力大幅提升，成功跨入中等发达省份行列。2016年，GDP总量达1.92万亿元，稳居全国第15位，人均生产总值7721美元，主要经济指标保持“陕西本色”，发展质量和效益同步提升。与此相适应，陕西的生态文明建设逐渐进入了正规化、体系化建设，生态文明制度基本建立，绿色低碳循环发展成为主基调，单位生产总值能耗、主要污染物排放总量、单位二氧化碳排放量明显下降，森林覆盖率超过43%；治污降霾取得显著成效，渭河水质稳中有升，汉丹江水质持续保持优良，人居环境持续改善，三秦大地山更绿、水更清、天更蓝，美丽陕西建设呈现出新景象。

（一）服务于生态建设大格局，全面启动关系全国人民的福祉的系统工程

近年来，陕西始终从国家生态安全的大局出发，围绕生态建设总体布局，算大账、长远账、整体账和综合账，不断提高生态建设发展要求和发展水平，持续推进了一批关系全国重点领域、重点区域，关系全国人民福祉的重点工程和重大项目。

退耕还林，从陕西走向全国。1999年，党中央在陕西这片特殊而神奇土地上发出西部大开发号令，陕西率先在全国实施了大规模的退耕还林，集中力量对陕北、渭北、关中和秦巴山区等5大生态环境重点建设区进行综合治理，成为全国退耕还林最早、面积最大的省份，全省累计完成退耕还林任务3655万亩（其中退耕还林1528.8

万亩）。仅近10年，建设规模和投资额均居全国第一，加上天然林保护、“三北”防护林等重点工程建设，累计造林6877万亩，森林面积由9552万亩增加到1.28亿亩，森林覆盖率由32.55%提高到43%，全省绿色版图向北推进了400多公里。累计治理水土流失面积9.4万平方千米，年均入黄输沙量较10年前减少了2.8亿吨。

秦岭保护，最具世界影响的陕西生态名片。秦岭，华夏文明的脉线，黄河、长江两大水系的分水岭，中国地理南北分界线。习近平总书记来陕西视察时指出：“秦岭是中国的地理标识，是我国南北气候分界线和重要生态安全屏障，具有调节气候、保持水土、涵养水源、维护生物多样性等诸多功能。”无论从动植物资源、景观资源、矿产资源和水资源等方面看，秦岭的主脉和精华主要集中在陕西。多年来，陕西对秦岭生态进行了全面保护与科学利用，生态环境有了明显改善，现已有森林公园、自然保护区、地质公园等各类风景名胜区90余处，总面积达到全省面积的20%。“十三五”期间，陕西将继续从建成国家公园的目标与高度，切实落实秦岭保护条例，从制度入手，加强秦岭生物多样性保护，向国人和世界展示美丽陕西的壮美景色，打造具有世界影响的陕西生态名片，为全国生态文明建设再立新功。

南水北调，“一江清水送京津”。2012年，国家南水北调中线工程正式实施，丹江口库区及上游地区的秦巴山区，是南水北调中线工程的水源地，功能区划为全国重要的禁止开发和限制开发区域，其严格的管控制度，让占水源量近70%的陕南三市这一陕西最大的连片特困地区，在矿产开发利用、产业产品发展、生产生活方式转变中为全国做出了巨大贡献。为了汉江、丹江水质持续保持优良，确保“一江清水送京津”，陕西承担着保障调水水质安全和实施移民搬迁安置的历史性任务。从2007年10月，陕西启动实施丹江口库区及上游水土保持工程至今，累计投资30亿元左右，治理超过1万平方千米的流域面积，为南水北调中线工程顺利通水提供了坚实保障。至2016年12月，中线一期工程已累计输水60.9亿立方米，惠及北京、天津、河北、河南沿线4200多万居民，沿线北京、天津、南阳、平顶山、郑州、石家庄、保定等18个大中城市因此项工程受益。为配合这项国家级引水工程，2011年5月起，陕西规划投资超过1200亿元实施了新中国成立以来“最大规模生态移民工程”，陕南三市28个县（区）279万人民离开家园，重谋生计，广大党员干部为此承担了繁重的搬迁减贫任务，付出了艰辛努力。

（二）统筹推进综合治理，弥补同步建成小康社会的突出短板

习总书记多次强调指出：“山水林田湖是一个生命共同体”，“生态环境特别是大气、水、土壤污染严重，已成为全面建成小康社会的突出短板”。中共十八大以来，陕西通过“一山两水三大板块”的环境治理，围绕山青、天蓝、水碧、生态良好和环境安全五大目标，实施了城市环境保护、工业污染源治理、水环境保护、生态环境保护、环保能力建设五大环境工程，使生态建设真正进入了经济社会发展的主战场、主干线、大舞台。

善治秦者善治水。陕西生态环境保护，山水林田湖综合治理突出了治水兴水的综合性、整体性和协同性，强化柔性治水、系统治水，以治水为重点，通过“一河两江”综合整治统筹实施的。2010年以来，按照“关中留水、陕南防水、陕北引水”思路，系统规划建设全省水系。本着水利作为基础设施建设的优先领域，农田水利作为重点任务，水资源严格管理作为转变发展方式的重大举措，围

绕 “五大体系” 推进“十大工程”，相继启动了引汉济渭、东庄水库、渭河整治、引乾济石、引红济石、“八水润西安”等大型水利工程，加快了现代水网构建。其中，牵扯面最广，影响最大，效益最突出的是引汉济渭。这项陕西有史以来最大的南水北调工程，总体规划干线长度330.77千米，支线长度105千米，其中隧道长98.3千米，总投资181.7亿元，建成后，每年可增加渭河干流水量7～8亿立方米，远景年调水量可达18亿立方米，将极大地改善渭河中下游的生态环境，极大地缓解渭河流域水资源的供需矛盾，大幅提升关中城乡供水标准和能力。直接受水区总面积1.85万平方千米，近1000万人喝上干净卫生的优质汉江水，支撑约500万人的城市用水，增加陕西7000亿元的国内生产总值，可谓“一水关三秦”，将对推动关中、陕北、陕南三大区域水资源调配，打造陕西经济升级版发挥重要作用。

与此项工程相衔接，2011年，我省启动治水史上投资最大、规模空前的渭河治理工程。经过4年多时间治理，截至2015年7月，渭河综合整治累计完成投资210亿元，全线630千米堤防主体工程、53座支流入渭口交通桥、103千米南山支流堤防退建加固工程相继完成，实施渭河滩区整治绿化亲水景观面积15万亩。随着新一轮渭河治理三年行动计划实施，两大水利工程相得益彰，极大改善渭河的水环境，大幅提升渭河纳污和冲沙能力，使渭河这条陕西的母亲河担当起安澜之河、绿色之河、生态之河、文化之河的使命。

为配合“一河两江”水系的全面治理，省委、省政府相继出台了《渭河污染防治条例》和《汉丹江污染防治条例》，坚持在沿江沿河市县狠抓污水处理厂、垃圾填埋场和垃圾焚烧发电场建设，对矿产资源开发、造纸、电镀等行业进行了全面整治，对作为全国南水北调水源地的汉中、安康、商洛三市实行严格的水源地保护，对西安周至、蓝田、长安，包括延安王遥水库等一大批水源地进行全面治理。使汉丹江水质持续保持优良，出水段面保持在二类水，渭河水质稳中有升，出水段面已由劣五类回升到四类，宝鸡以上为三类水。

与此同时，陕西紧紧抓住山、河、江、坡综合治理，坚持山水林田湖一体保护、一体修复，强化国土绿化，同筑“金山银山”，弥补同步迈入小康社会的最大短板。首先，通过实施退耕还林（草）、封山育林、封山禁牧、保护天然林、扩大人工林等，促进实现陕北大绿化、关中园林化、陕南森林化，森林覆盖率超过43%；其次，实施了百万亩森林，百万亩湿地等工程。截至2015年年底，全面保护与恢复湿地246.05万亩，超额完成任务。全省现有国家湿地公园11个，全国第一，建设国家级湿地公园（含试点）31处，全国第七。湿地公园总面积达到60多万亩，建成各级湿地保护区9处，保护区总面积330多万亩，形成了以国家湿地公园和湿地保护区为主体的湿地保护体系；再次，坚持在全省开展农村环境连片整治示范工程。为了让现代农业融生产、生活、生态功能融于一体，促进村镇环境明显改善，全省以发展生态农业、循环农业为主进行了农村环境连片整治，已取得初步成效。涌现出了一批先进典型，陇县、凤县生态立县、府谷循环发展、眉县整村推进、商洛美丽乡村建设、彬县、武功城乡统筹、西乡规范养殖、平利绿色发展、旬邑新村建设、浐霸生态示范、高陵现代农业、留坝综合治理，还有凤翔、千阳、乾县科技创新很有地方特点，效果突出，让农村广泛存在的水塘、稻田、菜园、果园、现代农业园等都发挥了“城镇之肺”的生态涵养作用；最后，坚持铁腕治霾。2013年，陕西打响了“治污降霾保卫蓝天”五年行动计划，坚持减煤、控车、抑尘、治源、禁燃、增绿六措并举，以关中地区为重点强力推动治污降霾，取得显著成效，单位生产总值能耗、主要污染物减排全部实现目标。从2014年起，关中规模以上工业煤炭消费量实现负增长，至2016年年底，二氧化硫排放总量累积削减969万吨，关中PM2.5浓度降低3%以上。关中、陕北、陕南优良天数分别达到275天、290天和295天以上，关中、陕南重污染天数分别下降30%和20%，陕北基本消除重污染天气。

（三）着眼于全省生态建设总布局，让生态文明融入经济社会发展全过程

国土是生态文明建设的空间载体。主体功能区建设就是把绿色作为必要条件，统筹安排生产、生活和生态空间，控制建设用地总规模，严格划定并执行各类生态红线，制定配套政策，实行分类管理，推行差别化绩效考核评估制度，把各类开发引入到主体功能区这个大棋局中来，促进生产空间集约高效、生活空间宜居适度、生态空间山清水秀。

党的十八大以来，在国家规划的大布局下，陕西完成了境内各市县的主体功能区规划，现已进入了稳步推进阶段。陕西主体功能区建设根据三大片区自然属性和资源禀赋，因地制宜，关中以秦岭北麓、渭河沿线和渭北台地为支撑，构建以西安为中心的“两带三区”生态体系。陕北黄土高原大力实施天然林保护、“三北防护林”等重大生态工程，加强资源开采沉陷区综合治理，建成以长城沿线防护林、桥山森林体系为主体的陕北生态屏障，打造黄土高原生态文明示范区。陕南坚持大绿色、大生态、大循环发展理念，以秦岭、巴山和汉江、丹江沿岸为主体构筑秦巴生态安全屏障，构建

绿色循环产业体系，推进国家生态文明综合改革示范区。

基于长期形成的经济资源依赖型和投资拉动型特点，部分地区生态环境脆弱，资源环境约束趋紧。区域发展格局上，陕西按照关中协同创新、陕北转型持续、陕南绿色循环的区域协调发展格局统筹规划，大幅提高经济绿色化程度，以循环低碳推进经济发展，探索出构建绿色经济体系的新路子，形成经济社会发展新的增长点。陕北坚持“三个转化”，推动能源化工产业高端化发展，大幅降低资源环境负荷，以生态环境工程全面改善生态环境质量为根本出路；陕南以保护好青山绿水蓝天为己任加快产业结构转型，大力发展以生态文化旅游为主的现代服务业，走绿色循环发展之路；以西安为中心的关中要打造金融、物流、商贸、会展等区域中心和旅游服务集散地，着力于现代农业和现代装备制造的转型升级。与此同时，以生态系统建设为节点，转变生活方式，改变消费习惯，形成资源节约、环境优化的生活方式和社会风尚，实现经济社会的绿色良性互动。

（四）构建绿色经济体系，系统解决经济社会发展中面临的突出问题

生态文明建设从根本上讲就是推动绿色发展，关键是提高效率，以尽可能少的资源消耗和环境代价实现经济社会的发展，核心是处理好环境与经济发展的关系，主要任务是全方位转变经济发展方式，在优化经济结构上下功夫。近些年，陕西处于快速发展期，在资源使用和绿色生产领域，着力打造科学、生态、系统的绿色生产方式，绿色低碳循环发展成为主基调，单位生产总值能耗、主要污染物排放总量、单位二氧化碳排放量明显下降，节能减排目标提前完成。具体路径就是推进系统集约发展，也就是循环发展、低碳发展，以推动经济结构的不断优化和产业水平的更快提升，真正形成节约资源和保护环境的空间格局、产业结构、生产方式。

第一，传统产业注重调整优化产业结构。全省各地按照“消化一批、转移一批、整合一批、淘汰一批”的思路，以“三去一降一补”为契机，加快了“僵尸企业”的淘汰和落后、过剩产能的淘汰步伐。从2014年起在关中地区下功夫推动煤电机组超低排放改造，使火电企业生产水平从根本上得到提升。不少地方好关闭了一批“十五小”污染企业。与2011年相比，单位GDP能耗下降16.6%，二氧化碳排放量降低19.2%。2016年上半年列入超低排放改造计划的20台942万千瓦火电机组，已完成改造11台504万千瓦。合计拆除燃煤锅炉733台，1477蒸吨，关中地区规模以上工业企业燃煤消费量消减193万吨。主要做法是通过拆改生活用燃煤锅炉、削减工业燃煤、提高天然气使用率和风电、水电和光伏发电比例，以能源供给和消费结构的优化促进减排。提出关中削减燃煤的目标，明确从淘汰落后产能、实施节能技改工程、拆除城市燃煤锅炉、监管重点耗煤企业、调整能源消费结构和产业结构等方面减少煤炭消费。2016年，我省关停不达标小火电、小锅炉，火力发电和供热效率继续提高，分别达到39.2%和76.9%，较上年分别提高0.4和0.6个百分点。关中地区规模以上工业煤炭消费同比下降4.1%，较上年减少295万吨。全省规模以上工业原煤消费2.22亿吨，同比增长7.6%，增速较去年下降16个百分点；天然气消费62.6亿立方米，同比增长10.4%，清洁能源消费增长迅速，汽油、柴油、煤油、燃料油等石油制品消费则同比下降13.1%、1.9%、92.1%和24.9%。

第二，能源化工产业向高端化发展。陕西作为西部能源大省，煤炭作为陕西主要的能源资源，煤炭能源的消费关系着工业生产、经济发展，也关系着环境治理和美丽蓝天。如何正确处理煤炭消费与其他能源消费品的结构关系，既是现在也是未来节能降耗的主要着力点。"十二五"期间，陕西以产煤大市榆林为主，通过实施煤向电转化、煤电向载能工业品转化、煤油气盐向化工产品转化的"三个转化"战略，吸引一批新型转化项目落地，能源化工高端化步伐加快，延长靖边煤油气综合利用、中煤榆横60万吨煤制烯烃、能源100万吨煤制油等标志性项目建成投运，新增煤油气产量1.21亿吨、720万吨和192亿立方米。主要做法是加大对煤炭深加工和转换的力度，延伸产业链，提高产品附加值。2014年，全省洗精煤产量同比增长13.8%，高于原煤增速10个百分点，全年焦炭产量3834.55万吨，同比增长9.5%。洗精煤和焦炭产量的增加为关中地区推广使用优质燃煤提供了保障，有效推动了我省煤炭的清洁利用。同时，咸阳精甲醇产量同比增长19.2%，榆林精甲醇、烧碱、电石、合成氨增速高达24.6%、31%、27%和218.2%，带动全省煤化工行业产量高速增长。我省能源加工转换效率为79.6%，较上年提高0.8个百分点，有效促进了全省节能降耗。随着治污降霾措施的执行，随着煤炭深加工的发展，焦炭产量增长较快，炼焦效率提高至89.6%，较上年增长1.5个百分点。同时，通过研发和推广煤间接液化、油气资源综合转化、燃煤发电机组高频除尘、二氧化碳驱油等技术促进减排。

第三，战略性新兴产业异军突起，成为陕西绿色生产新亮点。"十二五"以来，陕西针对经济结构特点和资源环境约束趋紧的现实，结合自身的科技优势、人才优势、产业优势和政策优势，全面提升战略性新兴产业发展水平。产业规模不断壮大，大力发展绿色循环载能工业，加快培育电子信息、新能源汽车、航空航天、新材料、生物医药等战略性支柱产业，"十二五"末，战略性新兴产业增加值占GDP比重达10%，年度固定资产投资规模超过2200亿元，成为陕西经济发展的重要支撑。产业布局日趋合理，全省已形成关中、陕南、陕北梯度合理、各具特色、互为补充的战略性新兴产业良好发展局面。战略性新兴产业已经成为陕西实现经济转型、优化产业结构、促进经济发展的重要引擎。

第四，绿色生活方式深入人心，生活环境有了很大改观。随着人民生活水平的持续提高，社会生活的生态意识由心而发。人们的环保节约意识越来越强，绿色低碳、文明健康的生活方式融入衣、食、住、行、游的每个环节，绿色出行、清洁能源、至简生活等绿色生活方式随处可见。生态文明建设的社会基础、人文基础已坚实建立起来。公众将绿色生活的理念践行于日常的点滴行为之中。截至2016年年底，西安市共计建设完成公共自行车站点服务站点1800个、投入运营公共自行车52000辆、覆盖主城区及开发区，临潼、沣东等区域550平方千米，日最高骑行次数达到32.7万人次。这不仅说明绿色发展理念正在逐步落实，而且日益融入市民的日常生活，低碳绿色的出行方式正逐渐成为市民重要的出行方式。

（五）以制度建设为保障，使生态文明建设有法可依

陕西省不断创新和完善生态文明体制机制，初步构建科学系统的生态文明体制机制，为生态文明建设提供制度保障。

1.生态文明建设的法规体系不断完善

第一，不断完善重要生态区域的地方性法规和规范文件。2013年3月编制完成《陕西省主体功能区规划》，明确了陕西省内各区域主体功能定位。围绕秦岭、渭河、汉丹江等重要的生态区域制定和实施相应的地方性法规和规范文件，如《陕西省渭河流域管理条例》（2013）、《陕西省秦岭生态环境保护条例》（2008）、《陕

西省汉江丹江流域水污染防治条例》（2006）。为了治理毛乌素沙漠，陕西省先后出台有关防沙治沙的政策性文件10多个。第二，构建大气污染、固体废弃物和自然资源开采中的生态环境保护法规体系。2014年1月施行《陕西省大气污染防治条例》，是全国第一个出台大气污染防治地方性法规。初步构建排污权产权交易制度，要求所有新建、改建、扩建项目的企业和新增二氧化硫排污权指标均应进行有偿使用和交易。制定实施了《陕西省固体废物污染环境防治条例》（2006）、《陕西省煤炭石油天然气开发环境保护条例》（2007）。第三，制定生态文明信息公开和社会监督法规。2016年4月陕西省政府出台《陕西省生态环境监测网络建设工作方案》，要求到2020年，陕西省要实现环境质量、重点污染源、生态状况监测点位全覆盖。2014年11月出台《陕西省环境保护厅环境信息公开实施意见》，2015年1月1日实施《陕西省环境违法行为有奖举报实施办法（试行）》。

2.不断创新生态文明行政管理体制机制

第一，不断完善生态文明行政管理机构。2016年9月中央发布《关于省以下环保机构监测监察执法垂直管理制度改革试点工作的指导意见》，要求省级以下建立环保垂直管理体制。2017年2月陕西省出台《陕西省全面推行河长制实施方案》，建立省、市、县、乡四级河长制。第二，不断完善政府生态文明建设的考核、监督制度。2014年陕西省委在年度目标责任考核中，大幅度提高了生态环保在目标考核中的权重，取消了GDP超额完成任务加分项目。明确各级人民政府及部门的环境保护工作实行行政首长负责制和一岗双责制，探索环保监管由督企向督政转变。第三，建立环境行政执法与司法联动衔接机制，严格执法。2014年7月陕西省环保厅和公安厅联合出台了《关于加强环境保护与公安部门联合执法工作的意见》，建立联席会议、联动执法联络员、重大案件会商和督办“三项制度”及案件移送、案件联勤执法、案件信息共享、奖惩机制“四个机制”。第四，生态文明建设试点机制。2015年4月国家发展改革委等十一个部、委、局将陕西省榆林市及富平县、千阳县、镇巴县“一市三县”被确认为国家级生态保护与建设示范区。2016年2月环保部授予凤县“国家生态县”称号，成为西北地区首家获此殊荣的县区。

3. 初步构建推进生态文明建设的市场机制

第一，不断明晰生态产权。2007年陕西省启动集体林权改革，到2012年9月，全省14809.5万亩集体林已落实经营主体。2014年7月开始对全省实行家庭承包经营的农用耕地进行确权登记颁证，明晰农村承包地产权。另外，不断明晰排污权、水权。第二，初步形成生态保护补偿机制。一是建立森林生态效益补偿制度。截至2016年上半年，全省兑付森林生态效益补偿资金35.31亿元。二是明确退耕还林的补偿机制。截至2009年底兑现退耕还林补助资金184亿元。三是初步建立重要水源地的生态保护补偿机制。2008年国家将陕南南水北调中线水源涵养区确定为重要生态功能区。四是初步建立流域下游地方政府对上游政府生态保护补偿机制。第三，探索环境污染第三方治理体制机制。初步构建环境污染第三方治理体制机制。陕西省政府2015年7月出台《陕西省加快推进环境污染第三方治理实施方案》，要求加快建立排污者付费、第三方治理的治污新机制。设立环境监理公司进行专业的环境建设监督，构建环境污染第三方治理的监督机制。

二、陕西生态文明建设存在的问题及影响因素分析

21世纪以来，陕西进入了历史上最快的发展时期，实现了由欠发达地区向中等收入地区的历史性跨越，产业结构、生产方式以及人民生活条件较2000年前相比都有了质的飞跃，三秦大地生态面貌发生了翻天覆地的巨大变化。但随着物质财富的增长和生活水平的大幅提高，人民对生态环境改善的需求与资源利用现状、产业结构以及发展方式等方面产生了一系列的矛盾与问题。

（一）生态文明建设与发展理念间的偏差和误区

生态是自然界的存在状态，文明是人类社会的进步状态，生态文明既包含自然文明，也包含人类文明，生态文明的核心价值取向是人与自然的和谐发展，是人类文明中反映人类进步与自然和谐相处的状态，这种和谐必须贯穿人类文明，相互依存、相互促进。

对生态文明的认识实际上是反映如何看待生态文明与工业文明的关系。现阶段，认识的偏差和误区指的是把生态文明看成是工业文明之后的人类文明。大规模工业化进程中，在创造巨大物质财富和加速财富积累时以牺牲生态环境为代价是不可避免的，对工业文明行为方式释放出的极端逐利性、贪婪性加以认可，当作历史阶段性的必然过程和代价。对传统工业超越了文明的界限，侵蚀生态文明的空间，破坏生态系统自我修复能力，给人类生存环境和地球生物圈层带来了极为严重的破坏认识不足。对工业文明造成的资源约束趋紧，生态破坏，环境污染，人类社会正面临着严峻的生态危机，甚至是生存危机既显无辜又束手无策。这就从认识上就没有厘清生态文明的本质含义。生态文明包含的是人与自然两个平等主体，体现的是人与自然两个平等主体间相互依存、相互促进关系，

环境与资源的保护和改善是一切发展的基础，也是人类的最终诉求。生态文明建设首先要在尊重自然、顺应自然的基础上，彰显自然的主体地位，认识自然界孕育万物的能力和系统进化与演进规律，挖掘自然的多重价值。而认识偏差导致一些干部把生态文明与工业文明对立起来，认为生态文明建设与经济发展是不兼容的，而且是相互矛盾的，建设生态文明就会限制发展；有的认为我国处于社会主义初级阶段，建设生态文明超越了目前发展阶段；有的认为生态文明建设只是一个口号，表明一个态度和顺应未来趋势；有的认为生态文明建设太“高大上”，太“虚”，基层工作无从下手等。历史经验告诉我们，思想引领行动，理念指导实践。认识上的偏差往往会导致目标上的偏差，行动上的偏颇。科学有效推进生态文明建设，迫切需要进一步提高和加深对生态文明建设战略深意的认识和把握。

（二）区域间差异较大，自然资源匮乏使生态文明建设的成本高、难度大

陕西地处内陆腹地的黄河中上游、长江中上游以及“三北”风沙综合防治重点地区，是我国生态环境建设的重点区域。全省南北长约870千米，西宽200至500千米不等，土地面积20.58万平方千米，北山和秦岭把陕西分为三大自然区：北部黄土高原总面积9.25万平方千米，约占全省土地面积的45%；南部秦巴山区，总面积7.4万平方千米，约占全省土地面积的36%；中部关中平原总面积3.9万平方千米，约占全省土地面积的19%。三大区域自然地理、气候条件、资源禀赋极不相同，差异很大，各区域环境承载力受短板因子影响明显，总体呈现可控、可载与局部超载、恶化的冲突与碰撞态势，扎实分解与落实不同区域生态文明建设重点与任务是整体提高陕西生态文明建设水平的当务之急。

三大区域发展最为短缺的是水资源，现已成为制约陕西经济社会发展的生命线。一是水资源总量不足。作为全国的贫水区，全省水资源总量为438亿立方米，人均水资源量1166立方米，不到全国平均水平2474立方米的一半，仅为世界平均水平9360立方米的1/8。二是水资源区域分布不均，时空分布差异大。全省年均降水量为686毫米，呈从南到北递减，南部降水800—1000毫米，关中区域为550—700毫米，而陕北不足500毫米。全省71%的水资源分布在陕南，其中70%集中在汛期。关中水资源总量86亿立方米，人均只有全国平均1/6；陕北地区水资源总量44亿立方米，人均不足全国1/3，且开发利用水平和条件极低。

陕北黄土高原约占全省土地面积的45%，虽然说是全国少有的煤炭、石油、天然气等能源资源富集区，但地处毛乌素沙漠与黄土高原接壤地区，水资源总量低，生态极为脆弱，综合环境承载力差。北部长城沿线是我国400毫米等降水量线区域，该区域黄土堆积深厚、范围广大，其地理意义决定其干旱少雨，植被稀少，土地沙漠化敏感程度高，水土流失面积达3.69万平方千米，平均侵蚀模数为每年每平方千米12200吨，局部地区高达每年每平方千米44800吨，是陕西输入黄河泥沙最严重的地区，为全国水土流失重点治理区域。陕北南部为黄土高原丘陵沟壑区，包括陕北子长县、安塞县、志丹县、吴起县、绥德县、米脂县、佳县、吴堡县、清涧县、子洲县等县区，是国家重点水土保持生态功能区，水土保持任务非常艰巨。几十年来，陕北人民在这块贫瘠而厚重的土地上进行了如"三北"防护林体系建设、退耕还林、天然林保护、飞播造林等许多创造性的生态建设工程，防沙治沙和防护林带建设取得显著成效，实现了由“沙进人退”到“人进沙退”的历史性转变。锻造出一批以石光银、牛玉琴、杜芳秀等为代表的治沙英雄。然而，陕北特别是以榆林北六县为代表的北部草滩区，林地生产力不高、生态功能脆弱等问题突出，生态环境恶化的趋势还没有从根本上得到遏制，有些地方受能源资源大规模开发的影响，生态环境的恶化趋势仍在加剧。矿井、油井建设、道路修建、油气集输管线铺设，造成大面积地貌和植被破坏，尽管地方各级政府投入大量人力、财力、物力进行治理恢复，但与能源规模开发造成的生态环境破坏的速度相比，无异于杯水车薪。

关中平原号称“八百里秦川”，是全省重要经济带，是全省包括工农业生产和科研教育在内的经济社会发展的主要承载地，但由于历史原因，形成了承载多、资源紧、污染十分严重的局面，环境纳污能力和资源供给能力呈双超载，环境容量不足、资源供给有限已成为影响关中地区经济社会发展的主要障碍。主要表现在资源分布特点上，关中地区是大陆性气候，短时降雨多，洪水多发，冬春旱、夏伏旱频繁。仅水资源一项已成为掣肘经济社会发展的主要因素。据资料显示，目前关中地区自产水资源人均350立方米，低于人均500立方米的国际公认绝对缺水线。同时，水资源长期短缺与人类开采程度加剧，导致关中地区水旱叠加。关中自产水资源的开采程度已接近上限，难以解决生产、生活，特别是日益增长的生态文明建设用水问题。

陕南深处秦巴山区连片特困地区。该区域有秦岭、巴山两大山脉横贯东西，汉江、丹江穿境而过，虽然水力、矿产和生物资源丰富，被誉为“生物基因库”，但生态敏感区域较多，地形地貌多样，高山延绵、丘陵广布、盆地和川道狭小，素有“八山一水一分田”之称。集革命老区、贫困地区、库区于一体的陕南三市，跨省交界广、贫困人口集中。在国家制定的《中国农村扶贫开发纲要（2011—2020年）》中确定的11个连片特困地区，涵盖了陕西境内秦巴山、六盘山、吕梁山3个连片特困地区。秦巴山区连片特困地区在陕西的范围包括汉中、安康、商洛市全部县（区）和西安市周至县以及宝鸡市太白县，共计30个县（区），占国家确定的秦巴山区连片特困地区76个县（区）的39.5%，是陕西最大的连片特困地区，也是现阶段全省扶贫攻坚的主战场。受南水北调水质控制目标制约，发展空间有限，面临既要保护，又要在保护中寻求突破发展的两难选择。

（三）区域发展水平和现已形成的生产方式与全面系统推进生态文明建设形成了尖锐矛盾

习近平总书记指出，环境问题究其本质是经济结构、生产方式、消费模式问题。陕西现已形成的资源利用方式与全面系统推进生态文明建设之间的矛盾和问题表现明显。

1.资源环境约束趋紧

一是土地资源供需矛盾尖锐。随着经济社会发展，对土地的需求日益增大，建设用地、基本农田、生态用地都构成了对土地的刚性需求，陕西可利用的土地数量有限，一些绿色产业如“风光”发电对土地的需求量大与浪费量大同时存在，现有土地资源及其使用方式难以完全满足绿色生产的需要。二是矿产资源开发与环境保护的矛盾尖锐。作为矿产资源大省，矿产采掘、加工、制造等是陕西经济发展重要产业，但是矿产资源的开发、生产与环境保护、水系建设等生态问题在很大程度上是一对矛盾体，采掘矿产必然占用土地甚至耕地、破坏环境。现实发展的需要与保护生态之间的矛盾极大冲击了矿业的发展。三是水资源、空气质量、土壤污染等问题长期以来都是陕西经济发展的短板，也直接影响了陕西绿色生产方式的发展。

2. 绿色技术落后，制约了绿色产业的深度发展

生产方式是一定生产力与生产关系的统一，绿色生产方式要求有一定的绿色生产力与之对应，必须有相应的绿色生产技术作为支撑。绿色生产技术是一种与生态环境系统相协调的新型的现代技术系统，开发的周期比较长、投入较大。长久以来，陕西的科技创新能力较低，在绿色生产、绿色技术的创新上也较落后。企业规模相对偏小，中小企业没有能力进行绿色生产技术的基础研究和相关技术成果的转化，这又进一步导致绿色生产技术创新不够，形成恶性循环。最终处于绿色产业链的末端，效益偏低。

3. 产业规模偏小，效益低，影响力小，易受冲击

陕西的绿色产业规模较小、吸纳的劳动力人数较少、市场影响范围比较狭窄，容易受国内国际市场的影响。尤其是前几年国际能源价格持续下滑，近两年虽然有所回暖，但至今经济下行压力还在加大；受资源环境约束和市场波动双重影响，产业结构的深层次矛盾更加显现，增长动力不足问题十分突出。如汉中医药是陕南地区比较大的企业，主要从事医药类产品的生产、研发，但他们的影响力局限在陕南、川北、重庆一带。陕西绿色农业绝大多数还是以农户为单位，以家庭为生产场所，从规模上看，多数属于小微企业，员工一般从十几到几十人，像华茂牧业这样百人以上的现代化企业还是较少。从效益上，现阶段的绿色生产企业投入普遍较大，还难以达到盈利致富的程度。

4. 市场意识不强，未能充分利用市场机制的调节作用

陕西资源丰富，可开发的产业类型也很多，地方政府重点开发、打造的特色产业都有很强的资源性特点。但是在具体操作时，往往过于强调自身的优势条件，而忽略了市场的实际需求。如2012年底全球煤炭市场低迷严重影响了陕西煤炭行业，陕西一方面为了追求暂时的高速发展，没有预测到未来市场的趋势，未及时对煤炭产业做出调整，使行业陷入了亏损境地。

5. 政府缺乏扶持绿色产业专业遴选方式、缺乏培育绿色产业的体制机制

陕西在绿色产业选择与培育上，对于应该发展什么绿色产业，在大的指导原则下各地都有自己比较详细的政策性要求，但是在扶持各种产业发展时，对产业的绿色性、低碳性、循环性认识不到位，存在着不尊重产业规律和市场规律，盲目推进的问题，政治性任务的影响往往多于专业性理论的选择，这就造成选择出的一些产业不够科学、不够合理、不够专业。在产业的培育和发展中因为先天不足的原因，要么缺乏技术、要么产品没有市场，要么企业没有效益。

6. 不合理的生活方式对生态的破坏日益严重

环境质量与人们的生活方式紧密相关。当前，我国相当一部分地区不仅面临着工业发展所带来的污染问题，而且不良生活方式形成的污染也已经上升为环境污染治理中的主要问题。随着物质条件的改善，消费行为中的享乐主义和过度消费、奢侈消费等不良生活方式盛行，人们日常生活中一些不良行为造成的资源浪费给环境带来的损害日益严重，特别是一些攀比、炫耀、浪费行为消耗了更多的能源资源，增排了更多的温室气体，进一步加剧了资源浪费和生态环境破坏。

（四）生态文明制度建设和生态文明法规体系不完善是制约陕西生态文明建设根本性问题

陕西在系统推进生态文明建设时，首先面临的问题是相关的法规体系不健全，特别是缺乏一部系统的生态文明建设法律，相关法律规范分散在不同的法规中，碎片化明显。

1. 促进生态文明建设的市场机制不完善

我国处在社会主义计划经济向市场经济转轨阶段，市场机制不完善、市场手段运用不足，处在市场机制建立健全阶段。除了国有土地使用权、矿业权出让的市场机制作用相对较强外，其他生态产权的市场机制作用滞后，生态补偿机制尚不完善，难以有效发挥市场机制激励资源节约和环境保护的作用。生态文明建设的社会公众参与制度不健全，生态建设社会参与不足。

2. 生态文明管理体制机制不健全

我国处在生态文明制度建设的完善阶段，面临较多的问题。主要是，生态文明建设综合决策机制不完善，环境管理体制的不完善、不健全，建设资金不足，政府资金的引导作用有待加强，生态建设执法监管力度不足等。

3. 生态文明建设的社会公众参与制度不健全

生态文明建设需要全社会力量的共同参与，而我国缺少社会公众参与的体制机制，生态建设社会参与不足，主要表现为环保组织参与不足、专家参与不足和公民参与不足。

三、陕西生态文明建设的总体思路

生态文明建设是一项复杂的系统工程。生态文明建设是全面、科学、系统地处理人与自然关系的新理念，是破解经济发展与环境保护矛盾的重大战略抉择。其内容极其广泛，是关系最为复杂、变革程度最深、影响范围最广、体制机制最强的一项系统工程。

在省第十三次党代会上，娄勤俭书记着重强调了陕西欠发达的基本省情，强调了发展中的陕西，面临着经济发展不足和生态环境保护不够的双重任务，面临着实现追赶超越与着力推进环境保护双重目标的重大抉择。决胜全面小康、奋力追赶超越，陕西必须强化生态建设基础性战略性地位，加快山水林田湖生态保护和修复工程，走出一条具有陕西特色绿色发展之路。其总体思路是：坚持节约优先、保护优先、自然恢复为主，以提高环境质量为核心，以绿色、循环、低碳发展为途径，以建设主体功能区为依据，以构建生态文明制度体系为抓手，加大环境治理力度，提升生态保护水平，全面推进生态文明建设，为建成山青、水净、坡绿的美丽陕西再立新功。

这一总体思路就是把节约优先、保护优先、自然恢复为主作为基本方针，坚持绿色发展、系统思维，以绿色、循环、低碳发展为途径，推进绿色生产、发展绿色经济、建设绿色环境、倡导绿色生活。推进主体功能区建设，按照关中协同创新、陕北转型持续、陕南绿色循环的区域发展总体战略和环境特征，实行差别化的资源开发利用和环境管理政策，实施分区管控、综合防治，协调解决区域、流域环境问题。加强统筹治理与系统防治，加大环境治理力度，突出全面改善生态环境质量，实施"山河江坡塬"综合治理，分区域、分流域、分阶段改善环境质量。理顺体制机制，完善制度政策，以落实《环境保护法》为龙头，加快资源环境重点领域立法，推进生态文明建设法治化。增强社会共治，信息公开，在全社会形成关注、参与生态文明建设的良好氛围。到2020年，全省资源节约型和环境友好型社会建设取得重大进展，主体功能区布局基本形成，经济、人口布局向均衡方向发展，城乡结构和空间布局明显优化；全省生态环境质量总体改善，主要污染物排放总量不断下降，生态系统稳定性持续增强；资源利用更加高效，经济发展质量和效益显著提高；生态文明重大制度基本确立，生态治理体系和治理能力不断增强，生态文明主流价值观在全社会得到推行，促进绿色发展水平明显提升，确保实现山青、水净、坡绿、天蓝的美丽陕西建设目标。

总体思路突出绿色发展这条主线，强调发展的可持续性，为建设“美丽陕西”谋划出了总体方略，与陕西落实“五个扎实”、实现“追赶超越”目标高度一致。根据陕西生态文明建设的总体思路，“十三五”期间陕西生态文明建设的重点部署主要有4个方面：

（一）加快建设主体功能区

根据陕西国土资源多样性、非均衡性和脆弱性的显著特点，结合全省国土空间的自然属性和资源禀赋，陕西“十三五”期间将进一步推进主体功能区建设。将全省国土空间资源分为重点开发区、限制开发的农产品主产区、限制开发的重点生态功能区和禁止开发区，明确不同主体功能区域的生态环境功能定位，实施环境分区分级管控，推进主体功能区在市县落地。严守生态保护红线，在省级生态保护红线划定工作完成的基础上，进一步扩大和优化红线范围，2018年底前，完成市级生态保护红线划定工作，到2020年，完成全省生态保护红线落地工作。统筹各类空间性规划，制定完善各类功能区的生态环境管理目标、空间管制要求和环境政策规定，建立国土空间开发的生态安全管控体系，推进“多规合一”。支持安康开展国家主体功能区试点示范，建设国家生态文明综合改革实验区。切实发挥主体功能区作为国土空间开发保护基础制度作用，促进生产空间集约高效、生活空间宜居适度、生态空间山清水秀。

（二）构建绿色经济体系

构建以效率、和谐、持续为目标的经济增长和社会发展方式。推动绿色生产和绿色生活，提高整个经济结构中绿色经济的比重，绿色工业要“产业布局园区化、资源利用集约化、产业结构高新化、生产过程清洁化”；绿色农业要“产业生态化、生态产业化”；绿色服务业是要大力发展现代服务业，打造金融、物流、商贸、会展等区域中心和旅游服务集散地。大力发展循环经济，实施循环发展引领行动，组织开展工业园区循环化改造，加强再生资源回收体系建设，推动矿产资源和工业废水、废气等再生利用，建设循环型农业和服务业，推进垃圾分类处理。全面控制能耗强度和能源消费总量，推动形成资源节约、环境优化的生活方式和社会风尚。

（三）加强生态环境保护

要筑牢生态安全屏障，继续实施天然林保护、退耕还林和矿区植被恢复等重点生态工程，继续巩固秦岭治理成果，深入实施“关中大地园林化、陕北高原大绿化、陕南山地森林化”工程，巩固“两屏三带”生态安全屏障，全省森林覆盖率超过45%，森林蓄积量超过5亿立方米，使重点森林生态系统得到有效保护和恢复。深入开展大气、水、土壤污染防治三大行动计划，突出抓好重点污染物防治，确保环境质量总体改善，到2020年，化学需氧量、氨氮、氮氧化物、二氧化硫均下降10%。全面推进关中森林城市群、渭河生态保护区、秦巴生物多样性生态功能区及渭河、汉江丹江和秦岭北麓等水源涵养区建设，重视“八水绕长安”美景，建设山青、水净、坡绿、天蓝的自然生态环境。

（四）健全生态文明制度体系

实行最严格的环境保护制度，建立环保督查巡视工作机制，完善生态环境损害赔偿制度、离任审计制度和终身追责制度。强化生态环境损害责任追究，从2018年开始，在全省试行生态环境损害赔偿制度；到2020年，力争在全省范围内施行。以自然资源资产产权制度改革为突破，健全自然资源矿产产权制度和用途管制制度，对水流、森林、山岭、草原、荒地、滩涂等自然生态空间统一确权登记，编制全省自然资源资产负债表。深化自然资源及其产品市场化改革，推进环境污染第三方治理，积极开展水权、排污权、碳排放权、用能权市场交易。加大政府购买环境服务力度，建立生态文明综合评价指标体系，实行省以下环保机构监测监察执法垂直管理。

陕西生态文明建设这一总体布局，就是坚持把创造美好生活作为最高价值追求，以现代系统思维的科学性，综合性和协调性推进陕西生态文明建设的全面超越，从理念到制度，从政策到实践构成了一个目标明确、措施得当、成效卓著的完整系统。诸多战略层面，从短期看，是陕西贯彻“五个扎实”，实现“追赶超越”的总抓手，关系着三秦大地环境的山川秀美，关系着制度体系完善和发展方式根本转变，关系着以高效绿色为特征的现代经济格局的基本形成。从长期看，将是陕西“十三五”全面同步够格建成小康社会的落脚点，最终实现高效节能的资源利用体系，绿色循环低碳的产业体系，三秦父老舒适安逸的生活环境和“山更绿、水更清、天更蓝”的自然生态环境。

四、推进生态文明建设的的对策建议

（一）以绿色发展理念为先导

生态文明建设就是在尊重和顺应自然、经济、社会发展的客观规律基础上，以理性觉醒和公序良俗去实现人与自然和谐相处，实现生产发展、生活富裕、生态良好共赢的根本目标。党的十八大“五位一体”战略性思维和战略布局，强调的生态建设的基础性作用，这决不是一个简单的提法，而是一个历史性的突破，是一个时代的概念，是要打造一个全新的社会文明形态，这已成为中国特色社会主义事业的重要内容，关系人民福祉，关乎民族未来，事关“两个一百年”奋斗目标和中华民族伟大复兴中国梦的实现。

观念引导行动，生态文明建设首先是一场思维方式的革命性变革，推进生态文明建设，必须理念先行。“绿色发展”作为五大发展理念之一，强调的是“绿色是永续发展的必要条件和人民对美好生活追求的重要体现”，奠定了我国在发展中必须树立尊重自然、顺应自然、保护自然的绿色生态文明发展观这个总基调。推进陕西生态文明建设要坚持“绿色发展”这一主基调不动摇，从以人为本、区域协调、资源节约、共建共享、制度保障5个方面树立起实施“绿色发展”的基本理念，全面推动陕西生态文明建设。

1. 要坚持以人为本，人与自然和谐共处的理念

以人为本，就是要把人民的利益作为一切工作的出发点和落脚点，不断满足人们的多方面需求和促进人的全面发展。同时，我们还必须认识到，自然界是人类的母体，为人类的生存和发展提供物质生活资料和精神生活资料，是人类生产、生活、创作、思考的基础和来源。人与自然的和谐共处，既要承认人的主体地位和人的价

值需要，也必须承认人与自然相互依存、相互制约。在生态文明建设中，我们必须坚持把“以人为本”和“人与自然和谐共处”统一起来，坚决抵制和破除“人类中心主义”和“绝对环保主义”两种偏见，把人与自然的共处作为一个完整统一的生态格局来看待，以此为出发点来推动生态建设的发展。

2. 要坚持区域协调，各项事业协同共进的理念

协调发展是推动生态文明建设的基本要求。长期以来，城乡二元结构、区域发展失衡、经济建设与环境保护脱节、社会发展与生态建设不平衡等问题是我国、我省经济社会发展所面临的重要问题，严重阻碍着全面建成小康社会目标的实现。推进生态文明建设的出发点就是要解决发展不平衡、发展不协调的问题。当前，我省在发展中必须要加强统筹协调，推进各项事业协同共进，统筹推进经济建设、政治建设、文化建设、社会建设、生态文明建设和党的建设。推动关中、陕南、陕北三个区域间的协调发展，塑造要素有序自由流动、主体功能约束有效、基本公共服务均等、资源环境可承载的区域协调发展新格局。

3. 要坚持资源的节约、发展与保护相统一的理念

绿水青山就是金山银山。推进生态文明建设就是以“节约优先、保护优先、自然恢复为主作的基本方针”为遵循，积极实施山水林田湖生态保护和修复工程，加快我省大江大河综合整治，完善现代水网骨架，建成引水供水重大水利工程，串联三大水系；继续加强治污降霾，渭河治理、农村环境治理和总量减排；不断优化国土资源，严守耕地红线，强化天然林保护，加强地质灾害防治，在资源的保护上先行一步。坚持发展与保护相统一，坚决杜绝走西方资本主义国家“先污染后治理”的老路，树立起马克思主义“不破坏自然界本身的物质循环过程"的真正的循环型社会建设理念，把环境保护放在优先位置来安排经济发展，确保发展的可持续性。

4. 要坚持共建共享，推动绿色生产生活的理念

人类是生态文明发展的推动者，也是生态文明发展结果的享受者。生态文明建设关乎每个人的核心利益，需要发挥人民群众的共建智慧，群策群力，共同建设和打造生态优美的美丽陕西。要推进生态文明建设、特别是生态环境成果的共享，使全省人民在生态文明建设和经济社会发展中有更多的获得感、幸福感，实现生态安全广覆盖、生态文明共享受。要以生态文明的大众化促进社会生产和生活方式的绿色化，培育生态文化，提高全民生态文明意识，只有生态文明大众化，才能从根本上缓解经济发展与资源环境之间的矛盾，彻底改变传统的高能耗、高污染、高排放的粗放经济增长模式，构建科技含量高、资源消耗低、环境污染少的产业结构，推动生产方式绿色化，有效降低发展的资源环境代价。

5. 要坚持制度保障，推进生态法治建设的理念

推进生态文明建设的法治化进程，强化生态文明建设的体制机制保障，是生态文明建设的重要支撑。健全完善有关生态法律法规体系，要以宪法为依据，出台完善配套法律法规和相关部门规范，构建形成多层次生态文明法律法规体系，保证生态文明建设有法可依。严格生态文明执法，对任何危害、损害和破坏生态文明的行为予以严惩，尤其是要坚决落实生态环境责任追究制度。要统筹协调多方资源和资金渠道，健全生态补偿机制，统筹协调和整合社会力量和企业资源，建立碳交易等市场化机制，促进跨域生态修复和环境保护。

（二）彰显山清水秀、天蓝地绿是重点

党的十八大以来，陕西省秉承习总书记“山水林田湖是一个生命的共同体”系统治理思想，坚持五大理念，重构生态建设的战略重点，坚持山水林田湖一体保护、一体修复，重点推进“一山两水三大板块”的环境治理，全省境内水灵气正在聚流涌动，渭河变清了，湿地湖泊增多了，三秦大地更绿了，自然环境更美了。当前，在决胜全面小康阶段，加快富民强省战略布局中，陕西生态文明建设要牢固树立“绿水青山就是金山银山”理念，深入推进以“护山、治水、育林、养田、蓄湖”为主要内容的山水林田湖一体化治理，让三秦大地山更绿、水更清、天更蓝，在奋力追赶超越中谱写新篇章。

1.坚持柔性治水，让陕西因水而更美丽

列入陕西“十三五”规划的关中水系建设，是全国少有的省级区域水系规划，也是我省“十二五”继“国”字号引汉济渭、东庄水库之后的又一重大战略性水利项目，具有加强水利基础建设的战略意义。其主要思路是：在不同功能区域采取水源涵养、水系连通、水量调蓄、水污染防治、海绵城市建设、水环境提升等综合措施，统筹解决河湖生态水量不足、水质污染、生态修复能力低和环境面貌差问题。构建关中地区“四横十纵”水系网络，以宝鸡冯家山、咸阳羊毛湾、东庄水库和渭南卤阳湖等湖库为调蓄节点，将渭河北岸的千河、漆水河、泾河、石川河、北洛河等水系连通起来，实现在渭河北岸再造一条渭河的历史性任务。其重点内容是，在河流上游地区（包括秦岭峪口以上地区）以及河堤、库岸，植树种草，固沙涵水，改善环境，新增造林绿化面积104万亩；在河流中游地区布置建设蓄洪水库、江河湖库连通等工程，提高雨洪资源调控利用能力，增加河湖生态水量8.2亿立方米。在黄河小北干流、渭河

两岸、支流入渭口、污水入河口，修建人工湿地371处、面积148万亩，净化河流水质，改善生态环境；在秦岭北麓72峪，建设22处蓄洪生态水库，实施封峪保护；在大中城市、县城和重要城镇，全面推进海绵城市建设，加大雨水资源利用，回补地下水；在有条件的城镇河段，建设滨水公园、水面景观等休闲设施，新增水面景观802处、水面面积20.6万亩，改善人居环境；在有条件的乡村，恢复和建设蓄水塘坝涝池，促进乡村环境改善，加快美丽乡村建设。

推进关中水系建设，打造环关中水生态循环区，是一项坚持绿色发展、加强生态文明建设、助推经济发展的创新举措，创新之处在于秉承柔性治水理念，尽可能地聚集水、留住水、涵养水，形成良好的水生态，推动治水理念由单一防水向防用结合转变。治水方式由工程治理向生态修复转变，真正做到水润三秦、水美三秦、水兴三秦。

期间，包括昆明池恢复、涝河渼陂湖水系生态修复、卤阳湖等都是构建关中生态水系的重要工程。规划完成后，关中地区供水能力将达到80亿立方米以上，基本满足2030年生产生活用水需求；大中城市、集镇和乡村达到规定防洪标准，洪涝灾害损失程度显著降低；主要河流生态水量得到保障，主要河流水质明显改善，渭河实现变清；渭河生态长廊及大批湖泊水面、滨水景观和休闲、健身、文化公园相继建成。基本形成河堤湖岸绿树成荫、绿地连片、鸟语花香，水清、岸绿、景美、宜居的水生态环境。届时，陕西就会成为“八水绕长安”和“旱风无尘雨无泥”的生态环境优美之地。

配合陕西水系治理与建设，启动的黄河西岸土地生态环境恢复治理工程是一个包括河滩地治理、城市公园、特色小镇建设、防汛滞洪工程、水陆交通运输等14个子项目的土地生态综合整治工程。

项目总建设规模约100万亩，总投资估算约380亿元，是省级相关部门与沿岸市县一道启动实施的项目，是以改善区域生态环境、实现人地关系和谐发展为目的，通过实施土地、水利、生态、农业、文体、旅游等系列工程，致力于打造一个集滩涂、水田、湿地于一体的生态系统。“十三五”全面完成后，为实现“水润三秦、水美三秦、水兴三秦”做出贡献。

2. 以秦岭、桥山为重点建设国家公园

秦岭、黄河和桥山国家公园建设都是与区域良好的生态环境和优质的旅游资源、文化资源优势紧密结合。秦岭国家公园就是结合“十线百站”工程建设，加快旬阳坝森林体验区基础设施和体验项目建设，保护和抢救古文化遗址，挖掘秦岭自然和人文资源，打造集森林康养、主题度假、生态观光、动植物展示于一体的秦岭国家公园核心体验区。旬阳坝森林体验区是基于旬阳坝地处秦岭腹地，森林覆盖率高达95%，负氧离子丰富，是游客认知秦岭、保护秦岭、赏游秦岭的平台。桥山国家公园（黄陵国家森林公园）是省委、省政府确定的“十三五”期间持续推进生态建设的一个重大项目。位于中华民族人文始祖轩辕黄帝陵所在的黄桥林区，包括陕北梁山山脉的崂山、黄龙山和子午岭区域，规划总面积约177.69万公顷。公园地质地貌独特，森林覆盖率在63.9%以上，是中国黄土高原地区森林覆盖率最高的区域。域内历史文化厚重、黄土文化浓郁、红色文化富集，加之黄帝陵和壶口瀑布是世界唯一的稀缺性和不可替代性，是黄土高原的生态安全屏障，是国家丝路经济带建设的生态依托，建成后的国家公园不仅进一步提升了延安生态建设水平，而且对陕西具有重大而深远的影响。

稳步推进国家公园，是为了对重要生态系统的保护和永续利用，对现阶段各部门分头设置的自然保护区、风景名胜区、文化自然遗产、地质公园、森林公园等进行的一项的生态体制改革。探索创建秦岭、黄河和桥山国家公园是列入陕西省"十三五"规划的重要项目，这不仅是贯彻落实国家战略的重大举措，同时也是珍惜森林资源，以秦岭、桥山为重点，加强山体保护，严格控制开发强度，搞好植被恢复，切实守护好陕西"两叶肺"生态系统的重大之举。通过建设两大国家公园，使自然、人文以及社会资源得到了有效保护，同时为广大人民群众提供养生养老、休闲娱乐的场所，符合自然规律，符合世界潮流，符合全面建成小康社会的需求。至2017年年初，秦岭国家公园、桥山国家公园总体规划和旬阳坝森林体验区修建性详规编制完成，加快启动大熊猫国家公园陕西秦岭区基础设施和保护设施建设。

3. 继续深入实施"三化"战略

继续实施重点生态工程，持续推进天然林保护、退耕还林还草、城市增绿等工程，加大对陕北长城沿线风沙区人工修复力度；继续巩固秦岭治理成果，加大对陕南秦巴山区等生态功能区、生态敏感区及生态脆弱区的保护力度；推进"百万亩森林"建设，巩固"两屏三带"生态安全屏障；推进关中大地园林化、陕北高原大绿化、陕南山地森林化和森林扩面提质建设。按照《推进陕西绿色化——森林提质增效十年规划（2015—2025年）》，计划用10年时间，完成3000万亩中幼林抚育，修复低效退化林900万亩，培育珍贵树种示范基地20处、30万亩，建设速生丰产林基地75万亩。根据规划，我省力争到2025年乔木蓄积量增长2.9万立方米，使乔木林公顷蓄积量达到85立方米以上，接近目前全国平均水平。样板示范林公顷蓄积量达到110立方米以上，接近目前世界平均水平；健康森林面积由45.6%提高到70%以上，生态功能等级为好的林分由3.9%提高到20%以上；栎类、侧柏林分和飞播林经营达到全国领先水平。到2020年，确保全省森林覆盖率超过45%，实现山青、水净、坡绿、天蓝的自然生态环境。

4. 大气、水、土壤污染为重点，持续铁腕治污降霾

省第十三次党代会上，娄勤俭书记明确指出，环境污染问题特别是雾霾污染已经成为陕西发展的“心腹之患”。要继续铁腕治污降霾，打好“减煤、控车、抑尘、治源、禁燃、增绿”组合拳，以关中地区为重点完善区域联防联控机制，让群众呼吸到更加清新的空气、享受到更多的蓝天白云。实施城市疏解疏通增绿工程，大力开展绿色矿山建设，深入推进农村环境连片整治和水源地保护，主要污染物排放总量明显下降，单位生产总值能耗降低15%，力争西安每年增加10个蓝天，关中农村环境实现根本性好转。同时对大气、水、土壤污染重点防治。加强水污染、土壤污染防治，加强对污染的末端治理。建立土壤环境监测、防控和治理体系，大力推行保护性耕作，加大农业面源污染、重金属污染和废弃化工场地治理。

（三）走绿色发展之路是根本

根本上解决环境问题，必须从宏观战略层面切入，从生产、流通、分配、消费的再生产全过程入手制定和完善环境经济政策，探索走出一条环境保护新路。依据绿色化发展理念，结合陕西绿色生产发展的实际情况，秉承保护优先，在发展中保护，在保护中发展，是陕西探索出的以绿色、循环、低碳发展新思路和新途径。也是统筹推进“五位一体”总体布局，落实“五个扎实”，实现追赶超越的最大创新之处。其本质含义是探索出一条代价小、效益高、排放低、可持续的发展经济、保护环境的新路子，其根本要求就是大力推进环境保护的历史性转变，实现经济与环境、人与自然的协调融合。

1. 确立符合现有产业特点的绿色发展路径

省十三五规划确立的关中协同创新、陕北转型持续、陕南绿色循环区域发展总体战略，是从区域角度对陕西各区域进行了绿色生产分工，构成了符合陕西经济社会发展的绿色生产方式，即推动能源化工产业高端化发展，改造提升传统产业，大力发展低碳、循环产业。

陕西的产业结构以工业为主，工业的支柱产业是能源化工、机械装备制造、有色金属等产业，这些产业在陕西经济社会发展中占据着绝对重要的地位，更是陕西追赶超越的发动机，所以我们不可能在发展绿色生产方式时放弃原有的产业基础，重新建立新的产业体系。因此，陕西要发展绿色生产方式，必须在现有的产业基础上完成。一是改造以能源化工为支柱的传统优势产业。目前陕西正处于新型工业化和城镇化加速发展阶段，产业结构重型化是这一时期的阶段性特征。在短期内要调整这种产业结构的难度相当大。所以，对传统优势产业要进行技术创新改造，如对煤炭、石油等黑色能源，有色金属采掘、冶炼、延压等产业的循环低碳改造。推动传统制造业绿色改造，推动煤炭、电力、水泥、煤化工企业的资源消耗指标达到国内先进水平，化学需氧量、氨氮、二氧化硫、氮氧化物总量分别削减1.5%、1.5%、1.5%和2%。发展绿色矿业，推进绿色矿山建设。全面落实节能减排各项要求。实施工业污染全面达标排放计划、燃煤电厂超低排放改造工程。实施循环发展引领行动，积极开展循环经济试点示范，组织开展工业园区循环化改造，加强再生资源回收体系建设，推动矿产资源和工业废水、废气等再生利用。二是积极发展现代新兴绿色产业。积极发展新兴绿色产业，如新能源、新材料、生物医药等。实施清洁生产行动，推动能源生产和消费革命，建设清洁低碳、安全高效的现代能源体系，扩大全省天然气消费总量，提高风能、太阳能、地热能应用比重。加大绿色、低碳能源的技术投入，加强绿色能源技术创新，构建绿色、低碳能源发展机制。

2. 农业积极向绿色高效农业转型

陕西是国家重要的粮棉油生产基地，农业具有重要的战略意义和地位。以苹果为首的陕西果业在全国稳居第一，占据了全球果汁市场的1/7，陕北的土豆、小米、组数、南瓜，陕南的茶叶、蚕桑、板栗、柑橘等经济作物具有相当大的比较优势和相当强的竞争力。但是农业的结构稍显单一，主要还是以种植业为主；生产力水平较低，传统耕作方式仍占主导地位，现代技术运用较少，机械化程度偏低。因此，农业的排放污染相对较高，对生态的破坏还比较严重。所以，陕西农业走绿色、循环、高效道路的主要内容：一是加强农产品的安全性。围绕“关中高效农业、陕北有机农业、陕南生态农业”定位发展现代绿色农业。抓好渭北苹果、秦岭北麓及秦巴浅山区猕猴桃、黄河沿岸土石山区红枣、西咸新区都市农业、陕南富硒有机食品、汉中平原生态农业、陕北小杂粮等特色板块发展水平，建设循环型农业。围绕“北羊、南猪、关中奶畜”布局，推进适度规模标准化养殖，打造一批优质农副产品生产基地。二是促进农业产业化经营。首先，做大特色产业规模，形成规模效应。推进果业提质增效，壮大优势畜牧业，实施菜茶品牌化生产，发展农产品加工业，培育生态休闲观光农业，实现一二三产业融合和县域经济加快发展。其次，建设现代农业园区，以产业园区为载体，着力完善产业体系和配套设施，实现要素循环、产业绿色发展。再次，构建现代农业经营体系。加快培育家庭农场、专业大户、农民合作社、农业产业化龙头企业等新型农业经营主体，提高农业经营集约化、规模化、产业化。最后，不断拉长绿色农产品产业链，增加绿色的附加值，实现绿色农业的全覆盖。

3. 用现代生态意识推进现代服务业发展

现代服务业是融合度最高的产业形式。陕西服务业的发展与提升就是要将生态文明的理念融入各个环节，从降低交易、人工、物流、财务成本和税费、五险一金、电力价格等方面发力，清理规范中介服务，为绿色生产做好服务；还要注意保护自然风光、历史文化遗迹的原生态，核定景区最大载客量，挖掘蕴含的内在文化价值……实现历史文化与现代文明的传承，达到人与自然、人与人的和谐统一。一是发掘促进文化旅游产业的绿色发展。创新体制机制，着力改善供给侧结构，深入发掘历史人文资源，系统打造红色文化、历史文化和大遗址保护、自然山水、丝路文化、文艺陕军等文化品牌。二是引领生产性服务业向专业化和价值链高端延伸。发展研发设计、融资租赁、信息技术服务等绿色生产性服务业。培育发展文化休闲、体育健身、医养结合等消费业态。三是围绕“互联网＋”发展绿色循环无污染的新型业态。推动互联网与制造、能源、农业、商贸、物流、金融等产业深度融合，开展众包设计研发与网络化协同制造，建设智慧矿区，发展精准农业和农村电商，设立跨境电子商务服务中心，推动互联网金融规范发展，打造新的增长点，使转型升级跟上时代步伐。

（四）以增进人民福祉为目标

现在，优质生态环境是最好的公共产品已经成为社会共识，吃绿色食品、饮干净水、吸新鲜空气、享受宜人气候和优美环境日益成为衡量人民生活水平和质量的一个重要标志。习总书记多次指出，“生态就是生命，环境就是民生，青山就是美丽，蓝天也是幸福”“良好的生态环境是最公平的公共产品，是最普惠的民生福祉。”保护生态底线，增强公共生态产品生产，就是当前最大的政治，最好的发展。生态空间科学合理就是控制开发强度，调整空间结构，以满足人民的需要，提高人民生活水平为目的，以资源承载力为基础，实现人口、经济、资源环境之间的协调、均衡、安全，促进生产空间集约高效、生活空间宜居适度、生态空间山清水秀。科学合理的生态空间要以给自然留出更多修复空间，给农业留下更多良田，给子孙后代留下天蓝、地绿、水净的美好家园为目标，加快实施主体功能区战略，构建科学合理的城镇化格局、农业发展格局、生态安全格局，更多地向公众提供生态产品，这是越来越迫切的时代要求，也是增强党的执政基础的政治要求。

1. 加强绿色低碳循环观念的教育，增强人们绿色生活方式的意识

首先，良好的生活依靠知识与技术，知识与技术来源于生活。家庭和个人的不良生活方式是导致资源浪费、环境破坏不可忽视的因素之一。必须在生态文明建设的需求端、消费端进行科学教育、合理引导，有效根除需求方对环境、对资源过度消费的不合理诉求，从根源上消除非绿色、非生态的因素。其次，加强全社会宣传教育，在日常生活中形成良好、健康的生活方式。通过媒体宣传、社区教育、公益活动等多种形式在全社会进行全覆盖式的教育引导，大力倡导绿色、低碳、循环生活方式。在保证人们生活质量不下降的前提下实现自然资源的节约和社会环境的保护。对生态文明意识、绿色生活方式进行深入的研究，完善绿色生产方式相关理论体系建设。

2. 增加绿色产品、低碳产品供给，满足绿色生活方式需求

发展绿色产业，开发绿色产品，是推进生活方式绿色化的前提条件之一。 要发展绿色生活方式就要满足对绿色产品的消费需求，就必须加强政策导向，促进绿色产业发展，建设绿色产品基地，运用科学技术和科学管理，开发绿色产品，提高产品质量，降低生产成本，努力为广大消费者提供丰富实惠的绿色产品。加强对绿色产品的监测、监督和管理，维护正常的市场秩序，更好地保障绿色产品的安全消费。

3. 加大政府、媒体的正向宣传引导作用

各级政府部门要致力于向社会大众传播生态价值观念和人文精神，新闻媒体应大力宣传绿色生活方式的必要性和重要性。积极培育民众的生态意识、低碳意识、节约意识、环保意识，使得人与自然和谐发展的思想理念深入人心，让自然、环保、节俭、健康的生活理念深入人心。将“环境教育”纳入国民教育体系，将绿色生活教育融入公民教育之中，以提高广大人民维护公众利益和生态环境的自觉性与责任感，建立起个人生活要对环境负责任的观念。

4. 关注细节、从我做起，践行绿色生活方式

绿色生活关乎每一个人、每一个家庭的利益。人们都盼望自己能拥有良好的生活环境，但是仅仅依靠国家治理是不够的，我们在享受社会进步的同时，也要尽自己最大努力，履行社会成员应尽的环境责任。在转变传统生活观念，提倡绿色生活方式中，每个人都要积极行动起来，从自己做起、从身边的小事做起，养成绿色生活方式，将绿色生态理念贯穿日常生活。在日常生活中应主动选择使用绿色产品，在衣着的选择和穿用上，在一日三餐的制作和食用中，在出行交通工具的选择上，在消费环节的习惯上，在对孩子的

教育过程中，都要体现出绿色环保低碳的理念和行为。少开一天车，多种一棵树，节约一杯水，使用再生材料产品，支持垃圾分类和可再利用资源回收，绿色出行，餐后打包剩余食物，尽量少用一次性物品，拒绝过分包装，等等。每个人节约一滴水、一度电看似微不足道，但是几千万人汇聚起来就是巨大的资源节约。只有力戒奢侈消费和不合理消费，才能树立社会新风尚。

5. 发动社会团体，开展各类环保活动，推进生活方式绿色化

政府应加强媒体、社区以及环境专家的沟通与合作，充分发挥民间团体和专业团体的作用，多种形式多种手段地开展环保活动。通过一些大型公民活动、系列科普活动以及一些关于生态环境的创建活动等来普及环保知识，介绍绿色生活方式，促进绿色生活方式的推广，让绿色生活方式深入学校、家庭、企业、社区，成为大众的主流选择，全方位开展生态环保活动，推进生活方式绿色化。

6. 加强环境政策法规制度建设，形成崇尚绿色生活方式的氛围

有效保护环境、坚持可持续发展离不开法律制度的保障。在推进生活方式绿色化进程中，必须加强制度建设，采取激励引导与惩戒兼顾的策略。对有利于生活方式绿色化的行为，无论是团体还是个人，应予以肯定、鼓励和激励；对损害生态环境的行为要加大监管和处罚力度。各行各业、社区街道等应建立环境保护的规章制度，从细从严，促进全社会形成崇尚生态文明、热爱绿色生活的良好氛围，进一步激发更多的人更广泛地参与到生活方式绿色化的进程中。

（五）制度建设是关键

2015年5月、9月，中共中央、国务院分别出台《关于加快推进生态文明建设的意见》《生态文明体制改革总体方案》，要求加快建立系统完整的生态文明制度体系，用制度保护生态环境。针对陕西生态文明建设实际，本课题组提出四个方面具体的生态文明制度建设的政策建议。

1. 健全法规体系，严格执法监管，完善法律保障机制

习近平总书记强调，“要深化生态文明体制改革，把生态文明建设纳入制度化、法治化轨道。”在深入进行理论研究、总结实践经验的基础上，加快完善陕西省生态文明建设法律法规体系，为生态文明建设提供法规保障。陕西省加快研究制定促进生态文明建设的系列专门法规。一是研究制定生态文明建设法或条例，系统规范生态文明建设的整体内容。二是国家应制定“生态补偿法”。陕西省应制定“陕西省生态保护补偿条例”及其配套法规和实施办法，明确补偿原则、补偿领域、补偿范围、补偿对象、补偿标准、权利义务、考核评估、责任追究等。三是尽快制定《生态保护红线管理办法》。设定森林、湿地、草原、沙区植被、物种等生态保护红线，规定生态保护红线的内涵、划定方法、管理体制、批准程序、保护目标和管理要求、生态补偿办法、环境准入准则、监督考核办法、违法处理办法、相关责任机构等内容。四是制定《按流域设置环境监管和行政执法机构办法》。

2. 进一步健全推进生态文明建设的市场体制机制

在市场经济体制下，通过完善市场激励机制，激发市场主体生态文明建设的内在动力，可以用较低的成本和较高的效率建设生态文明。一是进一步明晰生态产权。要完善自然资源统一登记制度，明晰自然资源的产权，不断健全自然资源资产产权制度。党的十八届三中全会《决定》提出：“对水流、森林、山岭、草原、荒地、滩涂等自然生态空间进行统一确权登记，形成归属清晰、权责明确、监管有效的自然资源资产产权制度。”二是进一步完善生态产权市场交易机制。不断完善生态产权市场化定价机制，从制度上保障生态产品提供企业享有更大的定价自主权。建设生态文明产权交易中心等生态产权交易平台，不断完善产权交易的流程设计、交易结果的认定程序和相关环保权益保障机制，逐步形成比较成熟的市场定价机制和市场交易机制。三是积极推进环境污染第三方治理。积极发展具有公信力、技术和经济实力的环境污染治理主体。政府通过公开招标、政府购买第三方服务、特许经营等形式，将原来由自身承担的环境监测、污染治理、生态保护等职能交给社会组织、企事业单位履行。

3. 进一步发挥政府的主导和监督机制

一是建立科学的决策制度。首先，建立跨部门综合协调机构，进一步明确生态文明建设相关部门职责分工，从分部门管理转向统一协调管理。其次，建立多方参与的政策制定机制，保障决策的科学性。二是完善有效的生态文明建设监督奖惩机制。有效的生态文明建设监督奖惩机制是实施生态保护补偿的重要保障。首先，进一步完善科学的生态文明建设考核机制，主要是完善绿色考核评价标准、健全考核方式，及时评价生态文明制度、政策的适当性与合理性，对不合理的政策、制度及时进行调整。其次，按照《党政领导干部生态环境损害责任追究办法（试行）》要求，明确领导干部的环境建设和保护责任，不断完善责任追究制度体系。三是，进一步完善有效的执行和管理制度。习近平总书记提出，“由一个部门负责领土范围内所有国土空间用途管制职责，对山水林田湖进行统一保护、统一修复是十分必要的”。针对大气污染的区域性、水污染的流域性等问题，可以设立关中、陕北、陕南（包括秦岭）环境保护督察中心，作为省政府的派出机构，明确区域环保督察中心的职能，建立区域环保协调机制，清晰界定环保督察中心与地方环保主管部门之间的环境事权，发挥其生态环境监管作用。四是健全多元化投入机制。首先，完善和实施绿色税费制度，加大财政对生态建设的投入。其次，充分发挥市场机制优势，逐步建立政府引导、市场推进和社会参与的生态补偿机制。

4. 完善社会公众参与生态文明建设的体制机制

一是完善建立生态环境信息公开制度。生态环境信息包括政府生态环境信息和企业生态环境信息。政府建立固定、便捷的生态环境信息平台，将环境质量监测、建设项目环评、企业污染物排放等政府生态环境信息、重要环保政策和重大环保突发事件，及时向社会公开。二是完善生态文化建设机制。通过社会生态文化建设，形成全社会尊重自然生态的观念。首先，开展宣传教育，增强生态环境意识。其次，开展生态专题培训，以企业经营者、政府干部、专业技术人员等为主要对象，全面进行生态环境意识教育和理论、政策、法规学习。三是完善生态文明建设的公众参与机制。公众对生态环境的监督最直接、最有效，生态文明建设需要社会成员通过制度化的方式和途径广泛参与。首先，建立定期与社会沟通、协商的长效机制。其次，完善建设项目环境影响评价信息公开制度，更好落实广大人民群众的知情权、监督权。再次，积极发挥新闻媒体和民间组织作用，自觉接受舆论和社会监督。最后，积极引导全社会的绿色消费。

扎实落实全面从严治党要求
为追赶超越提供坚强保障

党的十八大以来，以习近平同志为核心的党中央身体力行、率先垂范，坚定推进全面从严治党，坚持思想建党和制度治党紧密结合，集中整饬党风，严厉惩治腐败，净化党内政治生态，党内政治生活展现了新气象，赢得了党心民心，为开创党和国家事业新局面提供了重要保证。为更好进行具有许多新的历史特点的伟大斗争、推进党的建设新的伟大工程、推进中国特色社会主义伟大事业，党的十八届六中全会对深入推进全面从严治党作出战略部署，明确提出了新时期继续推进全面从严治党的重要目标要求：坚持以党章为根本遵循，坚持党的政治路线、思想路线、组织路线、群众路线，着力增强党内政治生活的政治性、时代性、原则性、战斗性，着力增强党自我净化、自我完善、自我革新、自我提高能力，着力提高党的领导水平和执政水平、增强拒腐防变和抵御风险能力，着力维护党中央权威、保证党的团结统一、保持党的先进性和纯洁性，努力在全党形成又有集中又有民主、又有纪律又有自由、又有统一意志又有个人心情舒畅、生动活泼的政治局面。党的十八届六中全会提出的目标要求，为继续推进全面从严治党提供了根本遵循。

围绕十八届六中全会提出的全面从严治党的目标，我们认为应当确定四项重大任务：一是切实抓好政治建设，坚决维护以习近平同志为核心的党中央的权威，坚决维护党的团结和统一，为党的十九大的胜利召开奠定政治基础；二是加强和规范党内政治生活，严肃执行组织生活制度，为培育和营造山清水秀的政治生态奠定组织基础；三是切实强化党内监督，创新党内监督体制，为建设国家监督体系提供体制保证；四是继续保持严厉惩治腐败的高压态势，减少腐败存量、重点遏制增量，建设廉洁政治，为继续推进全面从严治党提供纪律保证。这四项重大任务应是今后一个时期继续深入推进全面从严治党的重中之重。围绕全面从严治党的目标和重大任务，立足陕西，坚持全面从严治党实际，要重点做好八项工作。

一、加强理论武装，夯实党员干部思想根基

加强理论武装是坚持全面从严治党的基础工程。加强理论武装，根本在于进一步坚定理想信念，坚定共产党人的精神追求；关键在于要把学习贯彻系列讲话精神作为各项工作的行动指南，进一步武装头脑，推动工作，指导实践；核心在于加强忠诚教育，在思想上政治上行动上始终同以习近平同志为核心的党中央保持高度一致，从根本上夯实党员干部思想根基。

（一）强化理想信念教育，坚守共产党人精神追求

对马克思主义的信仰，对社会主义和共产主义的信念，是共产党人的政治灵魂，是共产党人经受住任何考验的精神支柱。党员领导干部理想信念教育，要抓好思想理论建设这个根本，学习马克

思列宁主义、毛泽东思想和中国特色社会主义理论体系，深入贯彻落实系列重要讲话精神，推进学习型党组织创建，教育引导党员干部矢志不渝地为中国特色社会主义共同理想而奋斗，进一步坚定道路自信、理论自信、制度自信和文化自信。要抓好党性教育这个核心，学习党的历史，深刻认识党的两个历史问题决议总结的经验教训，弘扬党的优良传统和作风，教育引导党员干部牢固树立正确的世界观、权力观、事业观，坚定立场，明辨是非。要抓好道德建设这个基础，教育引导党员干部模范践行社会主义荣辱观，讲党性、重品行、作表率。要抓好忠诚教育这把标尺，引导党员干部自觉全面持续具体地向中央基准看齐，在思想上政治上行动上始终同以习近平同志为核心的党中央保持高度一致。教育引导党员干部增强宗旨意识，为人民掌好权、执好政，严守政治纪律和政治规矩。

（二）深入学习系列讲话，切实提高党性修养境界

习近平总书记站在时代发展和全局的高度，围绕改革发展稳定、内政外交国防、治党治国治军发表了一系列重要讲话，深刻阐述了事关党和国家发展的一系列重大理论和实践问题。这些重要论述是我们实现“两个一百年”奋斗目标，全面建成小康社会、推进社会主义现代化，实现中华民族伟大复兴的中国梦的强大思想武器和行动指南，是对中国特色社会主义理论体系的丰富和发展，是马克思主义中国化的最新成果。我们建议在即将召开的党的十九大将“系列讲话精神”写进党章的指导思想体系，进一步加强党的理论建设，夯基垒台、立柱架梁，完善体系，强化“系列讲话”对全党工作的根本指导作用。深入学习贯彻落实好系列重要讲话精神是加强理论武装的根本任务。要把深入学习习近平总书记系列重要讲话精神作为理论武装的重中之重，教育引导党员干部读原著、学原

文、悟原理，系统掌握、自觉运用贯穿其中的马克思主义立场观点方法，切实把学习贯彻讲话精神转化为提升能力、凝聚力量、推动工作的正能量。要在全面学习的基础上，着力领会讲话精神的基本内涵，抓要点、抓灵魂、抓精髓、抓核心、抓本质，着重领会讲话蕴含的新思想新观点新论断。要深刻把握好讲话贯穿的坚定理想信念和鲜明政治立场，解决好世界观、人生观、价值观这个核心问题。要深刻把握好讲话贯穿的历史担当意识，增强忧患意识、使命意识、进取意识，解决好历史责任问题。深刻把握好讲话贯穿的真挚深厚的为民情怀，坚持"以人为本、以民为本"的根本立场，解决好"为了谁、依靠谁、我是谁"的问题。深刻把握好讲话贯穿的科学思想方法，在工作中坚持科学全面、唯物辩证、历史具体的观点和方法，解决好形而上学和片面性的问题。学习系列重要讲话精神，要弘扬理论联系实际的学风，紧密联系改革发展稳定实际，紧密联系"五个扎实"的实际，紧密联系干部群众的思想实际，更好地把科学理论转化为推动经济社会发展的生动实践，转化为实现追赶超越目标的思想共识和行动自觉。

（三）加强超越意识教育，充分发挥先锋模范作用

习近平总书记来陕视察时提出"追赶超越"定位和"五个扎实"要求，这是习近平总书记放眼世界大局、结合国情省情做出的科学判断。实现追赶超越目标，迫切需要一支具有"铁一般信仰、铁一般信念、铁一般纪律、铁一般担当"的干部队伍，迫切需要发扬勇于改革、善于创新和敢于担当的精神。要加强追赶超越意识教育，将追赶超越内容纳入全省干部教育培训的全过程，设置教学专题，开展学员论坛，促进追赶超越进教材、进课堂、进头脑，努力使追赶超越目标要求从制度认识向实际行动转化，

充分发挥党员干部先锋模范作用；注重挖掘一批正反典型案例，辩证分析，深入研究，综合研判，为实现追赶超越目标提供重要的理论支撑和思想保障。

加强理论武装，夯实党性根基，要进一步创新理论武装的途径和方法。要围绕系列讲话精神，提高战略思维，掌握理论武器，首先要建设、完善和提升各级党委中心组学习工程。建立和完善不同类别不同层次的干部教育体系。坚持分级培训与分类培训相结合，加大分系统、分部门、分层次武装力度。组织优势力量，聚合各种资源，形成强大阵容，对系列讲话中的基础理论、重大问题、政策对策进行攻关研究，突出陕西特色，不断推出有高度、有深度和有力度的精品。狠抓理论武装党员干部的激励机制创新，强化系列讲话精神学习贯彻在干部考察中的分量。进一步落实领导、部门责任制，切实形成一把手负总责，宣传理论教育部门具体负责，各有关部门通力协作，齐抓共管的领导机制。不断加大对理论武装工作的投入，包括人才投入、信息投入、资金投入，为理论武装工作的顺利开展提供物质保障，创造必要条件。

二、坚持改革创新，推进干部人才队伍建设

贯彻落实三项机制，是陕西省委贯彻落实习近平总书记来陕重要讲话精神的政策部署，是破解中等发达省份发展难题、同步够格全面建成小康社会的重要举措，是落实中央“三个区分开来”从严治党要求的重大探索，是坚持正确选人用人导向的有力举措。扎实贯彻三项机制精神，严格标准、健全制度、完善政策、规范程序，使选出来的干部组织放心、群众满意、干部服气，形成能者上、庸者下、劣者汰的育人选人用人导向。

（一）围绕追赶超越目标，夯定正确选人用人导向

要坚持“信念坚定、为民服务、勤政务实、敢于担当、清正廉洁”的好干部标准，严把政治关、作风关、能力关、廉洁关，旗帜鲜明地为敢于担当的干部担当，为敢于负责的干部负责。实现追赶超越目标，要进一步贯彻鼓励激励、容错纠错、能上能下的三项机制，综合运用评优评先、考核奖励、提拔重用等手段，充分调动干部的工作积极性。坚持以发展论英雄、凭实绩用干部，形成重实绩、重实干的选人用人导向。正确处理执行政策、严明纪律与调动和保护干部积极性的关系，辩证地分析干事创业中的失误和偏差，严格区分失职与失误、敢为与乱为、负责与懈怠、为公与为私的界限，鼓励干部敢想、敢试、敢闯、敢干，为改革者容，为创新者容，为改革创新者担当。深入贯彻落实干部能上能下机制，解决干部队伍庸懒散拖、为官不为等问题，树立让平庸者下、让失职者下、让不适者下的鲜明导向。

坚持五湖四海、任人唯贤，坚持德才兼备、以德为先，坚持注重实绩、群众公认，根据不同地区、不同层次、不同部门的特点，按照不同领导职务的职责要求，准确把握干部的特殊条件，综合考虑干部的专业、经历、性格、气质与岗位匹配度，以增强选人用人的准确度和党组织领导把关的科学性。坚持民主集中制原则，健全完善集体讨论决定任用干部的制度和机制。进一步改进民主推荐和考察方式，把听取意见与组织意图、民主与集中、换届考察与一贯表现有机结合起来，不断提高选人用人质量。围绕贯彻落实新发展理念，改进干部政绩考核方式，实行差异化考核，加强综合分析研判，引导干部把精力真正用在扎实推进工作和加强自身修养上。

坚持党性原则，敢于抵制选人用人中的违规行为。大力整治

用人上的不正之风和种种偏向，努力营造风清气正的用人环境。坚决纠正唯票、唯分、唯生产总值、唯年龄取人等偏向。坚决禁止跑官要官、买官卖官、拉票贿选等行为。深刻汲取湖南衡阳破坏选举案、四川南充拉票贿选案和辽宁拉票贿选案的教训，严明换届选举纪律，扎实开展专项治理，为全国和全省党代会的胜利召开提供坚强组织保证。

（二）深化干部人事制度改革，建设高素质干部队伍

全面建成小康陕西，实现追赶超越目标，关键在于建设一支政治坚定、能力过硬、作风优良、奋发有为的执政骨干队伍。要坚持党管干部原则，深化干部人事制度改革，使各方面优秀干部充分涌现、各尽其能、才尽其用。高度重视优化领导班子结构，着力提高专业化水平。深化干部人事制度改革，完善政绩考核评价体系和奖惩机制，调动各级干部工作积极性、主动性、创造性。全面准确贯彻民主、公开、竞争、择优方针，扩大干部工作民主，提高民主质量，完善竞争性选拔干部方式，提高选人用人公信度。完善干部考核评价机制，促进领导干部树立正确政绩观。健全干部管理体制，从严管理监督干部，加强党政正职、关键岗位干部培养选拔。完善公务员制度，完善从工人、农民中录用公务员制度。注重从基层一线培养选拔干部，拓宽社会优秀人才进入党政干部队伍渠道，加强不同领域党员干部任职交流。推进国有企业和事业单位人事制度改革。促进社会组织干部健康成长，不断拓展社会组织干部发展空间。加强和改进干部教育培训，提高干部素质和能力。加大培养选拔优秀年轻干部力度，重视培养选拔女干部和少数民族干部，鼓励年轻干部到基层和艰苦地区锻炼成长。全面做好离退休干部关怀激励、组织管理和纪律教育工作。

（三）加快人才发展体制创新，激发人才资源活力

广开进贤之路、广纳天下英才，是保证落实追赶超越目标战略的根本之举。要尊重劳动、尊重知识、尊重人才、尊重创造，造就规模宏大、素质优良的人才队伍。要充分利用陕西科教资源、研发资源、人才资源、军工资源的聚集优势，推动由人才大省向人才强省跨越。深入实施人才优先发展战略，推进人才发展体制改革和政策创新，形成具有竞争力的人才制度优势。推动人才结构战略性调整，突出"高精尖缺"导向，实施重大人才工程，着力发现、培养、集聚战略科学家、科技领军人才、企业家人才、高技能人才队伍。进一步突出专业技术人才队伍建设，深化职称制度改革，进一步清理规范职业资格，建立目录管理制度，加强各类人才选拔、推荐；突出技能人才队伍建设，实施高技能人才培养工程。实施更开放的创新人才引进政策，更大力度引进急需紧缺人才，聚天下英才而用之。突出做好引进海外人才和国外智力工作，深入推进"外专千人计划"和高端外国专家项目，积极引进国外高层次、急需紧缺人才，提升海外高层次人才服务水平。发挥政府投入引导作用，鼓励企业、高校、科研院所、社会组织、个人等有序参与人才资源开发和人才引进。加大创新创业人才培养支持力度，重视实用人才培养，引导人才向科研生产一线流动。加快人才发展体制机制改革和政策创新，建立荣誉制度，形成激发人才创造活力、具有全国竞争力的人才制度优势。优化人力资本配置，清除人才流动障碍，提高社会横向和纵向流动性。完善人才评价激励机制和服务保障体系，营造有利于人人皆可成才和青年人才脱颖而出的社会环境，健全有利于人才向基层、欠发达区域流动的政策体系。

三、建强基层组织，充分发挥战斗堡垒作用

党的工作重心在基层，执政基础在基层，活力源泉也在基层。必须坚持把抓基层打基础作为长远之计和固本之策，树立大抓基层的鲜明导向，推动基层党组织全面进步、全面过硬，不断厚植党的执政根基。

（一）创新组织设置方式，拓宽基层组织工作领域

调研时，很多同志强调，基层党建工作要进一步适应时代新的形势，比如，要适应信息化趋势，推进“数字党务”；适应公开化趋势，推进“阳光党务”；适应法治化趋势，推进“规范党建”，从而使党的基层组织更具向心力、战斗力和创新力。

要适应经济社会生活“四个多样化”趋势，创新党的基层组织设置方式和活动方式，增强吸引力和社会影响力。坚持以块为主，条块结合，在传统组织设置方式基础上，遵循“行业相近、地域相邻、活动便利”的原则，加大在专业社、产业链、片区楼宇、商业网点、农民工流入地等相对集中点组建力度。按照“便于管理、利于组织、全面覆盖”的原则，依托辖区居民小区、机关和事业单位、非公企业、商业网点等划分单元网络，形成以街道大工委为核心、社区党组织为基础，社区党员为主体、辖区单位党组织共同参与的区域化党建工作网络。积极探索“领域型”党组织与“功能型”党组织相结合的设置方式，构建以党总支为领导，功能型党支部为基础的“1+N”型党组织体系。推动区域化党建，完善共建共享机制，采取单独组建、区域联建等方式，构建因地制宜、优势互补的党组织设置新模式。加强城乡统筹，实现城乡基层党组织优势互补、资源共享。加大网络党建力度，运用信息化手段、网格化管

理，推进"党建e+""智慧党建""网络党建"等新形式，不断扩大基层党建组织覆盖和工作覆盖。建立起"横向到边、纵向到底、纵横结合"的组织体系，实现党的组织和党的工作"双覆盖"。完善活动平台，坚持统筹规划、整合资源、上下联动，积极推进"三有一化"，保证基层组织活动有人管事、有钱办事、有场所议事，提升综合服务功能。创新活动载体，积极推广党员示范岗、党员责任区、党员突击队、党员中心户、党员承诺制、党代表工作室、为民服务代理制、网络直通车等有效形式，有效搭建活动和服务窗口，为群众提供更加主动、实效、便捷的服务。始终做到哪里有党员哪里就有党的组织，哪里有党组织哪里就有健全的组织生活和党组织作用的充分发挥。

（二）加强组织活动保障，增强基层组织工作活力

必须把建设一支高素质的带头人队伍作为基层组织建设的重中之重。按照能力高、素质强、作风硬的标准，采取公推直选、两推一选、差额直选等多种办法，选优配强基层党组织带头人队伍。农村要结合"两委"换届，把心系群众、能力突出的致富能手等优秀人才选进基层党组织领导班子，增强带领群众的致富能力。社区要通过公开招聘等多种渠道，从大中专毕业生、复转军人中引进懂经营、会管理，热心基层工作的人才充实班子力量。机关事业单位要充实专职党务工作者。非公有制企业要选优训强党建工作指导员。通过多措并举，打造起一支守信念、讲奉献、有本领、重品行的基层党员干部服务队伍。提高党员管理水平。按照"控制总量、优化结构、提高质量、发挥作用"的总要求，积极稳妥合理发展党员，推行发展党员公示制、票决制，建立发展党员责任追究制度，提高党员发展质量。扩大党内基层民主，加强基层民主监督，落实党员

知情权、参与权、选举权、监督权。全面推行党员管理积分量化办法，实现党员管理常态化精细化，建立健全城乡一体党员动态管理机制。加大对流动党员、口袋党员、无职党员的教育管理。严格党内组织生活，把从严治党落实到支部、落实到每一名党员。完善党员党性定期分析制度，积极开展党员民主评议，及时稳妥处置不合格党员，畅通党员出口关，不断纯洁党员队伍。加强教育培训工作。以党性党规党纪为核心、以党的基本理论为主体、以素质和能力为基础，加大对基层党组织负责人、党务工作者和党员的培训力度。探索建立普通党员进党校培训制度，实现党员培训常态化。全面推广基层党员教育培训远程网络，利用互联网资源加大教育培训力度。推动综合运用明察暗访、随机抽查、专项检查等方式，加大对落实党建工作的经常性检查。加大惩处和奖励力度，激发基层党员干部干事创业活力。建立党内关怀机制，加大对老党员、困难党员等的帮扶关爱工作。强化为民服务、创先争优，深化农村升级晋档、科学发展和城市文明社区、和谐家园活动。加大基层保障投入力度，把村、社区党组织工作经费纳入各级财政预算。建立财政投入为主、社会各方支持、基层党组织自我补充的基层经费多元化保障机制。健全落实好基层党组织工作经费、报酬待遇、养老医疗等方面的保障制度。推动非公有制企业建立健全党组织书记薪酬待遇保障制度。加强长效机制建设，为基层组织提供可靠的人、财、物支持，实现激励到位、支持到位、保障到位。

（三）围绕追赶超越目标，建设“三型”基层党组织

落实“五个扎实”，实现追赶超越，是我省当前和今后一个时期的重大政治任务。基层党组织必须以服务为核心，以学习和创新为抓手，全面推进“三型”基层党组织建设，助力全省追赶超越的奋斗目标。要把创建学习型党组织作为前提。党的基层组织是团结带领群众贯彻党的理论和路线方针政策、落实党的任务的战斗堡垒，必须注重发挥基层党组织的政治功能，坚持正确的政治方向，使党的路线方针政策在基层落地生根。要把学习放在首要位置，引导广大党员深入学习马克思列宁主义、毛泽东思想和中国特色社会主义理论体系，特别是要把习近平总书记系列讲话作为重中之重，不断提高马克思主义思想觉悟和理论水平，做到真学真懂真信真用，筑牢全党共同奋斗的思想根基。要以学习不断激发基层党组织和党员投身改革、推动发展、服务群众的内生动力，善于研究和把握新形势下群众工作的特点和规律，提高做群众工作的能力，真正做讲政治、有信念，讲规矩、有纪律，讲道德、有品行，讲奉献、有作为的合格党员。把创建创新型党组织作为保障。适应"四个深刻变化"带来的新形势新要求，根据不同领域特点，坚持分类指导、分类施策，创新活动方式，激发生机活力。创新活动载体，围绕不同类型基层党组织工作的重点难点开展活动，更好地服务于中心工作。创新服务方法，结合基层实际、结合党员、群众需求，不断形成行之有效的工作举措，更好地促进工作实效，增强活动的吸引力、凝聚力。着力构建党员联系和服务群众工作体系，推广机关干部结对帮扶、党代表工作室、在职党员到社区报到等做法，运用多种形式和手段开展服务。把精准扶贫作为重要任务，通过组建扶贫工作队、选派第一书记等方式，引导基层党组织和党员在扶贫攻坚一线发挥作用、建功立业。加强基层党组织便民服务网络建设，组建地域型、楼栋型、功能型等若干服务网络，通过一键通呼叫服务，一站式服务、服务代办制、服务直通车、上门服务、认领服务等多种形式，为群众提供多种形式的服务。针对不同对象，统筹各类资源，提供面向贫困群体的物质扶助、面向社会全体成员的精神文化服务、面向特殊群体的个性化服务、运用社会资源的市场化服务、依托政府主导的专业化服务，着力建立以党组织为核心的全社会共同参与的服务格局。引导广大党员干部扎根奋斗在维护稳定第一线、服务群众最前沿、固本强基主战场。

四、弘扬延安精神，持之以恒推进作风改进

党的作风是党的人格力量的集中体现。在实现追赶超越目标征程中，我们要发挥好陕西红色资源聚集的优势，把延安精神作为压舱之宝，教育引导广大党员厚植良好作风的红色基因，为建设“三个陕西”提供坚强保障。

（一）继承党的优良传统，保持先进政治本色

优良的党风是我们党的传家宝，也是凝聚党心民心的巨大力量。加强作风建设必须把弘扬党的优良传统和作风作为首要任务。要进一步密切联系群众，把群众的呼声作为我们的工作任务，深入基层、深入群众、深入实际，关心群众疾苦，解决群众难题，把群众的问题作为我们的努力方向。要进一步加强调查研究，深入基层做调研，深入一线摸实情。要更加自觉地拿起批评与自我批评的武器，着力查找和解决自身存在的党性意识弱化、宗旨观念淡薄、组织纪律涣散等问题，解决好党员教育管理失之于宽松软、不严不实等问题，解决好党内生活庸俗化、随意化、平淡化等问题，全面提升党员队伍能力素养。风成于上，习化于下。加强作风建设，关键是领导带头。要以领导机关、领导班子、领导干部为重点，全面加强作风建设，各级党员特别是领导干部都要身体力行、以上率下，不折不扣落实中央八项规定。以党风建设的实际成效祛邪扶正、去

腐除疴，净化社会风气。作风建设具有长期性、复杂性、艰巨性，必须进一步巩固和拓展教育实践活动、"三严三实"专题教育、"两学一做"学习教育成果，强化中央和省委八项规定的执行，坚决防止"四风"问题反弹回潮。必须把增强党性作为弘扬党的优良传统和作风的基础性工作常抓不懈，引导广大党员干部通过持续的党性教育和党性修养来塑造良好的作风。重视党员干部家风建设，教育各级领导干部及其亲属子女、身边工作人员严守纪律规矩。作风问题具有反复性、顽固性，作风建设永远在路上。正作风必须重拳出击、上行下效、多管齐下；必须动真碰硬、真刀真枪、迎难而上；必须发扬讲认真的精神、钉钉子的精神，抓铁有痕、踏石留印、严字当头，确保作风建设常态化长效化。既紧盯作风领域新变化新问题，又解决党内作风深层次问题，健全完善作风建设的长效机制。

借鉴延安精神历史经验，我们建议从完善密切党与社会沟通交流制度出发，坚持和完善党务公开、政务公开、厂务公开、村务公开等制度，制定和完善党员领导干部调查研究制度、基层联系点制度、向群众通报工作制度、定期听取群众的意见建议制度、群众来信来访接待制度、帮扶困难群众制度，完善同社会各级沟通和服务机制，健全完善党群干群关系制度的集合，并使之常态化制度化机制化，应对好利益多元化下的群众诉求，进一步构建和谐的党群关系。

（二）坚持党的群众路线，密切党群干群关系

我们党的根基在人民、血脉在人民、力量在人民，始终保持党与人民群众的血肉联系，是党战胜一切困难和风险的根本保证。加强作风建设，核心是保持党与人民群众的血肉联系。要强化公仆情怀，自觉摆正自己和人民群众的位置关系，把人民群众作为智慧之

本、力量之源，虚心向人民群众学习请教。正确认识人民群众在社会实践中的主体地位和首创精神，把群众呼声作为第一信号，把群众需要作为第一选择，把群众满意作为第一标准，善于将群众的意见转化为推进工作的决策，把群众的智慧转化为促进发展的力量，依靠群众推进工作。改进和创新联系群众方法，通过在职党员到社区报到、联户包抓、服务代办、承诺制等形式，“零距离”接触群众，“接地气”锤炼党性，与群众“认亲戚”“结对子”，不断拆除党群干群关系的“隔阂墙”，架起党心民心的“连心桥”。坚持以人民为中心的发展思想，以保障和改善民生为重点，发展各项社会事业，加大收入分配调节力度，推进精准扶贫。各级党员干部都要情牵百姓冷暖、心系群众安危，多到条件艰苦、情况复杂、矛盾突出的地方解决问题，坚决克服主观主义、形式主义的不良倾向和劳民伤财的“形象工程”“政绩工程”的错误做法。特别是要加大对群众反映强烈的、突出的不作为、乱作为和庸、懒、散、奢等问题的整治力度。

确保权力为人民行使，是党群干群关系建设的核心问题。为民、务实、清廉是对党员干部改进作风的根本要求。自由裁量权限幅度是群众反映的一个突出问题。我们建议，在密切党群干群关系的基础上，进一步规范行政权力的运行和自由裁量程序，重点制约权力介入微观经济活动等现象，规范和约束权力运行权限空间。

（三）弘扬勇于担当精神，全面改进工作作风

近年来，陕西经济社会各项事业之所以取得了显著成就，靠的是各级领导班子解放思想、求真务实、以上率下；靠的是全省党员干部履职尽责、克己奉公、攻坚克难；靠的是全省人民目标一致、齐心齐力、继续奋斗。归根到底在于有一种精神、一股激情、一股

韧劲。面对新形势新任务新挑战，建设“三个陕西”、实现追赶超越，都需要我们保持斗志昂扬、锐意进取的作风和精神状态。要把良好的作风体现在勇于创新上，自觉把思想从不合时宜的观念、体制、做法中解放出来，使点子、政策、方案符合实际情况、符合客观规律、符合科学精神。树立奋发有为、敢为人先、知难而进、锐意开拓的创新精神，始终在求真中找规律，在务实中探新路，在改革中求突破。要把良好的作风体现在敢于担当上，把党性观念化为强烈的责任意识、使命意识和大局意识，在困难面前迎难而上、考验面前挺身而出、责任面前勇于担当，不推诿扯皮、不掩过饰非，以自己的实际行动为干部群众树标立规、做出榜样，以作风建设新成效增添事业发展新动力。大力弘扬求真务实、真抓实干的精神和作风，坚持讲实话、鼓实劲、出实招、办实事，发扬钉钉子精神，把党的各项惠民政策全面落地生根。全面推行“三问三解”工作法、为民服务代办制、一站式服务、百姓问政、窗口单位创先争优等好经验好做法，把服务群众作为工作的鲜明导向，从群众最迫切的事做起，从群众最不满意的地方改起，把每项工作作为检验党性的重要战场，在服务群众中创造一流业绩。切实推行首问负责制、限时办结制、公开承诺制、责任追究制等制度，提高办事效率，增强工作效果，把改作风改到群众心坎上，把解决问题解决到群众家门口。要把良好的作风体现在用人导向上，把贯彻落实“三项机制”与《党政领导干部选拔任用条例》结合起来，旗帜鲜明地激励先进、鞭策后进、树立典型、凝聚力量。大力选拔修身严、用权严、律己严的干部，大力选拔谋事实、创业实、做人实的干部，大力选拔为官干净、锐意干事、敢于担当的干部，形成能者上、庸者下、劣者汰的选人用人导向。以良好的用人导向引导党员干部自觉克服心浮气躁、抛弃私心杂念，心无旁骛抓落实、一心一意谋发展，用党员干部的“辛苦指数”提升人民群众的“幸福指数”。

五、严厉惩治腐败，不断完善廉政政策策略

反腐倡廉建设是全面从严治党的根本保证，是进行具有许多新的历史特点的伟大斗争的重要内容。坚持无禁区、全覆盖、零容忍，始终保持高压震慑态势，完善廉政建设的政策策略，培育廉洁文化，构筑体制机制，建设山清水秀的政治生态。

（一）落实“四种形态”，始终“把纪律挺在前面”

按照党中央和中央纪委的统一部署，各级纪检机关紧紧围绕监督、执纪、问责重要职责，深化转职能、转方式、转作风。抓紧研究出台落实“四种形态”实施意见，着重细化运用好“第一种形态”处理方式，严格党内生活，经常开展批评与自我批评，使咬耳扯袖、红脸出汗成为常态，要充分运用廉政谈话、核实谈话、诫勉谈话等手段，防微杜渐。要坚持抓早抓小、动辄必咎，坚持事后查处与日常监督并重，用足用好“第二种形态”。坚守纪律底线，把纪检工作由法律底线向纪律底线转变，把重点审理涉嫌犯罪问题向聚焦审理违纪问题转变，紧扣《中国共产党纪律处分条例》，从严执纪，依纪监督问责，规范实践“第三种形态”。要持续保持遏制腐败的高压态势，对腐败零容忍，既坚决查处领导干部违纪违法案件，又切实解决发生在群众身边的不正之风和腐败问题，对违反纪律的行为发现一起、查处一起，通过不断加大查办案件力度，坚决把纪律立起来、严起来，执行到位，以最坚决的态度用好“第四种形态”，减少腐败存量，用最果断的措施遏制腐败增量。

（二）推进反腐倡廉制度创新，铲除腐败滋生土壤

按照中央安排部署，改革创新党的纪检体制机制，建立健全具体制度。加快纪检监督派驻制度和巡视制度改革，出台《关于加强省纪委派驻机构建设的意见》，转变方式方法，建立综合派驻机制，不断完善派驻纪检组与综合监督部门规范化工作对接机制，积极开展县级派驻机构“统派直管”试点并总结好经验，实现派驻机构全覆盖。加大巡视工作力度，坚持问题导向，加快巡视频率，加大巡视强度，坚持“双反馈”“签收制”“双责任”的工作要求，做好每轮巡视反馈工作，加强巡视整改。健全党风廉政建设责任制、进一步落实“两个责任”。根据中央提出的党风廉政建设和反腐败工作党委负主体责任，纪委负监督责任的要求，制定实施切实可行的责任追究制度，修订完善《关于落实党风廉政建设党委主体责任的意见》《推动实施党风廉政建设主体责任清单工作方案》和《关于落实党风廉政建设纪委监督责任的意见》，明确责任清单，确保可执行、可监督、可问责。实行办案工作考评考核制度，对考核结果靠后的，要约谈纪委主要负责人。紧密联系陕西实际，大力推进制度创新。继续建立和完善以村民监督委员会制度、乡镇公务接待“廉政灶”制度、领导干部廉政谈话制度、领导干部任前廉政法规考试制度、办案协作区制度、党政主要领导向纪委全会述廉制度、廉政风险管理防控制度、电子化政府采购制度等为代表的具有陕西自身特色的反腐倡廉制度群。

（三）建设廉洁社会，培育廉洁政治文化

解决党内存在的种种问题，必须要有一个良好的政治生态。坚持先进性和纯洁性标准，清除庸俗腐朽的文化，纯洁党的组织。新形势下，要按照中央的部署，以贯彻《新形势下党内政治生活的

若干准则》为契机，从严管理干部，严格党内生活，综合施策、多措并举，建设优良政治生态。要严格党内政治生活，总结好群众路线教育实践活动和“三严三实”专题教育活动经验，持续严厉整治“四风”，通报违反中央八项规定精神问题，扎实搞好“两学一做”学习教育，推动全面从严治党向基层延伸，实现“两学一做”制度化常态化，净化基层政治生态。要强化政治意识、大局意识、核心意识和看齐意识，坚决反对搞小圈子，强化党管干部、任人唯贤原则，严肃换届纪律。继承和弘扬延安精神，全面推进廉政文化建设。大力挖掘、开发、利用陕西红色文化资源，建立党性教育基地和廉政文化教育基地，丰富党性教育专题，精心编写党性教育和廉政教材等途径，将红色资源转化为党性教育和廉政教育资源。依托陕西丰厚悠久的历史文化资源，贯彻落实好《陕西省廉政教育示范基地管理意见》，深入挖掘优秀传统文化和三秦乡土文化资源，不断丰富和深化廉政文化的精神内涵，建立一批主题鲜明、各具特色、影响广泛的廉政教育示范基地，充分发挥基地特点，策划和开展有针对性、有特色的主题示范教育和警示教育，积极开展岗位廉政教育，不断增强反腐倡廉教育的针对性和实效性。不断创新廉政文化传播方式和表现形式，积极探索更加生动形象的载体、品种和风格，切实增强反腐倡廉宣传教育的亲和力和影响力，通过举办展览、拍摄影视剧、征集公益广告、举办文艺演出、命名廉政文化基地、创作廉政漫画、书法等内容丰富、题材多样的廉政文化作品，创新廉政文化公共传播平台，大力推进廉政文化进机关、进企业、进学校、进社区。

反腐倡廉要重视标本兼治，最重要的是完善反腐倡廉建设的管理制度和运行机制。对容易出现问题的岗位要建立运转协调制约制衡机制，严格办事审批程序，做到公开透明。我们建议，在进一步健全和完善领导干部财产申报制度基础上，建立国家层面的领导干部财产申报和公开制度，这是深入推进反腐倡廉建设的重要法律基础。

六、严明政治规范，培育营造优良政治生态

开展严肃认真的党内政治生活，是我们党的优良传统和政治优势。十八届中央纪委七次全会指出：党中央经过反复的思考，把所有党员领导干部犯的错误汇总在一起，透过现象看本质，究其根本是党内政治生活不严肃、不正常。严明政治规范，培育优良政治生态是推进全面从严治党的根本举措。

（一）严明政治规矩，加强和规范党内政治生活

党要管党，首先要从党内政治生活管起；从严治党，首先要从党内政治生活严起。着力解决一些党员理想信念模糊甚至动摇的问题，恪守共产主义信仰、永葆共产党员的精神气质，做到政治信仰不变、政治立场不移、政治方向不偏。坚持问题导向，挺纪在前，守牢政治、纪律、法律、道德和职业底线，重点解决在党纪党规面前不敬畏不守规矩的问题，养成纪律自觉，守好做人做事的底线。坚持讲政治、有信念，讲规矩、有纪律，讲道德、有品行，讲奉献、有作为，把合格党员的标尺立起来，把做人做事的底线划出来，把党员的先锋形象树起来。坚持守住防线，保持好和厚植好党的政治本色，牢固树立宗旨意识，涵养公仆素养，在履行职责使命中构造心灵境界支撑、提高德行境界，创造人生价值。加强党性党风党纪教育。把"学党章党规、学系列讲话，做合格党员"放在党性党风党纪教育的突出位置，进一步解决党员队伍在思想、组织、

作风、纪律等方面存在的问题。加强党的纪律特别是政治纪律、政治规矩教育，引导各级党组织和党员干部牢记和遵守中央提出的“五个必须、五个决不”等要求。下大气力解决影响严肃认真开展党内政治生活的各种问题，重新拿起批评和自我批评的武器，开展积极健康的思想斗争，增强党内政治生活的政治性、原则性、战斗性，使党内政治生活真正起到了教育改造提高党员干部的作用。

（二）严肃组织制度，严格组织生活管理

新形势下，解决党内存在的突出问题，净化党内政治生态，赢得党心民心，经受“四大考验”、克服“四种危险”，推进各项事业健康发展，都需要进一步用好、加强和规范党内政治生活这个传家宝。要强化贯彻民主集中制，坚持集体领导制度，把调查研究、征求意见、专业论证、法律咨询、集体讨论决定作为重要程序。班子成员必须增强全局观念和责任意识，主要负责同志必须发扬民主、善于集中、敢于担责，切实维护组织权威，提高执行能力。要充分发扬党内民主，积极落实党员知情权、参与权、选举权、监督权，保障全体党员平等享有党章规定的党员权利、严格履行党章规定的党员义务，坚持党内民主平等的同志关系，畅通党员参与讨论事务的途径，拓宽党员表达意见的渠道，营造党内民主讨论的政治氛围。要把批评和自我批评作为有力武器，敢于揭露矛盾，敢于思想交锋，切实触及党性和灵魂。定期开展党性分析活动，从理想信念、党性修养、宗旨意识、纪律观念等方面深刻剖析，开展批评和自我批评，把自我教育、自我改造和求得组织和同志们的帮助相结合，自律和他律相结合，切实“抵抗政治灰尘和政治微生物”。把发现和解决自身问题的能力作为考核评价领导班子的重要依据。要把增强党内政治生活的政治性、时代性、原则性和战斗性作为重要要求，突出政治学习和教育，突出党性锻炼，推进党内政治生活制度化常态化。坚持“三会一课”、民主评议党员、党员活动日、党性定期分析等制度，把落实情况作为党委（党组）书记抓党建述职评议考核的重要内容。完善向组织汇报制度，党员领导干部要严格执行双重组织生活会制度，自觉接受党员和群众监督。规范主要领导干部权力行使，探索建立领导班子重大事项决策全程纪实、责任倒查追究及纠错纠偏制度。要在推动活动创新上下功夫，采取传统手段和现代手段相结合的方法，探索主题党日、警示教育、讲党课的新路子，激发党内生活的生机活力。加强国有企业党建工作，实行“双向进入、交叉任职”，切实解决国有企业党建工作虚化淡化弱化问题，确保党组织政治核心作用的发挥。把握“两新”组织的特点规律，严格落实党建工作制度，积极探索符合社会组织实际的方式方法。完善、优化和改进党性分析活动开展模式。本着触及灵魂、增强党性的目的，查思想，看思想上、行动上是否与党中央保持一致；查宗旨，看群众观念牢不牢；查作风，看是否实事求是、真抓实干；查工作，看精神状态和本职工作好不好；查廉政，看自身形象正不正；查纪律，看遵纪守法观念强不强。对自身存在问题进行实事求是的分析，剖析思想根源，有针对性地从理想信念、党的宗旨、民主决策、群众路线、勤政廉洁等方面提出明确要求，把整改的措施真正落到实处。通过严格的党内生活，清除庸俗腐朽的政治文化，自觉维护良好的政治生态。使广大党员干部感受到组织的严密性、党内生活的严肃性，使全党上下都牢固树立党的意识、纪律意识。

（三）切实把践行“四个意识”落到实处，努力增强向心力和凝聚力

增强“四个意识”是深入推进全面从严治党、坚持党中央集中统一领导的关键。要强化政治意识，保持政治定力。各级党委（党组）中心组要不断强化理论学习和培训，通过开展专题辅导、研讨会、座谈会等活动，引导广大党员干部始终做到“五个必须”，即必须维护党中央权威、必须维护党的团结、必须遵循组织程序、必须服从组织决定、必须管好亲属和身边工作人员。要强化大局意识，锤炼政治品格。正确认识大局、自觉服从大局、坚决维护大局，形成“一盘棋”的格局。要坚持问题导向，厘清权力责任清单，不断加强党性修养，持续加强改造，在实践中锤炼政治品格。要强化核心意识，筑牢思想根基。紧密团结在以习近平同志为核心的党中央周围，坚决维护党中央权威，自觉在思想上政治上行动上同党中央保持高度一致，坚决贯彻落实党中央的路线方针政策，严格落实《中国共产党章程》中关于“四个服从”的基本要求，贯彻落实中央重大战略部署不搞变通、不打折扣。要强化看齐意识，增强政治自觉。向党中央看齐，向党的核心看齐，向党的理论和路线方针政策看齐，向党中央决策部署看齐，做到党中央提倡的坚决响应、党中央决定的坚决执行、党中央禁止的坚决不做。增强看齐意识，关键在抓落实。积极营造干事创业的良好氛围，教育引导党员干部真抓实干、埋头苦干，在难题面前敢闯敢试，在矛盾面前敢抓敢管。

七、推进制度建设，完善地方党内法规体系

制度带有根本性、全局性、稳定性、长期性。经过长期的实践和探索，我们已经形成了以党章为根本，以民主集中制为核心的涵盖思想、政治、组织、作风和反腐倡廉建设等各个方面的党内法规制度体系，为推进全面从严治党提供了坚实的制度基础。坚持全面从严治党，必须坚持依规治党与依法治国相统一，坚持思想建党和制度建党相结合，结合陕西党建的实际，完善地方性党内法规，扎实推进制度依靠制度从严治党管党，使制度治党和思想建党同步推进、同向发力，不断解决好当前管党治党中存在的突出问题。

（一）坚持民主集中制，积极推进党内民主

民主集中制是党的根本组织制度和领导制度。它是马克思主义认识论和党的群众路线在党内生活和组织建设中的运用，是被实践证明的行之有效的科学制度，是党内生活必须遵循的基本准则，任何组织和任何个人在任何情况下都不允许以任何理由违反这项制度。要强化贯彻民主集中制的自觉性和主动性，把“四个服从”作为根本要求，牢固树立“四个意识”，自觉向中央基准看齐，坚决维护中央权威，切实维护党的集中统一。贯彻落实《中国共产党地方委员会工作条例》和《中国共产党陕西省委员会工作规则》，进一步规范和界定全委会和常委会决定问题的范围，进一步规范常委会议事决策的程序和规则等，推进科学决策、民主决策、依法决策，充分发挥核心领导作用。不断健全和落实民主集中制的各项具体制度，坚持集体领导制度，凡属重大问题，都要由集体讨论、按照少数服从多数的原则做出决定。领导班子成员必须增强全局观念

和大局意识，善于观大势、抓大事、管全局，讲原则、讲规矩，始终维护坚持党性原则基础上的团结。党委（党组）主要负责同志必须发扬民主、善于集中、敢于担责。广大党员干部特别是领导干部要严格执行重大问题请示报告制度，在组织进行谈话、函询时，必须如实向组织说明问题，在个人档案、家庭财产、出入境情况等方面如实报告。在公务员录用、事业人员聘用、参军入伍、选人用人等事项上严禁拉票助选、说情打招呼甚至弄虚作假等活动。认真落实党的代表大会代表任期制，进一步明确代表在闭会期间的权利和义务，充分发挥他们的作用。大力推进党务公开，畅通党内信息上下互通渠道，健全党委新闻发言人制度、建立健全党内事务听证制度，不断营造党内民主讨论、民主监督环境。

（二）完善地方性党内法规，形成配套性制度体系

按照中央要求，结合我省实际，研究我省党内法规制定工作规划，加强顶层设计，制定路线图和时间表，加紧进行党内法规和制度建设的废、改、立工作。努力形成系统完备、科学规范、运行有效、更加成熟、更加定型的党内法规体系。提高党内法规制度质量，运用法治思维和法治方式推进党内法规制度建设，加强党内法规和规范性文件备案审查。进一步健全改进作风常态化制度，健全党的基层组织体系，强化权力运行制约和监督体系，更好地用制度管权管事管人。党内法规制度建设要扩大党员参与度，增强法规制度制定的针对性、操作性、前瞻性、系统性，不断提高法规制度建设规范化、科学化水平。认真贯彻中央《深化党的建设制度改革实施方案》，把党的建设制度改革与党内法规制度建设有机统一起来，积极稳妥推进党内法规和各项制度改革，推动《陕西省深化党的建设制度改革工作方案》落地生根。党内制度改革要突出重点，

在干部人事制度改革方面，健全贯彻干部选拔任用条例的配套制度，完善动议办法，改进政治表现和工作业绩考核，推进领导干部能上能下办法，完善公务员制度，探索区分实施分类管理新模式。建立完备的干部教育培训和实践锻炼制度，完善干部政绩考核机制，制定出台省直机关干部交流轮岗意见。在基层组织建设制度改革方面，要强化基层组织政治功能，突出服务功能，全面建设基层服务型党组织。创新基层党组织带头人培养选拔机制，推进农村规模社区工作人员专职化，健全完善不同领域党组织建设有关制度。在人才发展机制体制改革方面，建立健全聚集人才体制机制，加快实施人才工程，推进人才发展改革试验区建设，出台《关于〈推进领导干部能上能下若干规定（试行）〉实施细则》和《关于在深化全省国有企业改革中坚持党的领导加强党的建设的实施意见》，使我省党的建设制度改革、地方性党内法规建设和配套性制度建设迈上新台阶。执行力是法规制度建设的生命所在、力量所系。党内法规和制度建设要坚持问题导向和实践标准，落实党纪党规严于国法的要求，不断严格规范、健全措施，强化制度刚性约束，确保制度务实管用，维护法规制度的严肃性和权威性，推动法规制度执行从宽、松、软走向严、紧、硬，真正让铁规发力、让禁令生威。同时我们建议，在党内法规清理完成基础上，着手开展党内法规编纂工作，统筹推进党内法规制修定，加大党内法规备案审查和解释力度，使具体制度彼此衔接、环环相扣，增强全面从严治党系统性创造性实效性，真正发挥党内法规体系的整体合力。

（三）扎实贯彻“三项机制”，全面激发干事创业活力

当前，我省的发展站在了一个新的历史起点上，落实“五个扎实”要求，实现追赶超越是当前和今后一个时期摆在全省上下一项最大的政治任务。陕西能否实现突破式发展、跨越式发展，关键是要有一套科学合理的体制机制。陕西省委已经出台了鼓励激励、容错纠错、能上能下的“三项机制”，这为调动全省广大党员干部干事创业、追赶超越的积极性，提振各级党员干部的精气神提供了强有力的制度保障。要让“三项机制”成为一种奖惩机制，以机制的落实打破消极被动、懒政怠政等为官不为问题，对那些不思进取、履职不力、不敢担当的干部及时进行调整，让那些锐意进取、改革创新、实绩突出的好干部在精神上得到荣誉、物质上得到奖励、政治上得到提拔，在党员干部中营造出你追我赶、比学赶超、奋勇向前、争先进位的浓厚氛围。完善“三项机制”动力机制，以机制的落实进一步解放思想、转变观念、活跃思维、创新举措，打破体制机制禁锢，放下思想顾虑，放开手脚干事业。把“三项机制”贯穿于干部的选任、管理、考核、监督和奖惩的各环节、全领域，形成庸者下、平者让、能者上的生动局面；形成“用一贤人、带动一片”的良好效应；形成推动追赶超越、跨越式发展的强大合力。完善“三项机制”保护机制，要按照中央“三个区分开来”的要求，正确评价和对待干部，旗帜鲜明地为敢于担当的干部担当，为敢于负责的干部负责，为那些锐意干事、善于成事的党员干部撑腰打气、加油鼓劲。完善“三项机制”的责任机制，各级党组织和党员领导干部要做“三项机制”的具体执行者、推动者和维护者。对在推动改革发展中不担当、不作为，敷衍塞责的干部要严肃批评，必要时给予组织处理或党纪处分。对失职渎职的干部要严肃问责，造成严重后果的要严肃追责，依纪依法处理。对在落实党建工作中主体责任缺失，从严治党不力，管党治党失之于宽、松、软的要启动问责机制。加强“三项机制”的监督、执纪、问责，形成健全党委

（党组）统一领导，政府直接主管，职能部门各司其职、分工协作，一级抓好一级、一级带动一级，齐抓共管的经济社会发展和党建工作责任体系。完善"三项机制"导向机制，引导广大党员干部在工作上不折不扣的贯彻执行党的路线方针政策，对改革发展中的新情况新问题创造性提出解决的思路和办法；引导广大党员干部立足本职、创先争优、履职尽责、主动作为，积极为经济社会发展和服务人民群众做出贡献；引导广大党员干部面对发展难题敢于迎难而上，面对急难险重勇于主动担当，面对社会矛盾主动介入化解。始终以"三项机制"的有效落实，不断激发党员干部干事创业的激情与活力。

八、加强纪律建设，着力严明党的纪律规矩

党的纪律是维护党的团结统一、完成党的任务的保证。纪律严明是党的光荣传统和独特优势，党面临的形势越复杂、肩负的任务越艰巨，就越要加强纪律建设，越要维护党的团结统一，确保全党统一意志、统一行动、步调一致前进。

（一）着力增强政治纪律意识，切实维护党的团结统一

党的纪律是党的生命。增强纪律意识，筑牢遵守纪律的思想基础，是纪律建设的重要任务。通过广泛深入的宣传教育，使广大党员、干部领会熟悉相关规定，牢记具体内容，不断增强纪律意识，养成自觉执行纪律的习惯，把纪律转化为行为准则和自觉行动。结合典型案例、采取多种形式、通过多种渠道，使广大党员干部广泛了解纪律、自觉运用纪律，实现从认知、认同到践行的转变。各级党组织和党员干部必须把严守纪律、严明规矩作为从严治党的基础工作来抓，严格尊崇党章，树立党章党纪在全面从严治党中的权威

地位，强化党章党纪对各级党组织和全体党员的刚性约束。教育引导广大党员把纪律和规矩挺在前面，坚持纪严于法、纪在法前。明确党员不可触碰的底线，杜绝“七个有之”，做到“五个必须”，牢固树立“四种意识”。要全面开展党的纪律特别是政治纪律和政治规矩教育，积极探索纪律教育的经常化、制度化途径，把纪律教育融入组织生活、嵌入日常工作，抓好各种专题学习教育，注重典型案例的宣传、剖析和警示教育，引导各级党组织和党员干部增强纪律意识，把党章党规党纪刻印在心上，形成尊崇党章、遵守党纪的良好习惯。增强纪律意识，关键少数要发挥关键作用。领导干部要以身作则，以上率下，带头遵守党章党规党纪，做到“打铁先要自身硬”。自觉用监督执纪“四种形态”，营造守纪律、讲规矩的良好氛围。要把遵守政治纪律作为增强纪律意识的首要任务，教育引导党员自觉向党中央看齐，自觉维护党中央权威，自觉做政治上的明白人，以政治纪律之纲，带动组织纪律、廉洁纪律、群众纪律、工作纪律和生活纪律，用铁的纪律锻造铁一般的党员队伍。增强纪律意识，让党规发力、禁令生威，让纪律和规矩成为带电的高压线。通过持续有效的纪律教育，切实做到纪律面前人人平等，遵守纪律没有特权、执行纪律没有例外，党内不允许存在不受纪律约束的特殊组织和党员，每一个党员对党的纪律都要心存敬畏、严格遵守。以严明纪律维护党的团结统一，厚植党的执政基础，锻造更加坚强的领导核心，为决胜全面小康、实现陕西梦提供坚强有力的政治保证。

（二）着力增强管党治党意识，落实管党治党责任

从严治党，必须增强管党治党意识、落实管党治党责任。党要管党，首先是党委要管、党委书记要管。要在思想认识、责任担

当、方法措施上贯彻全面从严治党要求，增强管党治党的使命感和紧迫感。各级党委要把从严治党责任承担好、落实好，坚持党建工作和中心工作一起谋划、一起部署、一起考核，坚决防止一手硬、一手软。要抓住主体责任这个“牛鼻子”，各级党委（党组）要切实承担起党风廉政建设主体责任。党委（党组）书记作为第一责任人，对重要工作要亲自部署、重大问题亲自过问、重要环节亲自协调、重要案件亲自督办。各级纪委要履行好监督责任，强化执纪问责。要坚持党委统一领导，更好发挥党内监督专门机关作用。要强化上级纪委对下级党委和纪委的监督，推动纪委双重领导体制落到实处，实现对中央一级党和国家机关派驻纪检机构全覆盖。要坚持有责必问、问责必严，把监督检查、目标考核、责任追究有机结合起来，形成法规制度执行强大推动力。用好巡视这把反腐利剑，巡视工作的定位要明确，要围绕全面从严治党、党风廉政建设和反腐败工作进行，对巡视发现的普遍性、倾向性问题，要及时反馈给党委党组，督促落实主体责任，抓早抓小，堵塞制度漏洞。

（三）严惩违反党纪行为，纯洁党的组织体系

严守党的纪律是无条件的，要说到做到，有纪必执、有违必查，切实维护党规党纪的严肃性、权威性。要落实“四种形态”，采取教育提醒、诫勉谈话、组织函询等方式，加强对党员的日常管理监督。紧扣重点领域、关键环节、权力行使、服务群众等建章立制、加强监督。抓住关键少数，抓好主要领导干部向上级组织述职述廉、年度党风廉政建设考核、新任领导干部集体廉政谈话和廉政法规知识考试、经济责任和机构编制审计等工作。要盯住突出问题，直击侵害群众切身利益的问题，前移关口、抓早抓小，公开通报、媒体曝光，从具体问题入手，抓常、抓细、抓长，真管严管、敢管敢严、长管长严，使纪律真正成为带电的高压线。要坚持“老虎”“苍蝇”一起打，切实解决发生在群众身边的不正之风和腐败问题。建立完善违纪问题发现举报机制，鼓励和支持党员在党内监督中发挥积极作用，提倡实名反映违纪事实。对干扰妨碍监督、打击报复监督者的，要依纪严肃处理。畅通监督渠道，发挥新媒体、新技术作用，释放群众和媒体监督正能量，形成无处不在的监督网。善抓典型警示教育，把违纪案例当教材，加大媒体宣传报道，达到让越雷池者尝到苦头、踩红线者受到震慑、想溜边者受到警醒的效果和目的。全面加强纪律建设，强化管理是关键。党的各级组织及主要负责人要坚持原则，敢抓敢管，敢于板起脸来开展批评，努力在全党形成敢于批评、善于批评的氛围，不断增强党内生活的政治性、原则性、战斗性。党员领导干部特别是主要负责同志要自觉防止用个人决定代替组织决定，使个人凌驾于组织之上。

后记

“追赶超越”和“五个扎实”是习近平总书记对陕西工作的科学定位和明确要求，是“五位一体”总体布局和“四个全面”战略布局在陕西的具体体现，“追赶超越”成为近年来陕西整体工作的总基调、主旋律。省委书记娄勤俭多次强调：“要用系统思维推进陕西发展，奋力实现追赶超越”。省长胡和平指出：“在追赶超越中，要主动适应经济发展新常态，主动研究和应对经济运行中的突出矛盾和问题”。省委副书记、省委党校校长毛万春要求省委党校要充分发挥新型智库作用，紧贴中心、围绕大局开展研究。2016年12月，省委党校成立以常务副校长蔡钊利为组长、分管科研工作副校长宦洁为副组长的课题研究领导小组，从校内抽调相关专家和骨干力量组成6个课题组，围绕“落实‘五个扎实’，实现‘追赶超越’”主题开展研究。根据蔡钊利提出的课题研究方向、思路、重点内容和基本框架，各课题组精心设计研究方案，细化分解研究任务，广泛收集相关数据资料、积极联系实际工作部门、深入基层开展调查研究、多次进行集体讨论修改，经过5个多月的辛勤努力，形成了14万多字的初稿。由宦洁组织统稿之后，我们将书稿送往省行政学院、省社科院、省委政策研究室等部门的相关专家学者审阅，并多次邀请他们召开论证会征求意见建议。4月27日，我校举行省重点中国特色社会主义理论体系研究中心揭牌仪式暨“追赶超越”理论研讨会，围绕这一主题进行了更为深入的交流和研讨，在对书稿进一步修订完善后呈毛万春同志审阅。

伟大的实践需要科学理论的指导，陕西实现“追赶超越”也需要求真的理论支撑和务实的实践理性。省第十三次党代会站位全国、把脉陕西，紧扣“追赶超越”定位，对标“五个扎实”要求，突出“低调务实”基调，提出了“四个必须”“四个一定要”等一系列新理念新思维，特别是“培育新动能、构筑新高地、激发新活力、共建新生活、彰显新形象”的“五新”战略要求，既是目标遵循，也是路径方法，更是陕西未来一段时期发展的总指引。当前，全省各级党的组织和全体党员干部正在持续强化思想政治引领，牢固树立“四个意识”，深入贯彻落实省第十三次党代会精神，按照“五新”战略要求安排部署下一步工作，继续扎实推进全面从严治党落地生根，扎实推进“三项机制”贯彻落实，进一步强化能者上、庸者下、劣者汰的鲜明导向，不断激发党员干部干事创业精气神，汇聚起各条战线各个领域追赶超越的磅礴力量，为落实“五新”战略任务、实现“追赶超越”目标而努力奋斗。正是在这个背景下，我们将此次课题研究成果以《陕西“追赶超越”理论与实践》为名集结付印成书，以期对全省落实“五新”战略、实现追赶超越略尽绵薄之力。

在本课题的研究过程中，共有校内外近30名专家、学者和领导参加了调研并撰文，具体如下：

第一篇：负责人张洪春，参与人刘永青、马丽萍（省政府研究室）；

第二篇：负责人钟卫国，参与人牛润霞、张杨、胡金荣；

第三篇：负责人马红光，参与人李银秀、苏振峰、陈心宇、陶刚；

第四篇：负责人刘颖慧，参与人李长庚、周永红、刘永青、王晓斌、何云标（西安市委党校）、李宇（西安市委党校）；

第五篇：负责人侯建会，参与人景楠；

第六篇：负责人康喜平，参与人胡卫华、陶刚、贺瞰；

第七篇：负责人王彦军、刘飞，参与人曹武军、陈正文。

在此过程中，有关省级部门及其领导、专家为课题研究顺利开展提供了资料数据和咨询论证，科研处承担组织协调、结项验收和审校修改等具体工作，在此一并表示感谢。

由于水平有限，书中难免有疏漏和错误之处，敬请提出宝贵意见。

陕西省委党校课题组

2017年7月